프로이즘

프로이즘

1판 1쇄 인쇄 2024. 07. 12.
1판 1쇄 발행 2024. 07. 22.

지은이 김재산

발행인 박강휘
편집 봉정하 디자인 이경희 마케팅 이서연 홍보 박은경
발행처 김영사
등록 1979년 5월 17일(제406-2003-036호)
주소 경기도 파주시 문발로 197(문발동) 우편번호 10881
전화 마케팅부 031)955-3100, 편집부 031)955-3200 | 팩스 031)955-3111

값은 뒤표지에 있습니다.
ISBN 978-89-349-3384-7 03320

홈페이지 www.gimmyoung.com 블로그 blog.naver.com/gybook
인스타그램 instagram.com/gimmyoung 이메일 bestbook@gimmyoung.com

좋은 독자가 좋은 책을 만듭니다.
김영사는 독자 여러분의 의견에 항상 귀 기울이고 있습니다.

프로이즘

일의 불안과 의심을 넘어 나아가는 법

PROISM

김재산

김영사

프롤로그

프로는 매일 진화한다

가족들과 북유럽 여행을 했다. 30여 명이 함께 버스와 페리를 타고 빠듯한 일정으로 북유럽 4개국을 도는 패키지 투어였다. 식사는 뷔페와(뷔페는 바이킹이 만든 거라면서 자주 먹게 된다) 서빙 음식이 각각 절반 정도 제공되는데, 어느 날 노르웨이의 전형적인 식사라고 할 수 있는 그럴싸한 대구 스테이크가 저녁으로 나왔다.

대학 휴학 중인 막내딸이 포크로 감자를 찍어서 깨물어 먹는 모습이 신경 쓰였고, 양식 식사법을 알려줄 좋은 기회라고 생각했다. "서영아, 양식의 가장 기본은 입으로 깨물어 먹지 않는 거란다. 포크, 나이프, 스푼 심지어 손을 써도 상관없으니 입에 넣을 만큼 접시에서 정리해서 먹는 것이 양식의 기본예절이야. 이로 찢으면 짐승과 다르지 않다는 생각에서 나왔다고 하더라.

우리는 라면이나 국수를 이로 잘라 먹지만 파스타는 포크로 적당량을 말아서 먹는 이유란다." 나는 좋은 타이밍에 좋은 조언을 해주었다고 나름 흡족했는데, 딸의 반응은 전혀 그렇지 않았다. "아빠, 우리는 우리 편한 대로 먹으면 되는 거 아냐? 그리고 편하게 식사하는 자리에서 꼭 그런 지적을 해야 해?" 막내딸은 내 예상과 달리 뾰로통한 얼굴로 불쾌하다는 듯 툴툴거렸다. "동남아 사람들이 자기들은 손으로 밥 먹는다고 한국에 와서도 그렇게 식사하면 서로 불편하지 않겠니? 그 나라에서 그 나라 식사법은 어느 정도 지켜 줘야지. 그리고 이런 내용은 이런 상황에서 알려주는 게 가장 적절…" 나는 말끝을 흐렸다. 이미 내가 식사 분위기를 망쳤음을 느꼈기 때문이다.

남에게 조언하는 것은 쉬운 일이 아니다. 나 자신도 오지랖 넓은 남의 조언을 별로 좋아하지 않아서 특히 조심하는 편이다. 세상은 복잡하고 입체적이니 이렇다 저렇다 단정하기란 애당초 불가능하다. 그러는 사람이 있다면 경계해야 한다. 나처럼 직장밥만 오래 먹은 아저씨가 세상을 알면 얼마나 알겠으며 솔직히 강한 확신도 없다. 설령 명백한 사실이라 해도 상대방이 그걸 받아들이는 것은 또 다른 문제이다.

10여 년 전, 같이 근무하던 한 후배가 뜬금없이 결혼식의 주례를 요청했다. 나는 황당해하며 단박에 잘라 거절했다.

"야! 말이 되는 소리를 해라. 난 그럴 자격도 부족하고 주례설 나이도 아니며 결혼에 대해서는 할 말도 없다. 어림도 없는 소리 말아라."

"마스터님은 제가 가장 존경하는 분이며, 제 주례를 맡아주실 자격이 충분하다고 생각합니다."

"입에 침 바른 소리 말고 다른 사람 찾아봐라."

단호한 내 거절에 그 친구는 머리를 긁적이며 돌아갔다. 그 뒷모습을 보니 미안한 마음이 서서히 스며들다 점차 부풀어 올랐다. 어렵게 주례를 부탁했는데 거절당하다니, 프러포즈 거절 수준까지는 아니겠지만 분명 낙담이 클 터였다. 30여 분 곰곰이 생각하다가 그를 다시 불렀다.

"두 가지 조건을 들어주면 주례를 맡겠다. 첫째, 넥타이를 매지 않겠다(난 넥타이가 싫다!). 둘째, 주례에 대한 사례품은 받지 않겠다(결국은 받았다). 그리고 주례에 대한 내 부족함은 네 책임이다."

그렇게 자신 없는 주례를 맡기로 하면서 떠올린 방법은 반면교사反面教師였다. 결혼에 관한 훌륭한 조언은 못해준다 해도 부족한 내 결혼생활을 반면교사로 이야기하면 도움이 될 수 있겠다 싶었다. 소재는 충분하니까. 따분한 주례사는 과감히 빼고 내 결혼생활에 대한 반면교사의 교훈을 성혼선언문에 적절히 섞어서 좀 길게 낭독했다. 다행히 결혼식 후 여러 사람의 좋은 반응을 접할 수 있었다. 이런 일에 좋은 얘기를 듣는 거야 뻔한 일이지만 나 스스로 생각해도 어느 정도 성공적이었다.

회사에서 큰 규모의 조직을 담당하면서 매년 한두 번 타운홀 미팅이라는 형식으로 내가 얻은 교훈과 깨달음을 후배들에게 전달했다. 자랑스러운 무용담도 있었지만, 후회로 가득한 반성을 통해 얻은 내용들도 있었다. 꼰대의 고지식한 이야기일 수 있지만 나름 오랜 세월 실전을 통해 얻은 경험과 구체적인 방법론들을 의미 있게 들어주는 후배들이 적지 않았다.

프로 스포츠에는 주전 선수와 후보 선수가 있다. 대부분 그렇듯 나도 내 세상에서 후보 선수로 시작해 주전 선수로, 벤치에서 후배들을 격려하고 간간이 경기장에 들어서는 고참 선수 시절을 보낸 후 결국 은퇴 선수가 되었다. 이제 내가 할 수 있는 일은 경기장에서 힘껏 뛰고 있는 후배 선수들에게 나만의 경험담과 작은 노하우들을 전해주면서 그들을 힘껏 응원하고 격려하는 것이다. 그런 마음으로 이 책을 집필했다. 세상은 계속 변하지만 바뀌지 않는 것들은 분명 있고, 꼰대들이 겪은 과거의 경험 중에도 긴히 새겨들을 만한 내용이 있을 테니까.

첫 직장을 1년 만에 그만두고 두 번째 직장에서 35년을 보냈다. 인생의 절반 이상을 한 가지 일에, 한 직장에서 보냈다는 사실은 나에겐 놀라운 일이다. 나는 반복적인 일에 쉽게 싫증을 내고 근면한 편이 아니라서 직장생활에 쉽게 적응하는 타입이 아니었다. 일이 굴레처럼 느껴졌고, 책상 가림판에 〈쇼생크 탈출〉 영화 포스터를 붙여놓으며 탈옥의 그날을 꿈꾸던 때도 있었다. 그런 이유로 첫 직장을 1년 만에 '탈출'했다.

두 번째 직장인 제일기획에서 어느 정도 시간이 지나자 점차 나는 직장을 굴레처럼 느끼지 않게 되었다. 이곳에 있는 것이 편안하고 익숙해지기 시작했다. 일이 적성에 맞기도 했고 좋은 사람들도 많았으며 회사가 지속 성장하는 행운 덕도 있었지만, 결정적인 이유는 일이 더 이상 나를 구속하거나 피하고 물리쳐야 하는 대상이 아니게 되었다는 점이다.

제일기획은 2010년부터 모든 직원의 호칭을 '프로'로 통일했다. 이후 전 직원에게 단일 호칭을 사용하는 회사들이 늘어났지만, 시작은 제일기획이 아닐까 싶다. 돌이켜보면 '프로'라는 호칭은 그가 추구하는 정체성을 대변하고 수평적인 조직문화와 지속적인 자기 성장의 내적 동기를 끌어내는 언령言靈이었다.

제일기획의 프로로서 나는 주로 삼성전자의 글로벌 마케팅 업무를 수행했고 세계 각국의 주요 도시에서 신제품 출시, 전시회, 올림픽 스폰서십과 같은 다양한 프로젝트를 담당했다. 어느 것 하나 쉬운 일이 아니었고 큰 시련을 겪기도 했지만, 경험이 쌓이고 자신감이 생기면서 어느 순간부터 일이 내 손바닥 안에 있는 느낌이었다. 어떤 일이 주어져도 해낼 수 있다는 자신감이 생겼고 오히려 더 어렵고 도전적인 일에 흥미를 느꼈다. 그렇게 20여 년이 조금 넘자 나는 제일기획에서 최고 전문가에게 부여하는 마스터로 임명되어, 몇백 명의 프로들을 이끌고 세계 각국의 현장을 겁없이 누비고 다녔다.

그후 예상치 못하게 삼성의 프로농구 단장을 맡게 되었다(삼성의 모든 프로 스포츠 구단은 제일기획 소속이다). 갑작스러운 상황에서 마지못해 담당했지만, 프로 스포츠 구단을 경험한 덕분에 더 깊은 프로의 세상을 만날 수 있었다. 겉보기에는 완전히 다른 세상인 줄 알았던 프로 스포츠를 깊이 들여다보니 내가 하던 기존의 업무와 크게 다르지 않았다.

따져보면 세상의 일들은 본질에서 크게 다르지 않다. 사무실에서 기획 업무를 하는 사무직, 먼지 자욱한 현장에서 중장비를 운전하는 현장직, 경기장에서 거친 숨을 내뿜으며 달리는 프로 스포츠 선수, 무대에서 공연하는 예술가, 그 본질은 모두 프로라는 사실이다. 자신이 속한 세상에서 최고의 기술로 경쟁하며 매일의 진화를 추구하는 삶을 살아가는 사람들이다.

이 책은 내가 정의하는 프로의 직무 기술서Job Description이며 현장 지침서Field Manual이다. 독자들에게 프로가 되는 확실한 교본이라고 장담할 수는 없지만, 프로를 준비하는 이들에게 의미 있는 참고서 역할은 할 수 있을 것이다.

프로 직장러 35년의 실전 경험을 통해 얻은 생생한 전투 경험들이 새로운 세대의 주전 선수들에게 좋은 참고서로 사용된다면 이 책에 대한 최고의 보상일 것이다.

1

프로의 길

P R O I S M

진정한 프로가 되는 것은 어려운 일이다.
왜 우리는 프로가 되려고 하는 걸까?
사실 꼭 프로가 되어야 할 의무나 분명한 이유는 없다.
누구나 자기 삶에 대한 선택은 자신에게 있고
사람마다 삶을 바라보는 관점은 다르다.
그러나 나는 프로 예찬론자이다.
모든 사람이 프로가 되기를 진심으로 바란다.
프로가 되는 것도 프로로 사는 것도 편안함과는
거리가 멀지만, 그 불편함은 자신을 성장시키고
세상을 당당히 마주 볼 수 있게 해주기 때문이다.

멈출 것인가,
나아갈 것인가

프로의 정의

일단 만물 박사 ChatGPT에게 물어보자.

> '프로'라는 단어는 'professional'이라는 영어 단어의 줄임말로 사용되며, 전문가나 전문직 종사자를 의미합니다. '프로'라는 단어는 주로 특정 분야에서 높은 수준의 전문적인 역량과 능력을 가진 사람들을 지칭할 때 사용됩니다. 해당 분야에서 훌륭한 성과를 내거나 뛰어난 기술을 보이는 사람들을 가리킵니다. 예를 들어 스포츠에서 '프로'는 전문 스포츠 선수를 의미하며, 예술 분야에서는 전문적인 예술가나 연주자를 가리킵니다. 또한 비즈니스, 의료, 기술 등 다양한 분야에서 '프로'는 높은 전문성을 가진

> 사람을 나타내는 용어로 사용됩니다. '프로'라는 단어는 전문성과 전문적인 태도를 강조하며, 해당 분야에서의 경험과 역량을 나타내는 의미를 가지고 있습니다.

예의 바르고 근사한 답변이다. 이 정도면 답변의 프로라 할 수 있겠다. 내친김에 어원도 물어보자.

> professional의 어원은 라틴어 professio에서 비롯되었습니다. Professio는 profiteri라는 동사에서 파생되었는데, 이 동사는 "공식적으로 선언하다" 또는 "진지하게 선언하다"를 의미합니다. 이러한 의미와 연결하여 professional은 특정 분야에서 진지하고 공식적으로 능력을 발휘하는 사람을 나타내는 용어로 사용되었습니다.

라틴어를 쓰는 로마 시대, 사람들 앞에 서서 진지하고 근엄하게 공식적인 선언을 하는 사람들을 지칭한 '프로'라는 단어는 현대에 와서도 기본 맥락은 변하지 않았다. 사람들 앞에서 당당하게 무언가 해내는 전문적 지식과 마음가짐을 가진 사람을 프로라고 하니 말이다. 그러나 과거 종교나 변호사 등 특정 계층에 제한되었던 프로의 의미가 확장되어 이제는 사람이든 사물이든 상관없이 무언가를 특출하게 잘하면 모두 프로라고 부른다. 우리 사회 모든 곳에 프로들이 있다. 수백 개의 직종 안에는 그 세계의 프로들이 존재한다. 갤럭시 버즈 프로, 아이패드 프로, 프로 간장게장처럼 최고임을 주장하는 물건과 가게에도 명예로운 이 타이틀이 붙는다.

프로는 무언가에 진심인 자들이다. 프로는 그 진심의 대가를 지불받는다. 일을 하고 그에 대한 보상을 받는다는 것은 여러 의미를 지닌다. 재미로 하던 일에 누군가 돈을 주기 시작하면 그 일은 슬슬 재미가 없어진다. 원숭이들도 순수하게 장난으로 하던 행위에 먹이를 보상으로 주면 배고플 때만 그 장난을 친다. 더는 재미로 하지 않는 것이다. 반면 먹이와 장난을 연결하지 않은 원숭이는 그 행위를 멈추지 않고 계속한다. 연인과 함께 강변을 드라이브하며 느꼈던 즐거움은 운전이 직업이 되는 순간 홀연히 사라져버린다.

미안하지만 프로로 들어서는 순간 일에서 얻는 순수한 즐거움은 아마추어에게 양보해야 한다. 둘 다 가지려는 것은 욕심이다. 프로가 재미없다는 이야기는 아니다. 그러나 아마추어 선수가 책임감 가득한 프로 선수로 바뀌는 순간, 순수했던 즐거움은 다양한 감정들에게 자리를 내준다. 중압감, 두려움, 고단함 같은 어두운 감정과 성취감, 희열, 보람 같은 이전에는 느끼지 못한 영광의 감정이 종합 패키지로 등장한다. 이것이 진정한 프로의 맛이다. 달콤함으로 가득했던 세상이 달고 짜고 쓰고 맵고 감칠맛 나는 복합적 미각의 세상으로 넓어지는 것이다. 누군가 나의 일에 돈을 지급하기 시작하면서 상황은 새로운 국면에 접어든다.

프로의 일에 대한 보상은 단순한 생계 유지의 의미를 뛰어넘는다. 그 대가는 개인과 사회와의 연결고리를 만들어 상호작용을 일으키고 약속과 신뢰 관계를 형성한다.

프로페셔널을 직업이라는 의미로 이야기할 때 여러 단어를 떠올릴 수 있다. 직업職業, Job이나 경력經歷, Career 혹은 소명召命, Calling/Vocation 같은 것들이다. 직업은 생계를 위해 종사하는 일, 경력은 특정 직업의 경험 크기를 표현한 단어라면 소명은 마음 깊은 곳에서 우러나오는 책임 의식이 들어간 말이다. 소명의 한자는 왕이 신하를 부르는 명령을, 서양에서는 신의 부르심을 뜻한다. 생계를 유지하는 직업을 넘어서 사회에 기여하겠다는 소명 의식은 프로페셔널의 어원에 맞닿아 있다. 누군가 그의 일에 돈을 지급하는 순간, 프로는 세상과 연결되어 무엇인가를 하도록 기대되고 이를 평가받으며 사회에 기여하게 된다.

자신이 하는 일을 생계 유지 수단으로만 생각하는지, 경력을 쌓아 다음 단계로 올라가기 위한 하나의 발판으로만 생각하는지, 누군가에게 가치를 부여하는 의미 있는 일로 생각하는지, 내가 지금 하는 일을 어떤 단어로 부르고 싶은지 한번은 생각해보라.

나는 과연 프로인가?

프로가 된다는 것

2010년 제일기획의 모든 직원은 프로가 어떤 뜻인지도 정확히 모르는 상황에서 뜬금없이 프로가 되었다. 보통 회사에서는 연차에 따른 진급을 거쳐 사원, 대리, 과장, 부장이라는 수직적인 호칭을 사용했고 제일기획은 사원, 대리, 차장, 국장, 수석이라는 직급 체계였다. 지금이야 다양한 방식의 수평적 호칭을 쉽게 접할 수 있지만, 전 직원을 프로로 부르는 호칭 체계는 뉴스에 나올 정도로 특별한 사건이었다.

자율이나 창의, 수평적 문화를 선호하는 제일기획 직원들은 새로운 호칭의 의미와 취지에는 크게 공감했지만, 스포츠 선수에게 주로 사용되는 '프로'라고 불리는 것은 어색해했다. 밖에서 자신을 '프로'라고 소개할 때는 입이 부끄럽기도 했다. "이프로 부족하다", "백 프로는 일을 백프로로 한다" 같은 아재 개그도 심심찮게 등장했다. 막 입사한 신입사원들도 '프로' 소리 듣는다며 조롱 섞인 핀잔을 듣기도 했다.

그러나 사람은 빠르게 적응하게 마련이다. 프로 호칭이 어색했던 건 몇 주 되지 않았고 여러모로 좋은 점이 나타나기 시작했다. 일단 서로 부르기가 매우 수월해졌다. 승진 발표가 나면 변경된 직급을 확인하여 호칭에 실수하지 않도록 노력할 필요가 없어졌다. 게다가 상대를 대하는 태도가 조금은 달라졌음을 느낄 수 있었다. 위아래가 없어진 느낌이라고 하기엔 과장되지만 그 경계는 분명 희미해졌다. 아이디어 회의 시 자주 하는 "계급장 떼고 자유분방하게 이야기하자"라는 말은 수평적 소통을 강조하는 의미인데 최소한 계급장을 뗄 필요가 없어진 것이다. 또한 전문가라는 의미의 '프로' 호칭은 암묵적으로 업에 대한 자신감과 사명감을 요구하는 듯했다. 고객들이 프로라고 부를 때는 '프로이니 프로답게 일해달라'는 존중과 압박이 동시에 느껴졌다.

제일기획에 공채로 입사해 대표이사 자리까지 오른 순수한 광고쟁이 김낙회 프로는 직급 중심의 수직적 체계인 조직을 일 중심의 자율적이며 수평적 체계로 바꾸겠다는 굳건한 생각을 품고 있었다. 그 시작으로 호칭이라는, 단순하지만 가장 일상적이고 직관적인 체계 하나를 바꿈으로써 본인의 의지를 단호하게 밝히고 변화의 마중물로 삼았다. 그는 축구 심판이 사용하는 경고 카드를 안주머니에 넣고 다니며 본인을 사장이라 부르면 곧장 카드를 꺼내 들었다. 돌이켜보면 놀라운 혜안이고 과감한 결단이었다.

프로는 직급이나 직책이 아니며 전문성을 보장하는 것도 아닌 단순한 호칭에 불과할 수 있다. 그러나 호칭의 변화를 시작으로 본질이 바뀌어 나가기에 중요한 의미를 갖는다. 언어에는 보이지 않는 힘이 있다. 프로여서 프로로 불리는 것이 아니라 프로라고 불려서 프로가 될 수도 있다. 프로는 자격이라기보다는 일에 대한 태도이며 결심이고 의지이다. 그렇기에 프로라고 부르는 것은 프로가 되는 아주 좋은 시작이다.

프로는 현재진행형

보통 우리가 보는 프로 스포츠 선수들은 경기가 시작해서 끝날 때까지 몇 시간 동안의 모습이다. 그러나 좁디좁은 프로의 문을 거쳐 치열한 훈련과 끊임없는 경쟁을 반복하는 선수들을 가까이서 지켜보니 경기의 몇 시간은 빙산의 일각일 뿐이었다.

스포츠의 현장에는 승자와 패자가 있다. 특히 농구 경기에는 무승부가 존재하지 않는다. 무제한 연장전을 통해 끝내 승패를 결정한다. 내가 담당했던 삼성 썬더스 농구단은 연장전 5차전이라는 특별한 기록을 가지고 있다(그 경기의 승부 결과를 말하는 것은 금기사항이다). 그래서 프로 스포츠의 냉혹한 생리를 보면 프로의 세상이 돌아가는 원리를 매우 명확하게 알 수 있다. 프로 스포츠는 프로라는 세상을 가장 압축적이고 극단적으로 보여주는 무대이다. 프로 스포츠의 규칙은 분명하고 혹독하다.

프로 스포츠 선수가 되려면 프로리그에 들어가야 한다. 농구, 야구, 축구, 배구 등 모든 프로 스포츠는 그들만의 리그를 운영한다. 리그에 진입하려면 일단 프로구단에 '취업'을 해야 한다. 프로구단은 드래프트draft라는 방식으로 신입 선수를 선발한다. 동종업계에 취업을 희망하는 사람들을 한날한시에 모두 모아 놓고 여러 회사가 돌아가면서 한 명씩 지명하는 듯한 독특한 형식이다.

드래프트에 참여한 지원자들은 어린 시절부터 훈련과 실전을 거쳐 그 분야에서는 최고라고 인정받는 사람들이다. 어렸을 적에는 다들 신동 소리를 들었을 것이다. KBL이라고 불리는 국내 남자농구리그에는 10팀, 여자농구리그(WKBL)에는 6팀의 프로구단이 있다. 드래프트에서 신인 선발은 구단의 자율이지만 최소 2명 이상이라는 보이지 않는 불문율을 따라 대부분 2명을 선발하고 간혹 3명을 뽑기도 한다. 프로농구 선수가 되려면 남자는 전국 20위, 여자는 전국 12위 이내가 되어야 안정권에 속한다.

취업이 쉬운 분야가 어디 있겠냐마는 프로리그의 가장 큰 특징이자 타 분야와의 차이점은 기회가 단 한 번이라는 것이다. 재수를 해서 다음 해 드래프트에 도전할 수도 있지만 재수생이 취업할 가능성은 지극히 희박하다. 국내 프로리그 진출에 실패하면 해외 리그나 종목과 관련된 업종을 찾아볼 수 있지만, 거기서도 이미 실력이 검증된 프로 출신들이 우선권을 가진다. 단 한 번의 기회를 놓치면 어린 시절부터 십수 년 동안 쌓아온 피나는 노력이 한순간에 물거품이 되고 만다. 프로 스포츠 세계에서 1만 시간의 법칙은 필요조건이지만 충분조건은 되지 않는다. 어떤 직업보다도 좁은 문을 통과해야 하는 전문직종이다.

일단 프로리그에 들어서기도 어렵지만 계속 머물기도 결코 쉬운 일이 아니다. 최고들이 모인 프로팀에서 주전 선수가 되기란 말 그대로 낙타가 바늘 구멍 통과하기이고 후보 선수로 남는 일도 여간 어렵지 않다. 농구팀의 선수는 20명 정도로 유지된다(남자농구의 경우 두세 자리는 외국인 선수 몫이다). 인원수가 고정되어 있으니 매년 들어오는 신인선수 숫자만큼 쓸쓸히 뒷문을 나서는 선수들이 생긴다. 프로구단은 매년 예외 없이 최소 10%의 인력 구조조정이 실행되는 가혹한 직장이다. 선수단 내에서의 연봉 차이도 일반 직장과는 다르게 같은 연차의 경력자라도 차이가 확연하다. 크게는 수십 배 이상 벌어진다.

프로팀에 소속되어 있어도 경기장에서 뛸 수 있느냐는 또 다른 문제이다. 프로 스포츠마다 다르지만 대부분 교체 선수를 포함한 엔트리 선수 명단은 그 수가 제한되어 있어서 모든 선수가 경기장 선수석에 들어갈 수도 없다. 배가 불쑥 나온 나 같은 아저씨들이 TV 앞에서 맥주를 들이켜며 "밥 먹고 운동만 하는데 그것밖에 못하냐!"라고 소리치는 고약한 비난도 프로리그의 주전급이 되어야 들을 수 있다.

잔인해 보이지만 프로의 세상은 그런 좁은 문과 큰 연봉 차별이 강력한 동기부여가 되는 곳이다. 나 같은 일반인은 선수들의 훈련 모습을 봐도 주전과 후보의 차이를 제대로 느끼기 어렵다. 후보 선수도 슛을 쏘면 기가 막히게 다 들어가고, 달리는 모습도 주전과 비슷하다. 말 그대로 한 끗 차이이다. 하지만 막상 경기가 시작되면 이 한 끗 차이로 승패가 결정되고 메달의

색과 순위가 바뀐다. 눈에 보이는 것과 달리 생태계의 꼭대기인 프로 세상에서는 한 끗 차이가 큰 산과 바다를 건너야 할 만큼 큰 격차이다. 그리고 그 격차를 유지하거나 극복하기 위한 처절한 노력이 끊임없이 계속된다. 프로 스포츠 리그는 프로의 모든 것이 극한치로 설정된, 프로 세상의 끝판왕이다.

스포츠에는 '염소GOAT'라고 불리는 사람들이 있다. 'Greatest Of All Time'의 줄임말인 'GOAT'는 농구의 마이클 조던, 축구의 리오넬 메시, 육상의 우사인 볼트처럼 최고의 실력을 갖추고 놀라운 기록을 달성해 대중의 존경을 받는 특별한 선수들을 의미한다. '염소'는 단지 노력으로만 되는 것이 아닌 하늘이 점지하고 온 우주의 기운이 함께 맞아떨어져 태어난 새로운 인간 종일 수도 있다. 그러나 분명한 것은 그들은 타고난 것에 만족하지 않고 '항상All Time' '최고의Greatest' 순간을 유지했다는 사실이다. 그들은 현재에 안주하지 않고 기록을 깨기 위해 쉼 없이 도전하고 성장을 멈추지 않은 사람들이다. 모두 주목하고 기대하던 유망주가 조명과 환호에 취한 나머지 원히트원더one-hit wonder로 금세 사라지는 사례는 꽤나 많다. 프로는 한번 취득하면 평생 유지되는 자격증이 아니다. 프로는 과거형이 아니라 언제나 현재진행형인 단어이다.

일의 본질

프로 스포츠에 주전과 후보가 있듯이 일반적인 비즈니스의 리그에도 하수, 중수, 고수가 있다. 내가 주로 경험했던, 고객의 일을 대신 해주는 '대행사'의 기준에서의 하수, 중수, 고수는 이렇다.

하수는 이렇게 말한다. "무엇을 도와드릴까요? 무엇이든 시키는 대로 열심히 하겠습니다." 고객이나 상사의 업무지시를 열심히 메모하고 그 일을 잘해내는 것을 목표로 삼는다. 농구 경기에서 감독이 '파울을 해서라도 저 선수는 무조건 막아'라고 지시하면 오직 그 임무만 성실히 수행하는 후보 선수와 비슷하다. 새롭게 일을 시작하는 신입인 경우가 많지만, 연차가 높아도 소극적으로 업무에 대응하는 노련한 하수도 있다.

중수는 고객에게 이렇게 말한다. "아니, 그게 아닙니다. 잘 모르고 하시는 말씀입니다. 말씀하시는 요청 사항은 잘못된 것이고 이렇게 하셔야 그나마 가능한 일이 됩니다." 경력이 꽤 있고 자기 업무를 잘 이해하며 어느 정도 자신감 있는 프로이다. 중수의 자신감은 가르치려는 태도로 흔히 나타난다. 성과도 많이 내지만 큰 사고를 치기도 한다. 물에 빠지는 사고를 당하는 사람은 수영을 적당히 할 줄 아는 사람이다. 나도 이런 시절을 오래 겪었다. 자신감과 자만심이 뒤섞여 좌충우돌하고 공명심이 가득했다. 그러다 진짜 고수들을 만날 기회를 얻었다. 그중에서도 가장 인상 깊은 고수는 세계적인 건축가 프랭크 게리 Frank O. Ghery였다.

30대 중반, 삼성의 그룹 차원에서 운영하던 비서실에 파견 나가 김과장으로 불리던 시절이었다. IMF의 치명타를 맞기 직전, 삼성은 반도체로 한국 역사의 기록을 깨며 놀라운 숫자의 달러를 벌어들이고 있었다. 지금은 사라진 삼성 비서실은 당시 그룹 내 각 분야의 사람들을 뽑아 개별 회사로는 추진하기 어려운 이상적이고 도전적인 여러 가지 프로젝트를 진행했다. 특별한 기회였지만 대부분의 제일기획 사람들은 비서실에 가고 싶어 하지 않았다. 기획사는 상대적으로 자유로운 반면, 비서실은 넥타이에 정장을 입고 형식과 수직적인 보고에 민감한 육군본부 같은 분위기였기 때문이다. 비서실로 보내면 퇴사하겠다는 소심한 저항도 먹히지 않아서, 할 수 없이 장롱 깊이 모셔둔 정장을 꺼내 입고 비서실로 출근을 시작했다. 그리고 여기서 내 인생 최고의 고수, 프랭크 게리를 만나게 된다.

스페인 빌바오의 구겐하임 미술관의 건축가로 유명한 그는 건축계의 노벨상이라는 프리츠커상을 받은 거장 중의 거장이다. 철을 종이처럼 자르고 휘어서 만든 빌바오 미술관이나 LA의 디즈니 콘서트홀을 보면 그저 경이롭기만 하다.

비서실로 출근한 지 얼마 되지 않아 삼성미술관 프로젝트에 참여하게 되었다. 한남동에 있는 삼성미술관은 리움이라는 이름으로 운영되고 있지만, 초기 계획은 종로 운현궁 옆 부지에

세우는 것이 목표였다. 이 설계를 프랭크 게리가 맡아 진행했다. 대표적인 해체주의 건축가인 게리가 추구하는 건축 설계는 전통적인 기하학적 형태가 아니라 비정형적이고 연속적인 유기체 형태이다. 그의 디자인이 얼마나 독특한지, 한번은 누가 식당의 냅킨을 아무렇게나 구겨서 꽉 쥔 후 식탁 위에 던져 놓고는 '이게 게리의 설계 방식'이라고 말해서 다들 동의하며 박장대소한 적도 있다.

LA와 서울을 오가는 몇 번의 협의를 거쳐 디자인이 거의 완료된 시점이었다. 프랭크 게리와 삼성 관계자들이 함께 모여서 설명을 듣고 최종 설계를 확정하는 자리가 마련되었다. 회의 중 삼성의 고위 관계자가 미술관 상층부에 특별한 사무 공간을 추가하고 그곳에 별도의 엘리베이터도 추가해 달라고 요청했다. 건축 설계에서 계단, 엘리베이터, 화장실 등이 집중된 부분은 건물의 척추 기능을 하는 가장 핵심 공간이다. 이 공간 설계가 바뀌면 건물의 구조와 설비 등 제반 작업을 재검토해야 하는데, 게리의 독특한 건축 형태를 고려하면 수용하기 꽤 어려운 요구였다. 게다가 당시에는 컴퓨터를 활용한 입체적인 건축 설계가 보편화되지 않아서, 여러 재료를 깎고 다듬어 모형을 제작하고 검토하는 작업이 필수로 수반되었다(프랭크 게리의 사무실 공간의 절반 이상이 목공소 같은 모형 작업장이었다).

설계가 거의 완료된 막바지 단계에서 건축주가 디자이너에게 매우 어렵고 고약한 요구를 하는 셈이니, 당연히 얼굴을 붉

히며 난감한 어조로 고충을 피력하고 꼭 해야 한다면 추가 시간과 비용을 요청하리라고 예상했다. 그런데 내 생각과 달리 프랭크 게리는 일말의 망설임도 없이 흔쾌하게 요청을 수락했다. 나는 그의 반응을 세련된 비즈니스 기술로 받아들였다. 일단 긍정적 검토를 표명하고 얼마 지나지 않아 서면으로 변경의 어려움과 그에 따른 시간과 비용을 청구하리라 생각하며, 그의 노련한 언변과 대처에 살짝 감탄했다.

하지만 나는 그저 상황을 이해했다고 생각한 중수에 지나지 않았다. 프랭크 게리가 위기를 세련되게 '넘기는구나' 생각했던 나의 판단은 완전한 오산이었다. 그는 고객이 요청한 이유를 충분히 이해했고, 진심으로 받아들여 진지하게 고민했으며, 완벽한 솔루션을 들고 왔다. 본인의 디자인 콘셉트를 유지하면서도 고객의 요청을 완벽히 반영한 것이다. 그의 사무실 직원들의 헌신적인 수고 덕분일 수도 있고, 생각보다 난도가 높지 않은 일이었을 수도 있으며 삼성이 워낙 중요한 클라이언트라 자세를 좀 낮추었을 수도 있지만, 내 눈에 비친 프랭크 게리는 실력 있는 건축가 그 이상이었다. 겸손하고 자기 실력을 뽐내지 않으며 늘 상대방을 배려했다.

그의 사무실을 방문했을 때 받았던 진심 어린 환대와 진솔한 대화는 아직도 기억에 남아 있다. 그는 늘 경청했고 섣부른 의견에도 강하게 반박하거나 가르치려 하지 않았다. 그러면서도 상대방을 설득하고 마음을 움직일 줄 알았다. 서울 한복판에 자리 잡을 수 있었던 그의 랜드마크 설계는 아쉽게도 지금 어딘가에서 서류 형태로 잠자고 있겠지만, 프랭크 게리는 내 마음속에 진정한 고수로 남아 있다.

2010년 상하이엑스포는 중국에서 처음 개최된 세계 엑스포이다. 중국은 2008년 베이징올림픽에 이어 자국의 위상을 세계에 떨치는 또 다른 기회로 삼기 위해 상하이 엑스포를 역사상 최대 규모로 개최했다. 제일기획은 정부 주관의 공식 경쟁을 통해 상하이 엑스포 한국관의 기획과 디자인을 담당했다. 전 세계 대부분의 나라들이 참여하는 세계 엑스포는 인류의 공익과 공동 번영을 표방하지만, 실무적인 입장에서는 국격과 국력을 겨루는 국가 마케팅의 한판 대결이 펼쳐지는 곳이다. 국가대표라는 책임감을 스스로 고취시키며, 전 세계 국가관 중에서도 최고 수준의 위치에 오르기 위해 치열하게 준비했다. 내부 역량을 총동원하고 필요한 분야 전문가들의 조언을 받으며 협업을 진행하는 가운데, 일본 엑스포의 대가라 불리는 이즈미 신야를 알게 되었다.

1970년 동아시아 최초로 열린 오사카엑스포의 성공 이후 공식 또는 비공식의 여러 엑스포를 개최한 일본은 이 분야에서는 과히 최고의 경험치를 축적한 나라였다. 다양한 엑스포를 경험한 이즈미 신야는 2005년 아이치엑스포의 총연출을 담당했으며 이후 여수엑스포의 자문을 맡기도 했다. 아쉽게도 직접 만날 기회는 없었지만 같이 한국관을 담당했던 디자이너에게서 그의 이야기를 전해 들었다. 산업 디자이너로 시작한 신야는 남다른 통찰력을 지녔고 세상에 관한 큰 화두와 심오한 콘셉트를 발상하는 능력이 뛰어난 사람이었다. 그의 이야기 중 가장 기억에 남는 내용은 디자이너의 공부에 대한 것이다. 20~30대에는 디자인을 공부하고, 40대에는 인문학을, 50대에는 철학을, 60대에는 종교를 공부하라는 이야기이다(오래전이라 세대별 정확성은 떨어질 수 있지만 내포된 의미는 정확하다). 그는 실력 있는 디자이너에서 멈추지 않고 업의 본질을 끝없이 파고든 사람이었다.

탁월한 전문 지식과 기술을 갖춘 사람은 중수 중 최고는 될 수 있다. 그러나 고수 단계로 올라가려면 지식과 기술이 펼쳐지는 마음 바닥이 달라져야 한다. 한 분야의 고수, 대가가 되기 위해서는 자신의 업에 대한 지평을 계속 늘리고 그 본질을 깊이 파헤쳐야 한다. 일 그 자체에 대한 기술적 전문성을 넘어 사람과 세상을 더욱 깊고 더욱 넓게 이해해야 한다.

고수는 주전급 프로라고 할 수 있다. 주전 선수와 후보 선수의 한 끗 차이가 넘기 힘든 큰 격차이듯, 중수와 고수의 실력 차이에도 넘기 힘든 한 끗이 존재한다. 프로는 호칭이기도, 밥벌이 직업이기도, 전문 지식인이기도, 특별한 기술인이기도 하다. 그러나 이 모든 것에 앞서 프로는 일의 본질을 깊이 터득하고 사람과 세상에 대한 깊은 이해와 넓은 마음가짐을 가진 고수를 향해 나아가는 사람이다.

워라밸을 넘어 워라인으로

일과 삶의 협력관계

2018년 주 52시간 근무가 시행되었다. 과도한 노동시간을 규제함으로써 노동환경을 개선하고 근로자의 삶의 질을 높인다는 취지이다. 주 40시간 근무를 원칙으로 하고 연장근무를 12시간으로 제한한다. 52시간 자체를 반대하는 사람들은 많지 않지만, 구체적인 실행 방법에 대해서는 아직도 의견이 분분하다. 업종이나 직종별 특성을 고려하지 않아 생산성과 효율이 저하된다는 이슈가 줄곧 제기되었고 그에 따른 보완책으로 탄력근로제 등이 도입되었으나 논란은 여전하다. 그럼에도 불구하고 실제 노동시간은 감소되었고 근로여건 만족도도 상승했다니, 워라밸에 부합하는 좋은 제도임에는 분명한 듯하다.

내가 프로농구단을 담당하는 동안, 이 제도는 여러 복잡성을 안겨주었다. 스포츠 경기는 일종의 라이브 공연이다. 관객이 경기장에 모이고 방송 시청률을 높이려면 당연히 일반인들의 여가를 활용해야만 한다. 평일에는 저녁 7시, 주말과 공휴일에는 오후 2시부터 6시 사이에 경기를 시작한다. 추석이나 성탄절, 설날에도 경기는 쉬지 않는다. 12월 31일에는 '농구영신'이라는 이벤트와 함께 자정 무렵에 경기가 열린다. 홈경기와 원정경기가 반반이라 전국 여러 지역을 옮겨 다녀야 하니 일정한 시간에 출퇴근하기가 구조적으로 불가능한 직업이다.

울산, 창원, 부산에서의 경기를 마치고 센터에 돌아와 각자 숙소로 돌아가면 새벽이 되고, 해가 뜨면 다시 훈련을 시작한다. 그 대신 리그 경기가 모두 끝나면 선수들은 한 달 정도의 장기 휴가를 얻는다. 구단 직원들은 52시간을 맞추느라 대체휴가 등의 탄력근무제를 활용하지만 선수들은 어쩔 도리가 없다. 프로 스포츠 선수들은 근무 시간을 따지지 않는다. 시간을 따져 일과 삶을 구분하지 않는다. 어쨌거나 프로 선수들은 개인사업자 신분이기 때문에 법적인 문제는 없다.

10여 년 전 한창 일복이 터지던 시절, 평균 퇴근 시간은 거의 자정이 넘어서였다. 회식날이면 오히려 더 빨리 퇴근할 수 있을 정도였다. 하지만 돌아보면 직장생활 중 가장 신나고 보람 있는 나날이었다. 성과물은 빵빵했고 광고주는 만족해서 계속 일을 더 맡겼다. 야근 수당도 없던 시절이었지만 칭찬받은 고래처럼 전혀 지치지 않고 춤추며 일을 즐겼다. 지난 세월의 이야기를 장황하게 떠들면서 '라떼는 말이야'를 시전하려는 의도는 전혀 없다. 늦게까지 쉬지 않고 달려도 전혀 힘들지 않을 만큼 일이 즐거웠던 시절이 있었다는 말이다. 그 당시 함께 일했던 동료들에게 물어보면 모두 같은 얘기들을 한다. 하지만 다행인지 불행인지 그런 시절은 전체 직장생활의 일부분이었다. 아무리 일이 좋아도 일하는 모든 세월 동안 계속 춤추는 고래짓을 하다가는 몸도 마음도 견뎌내지 못한다.

프로 스포츠 선수들의 평균 은퇴 연령은 30대 후반이다. 남자 농구단에서 주장으로 뛰던 김동욱 선수는 마흔이 넘어서까지 선수 생활을 했는데 그의 나이는 줄곧 뉴스거리가 될 정도로 세간에 화제였다. 남자선수들은 대학을 마치고 군 복무 기간을 빼면 약 10년, 여자도 15년을 넘기는 선수가 많지 않다. 10년에서 15년 정도를 불꽃처럼 타오르고 은퇴하는 선수들이야말로 빡세게 일하고, 빡세게 절약해서 빠르게 은퇴하는 파이어FIRE족의 모범 사례가 아닐까.

누구에게나 자신의 필드에서 주전 선수로 뛰는 전성기가 있다. 이를 반대로 말하면 모든 시간을 주전으로 뛸 수는 없다. 현역에서 은퇴한다고 해도 일이 완전히 끝난 것은 아니다. 은퇴 선수들도 또 다른 일을 찾아 새로운 후보 선수로 뛴다. 경제적인 이유도 있지만, 삶의 활력과 의미를 위해서도 일은 필요하다. 그런 이유로 내가 선호하는 워라밸 방법은 인생 전반에 걸친 일과 삶의 탄력균형제이다. 일주일을 기준으로 52시간제를 상황에 따라 매일의 근무 시간을 적절히 조절하는 탄력근무제처럼, 인생 시점에 따라 일과 삶의 균형을 적절히 조율하는 것이다. 주전으로 뛸 때는 일의 비중을 늘리고 그렇지 않은 경우는 삶의 비중을 늘린다. 그 균형 조정은 시간의 비중일 수도 있고 내가 쏟아야 하는 열정과 도전의 비중일 수도 있다.

매일 똑같은 비중으로 워라밸을 지키든, 탄력적으로 조절하든 그것은 전적으로 개인의 선택이다. 어떤 사람은 안정적이고 균형 잡힌 일정한 패턴을 지속하는 것을 선호한다. 반면 반복적인 일상의 루틴에서 단조로움과 권태를 느끼는 사람들도 있다. 예전에는 일정 패턴의 안정감을 더 큰 가치로 여기는 사람들은 연공서열과 평생직장을 보장받아 괜찮은 내일을 기대할 수 있었다. 하지만 이제 미래가 보장된 계약서는 더는 존재하지 않는다. 비교적 안정적이라고 인정받는 직업들도 있지만, 세상은 그 안정감을 무력화시키는 방향으로 급격히 진화하고 있다. 어떤 선택을 해도 미래는 불확실하고 그 무엇도 보장되지 않는다.

우리는 모두 신입으로 시작해서 후보 선수를 거쳐 주전 선수로 뛰고 다시 노장 선수가 되어 은퇴한다. 프로 스포츠이든 일반 직장이든 개인사업자이든 다르지 않다. 사람도 기업도 경제도 모두 생애 사이클이 있다. 개인이 겪는 '일'도 생애 사이클이 있다. 그때에 내가 고삐를 잡고 전차를 몰 수 있는 시간은 전체의 일부분이다. 경기장에서 누구보다 많은 시간을 뛰는 주전 선수의 시간은 두려움과 고단함보다는 성취감과 보람이 더 강한 법이다. 그 시간만큼은 최선을 다해 모든 것을 쏟아부을 만하지 않을까. 그러고 나면 어느 순간 후배들을 격려하며 개인의 삶에 더 무게를 둘 수 있는 노장의 시간이 찾아올 테니.

프로의 워라밸 그래프는 두 분면을 나누는 직선이 아니라 사인 함수가 그리는 파동 그래프처럼 진폭을 가지고 움직인다. 그것이 프로의 삶이 주는 특별한 기회이다. 나는 프로가 됨으로써 진정한 인생의 워라밸을 이룰 수 있다고 믿는다. 일은 소중한 가치이다. IMF를 겪었던 세대들은 일 없는 고통이 일이 많아서 힘든 것보다 훨씬 크다는 것을 안다. 최근에도 코로나로 인해 일 없는 고통을 겪은 사람들이 적지 않다. 일 없는 세상은 무료하고 지루하다. 일과 삶은 서로 독립적으로 존재하며 대립하고 갈등하는 관계가 아니다. 삶이 목적이라면 일은 진정한 삶을 찾으러 가는 길의 가이드이자 그 길을 걸어가도록 돕는 힘의 원동력이다. 일과 삶은 대립이 아닌 조화와 협력 관계여야 한다.

삶으로서의 일, 일로서의 삶

미국의 카우보이 영화에는 야생마를 길들이는 장면이 자주 등장한다. 야생마는 마구 날뛰며 등에 탄 사람을 떨쳐내려 하고 주인공인 젊은 카우보이는 끝까지 버티며 결국 야생마를 순한 양처럼 복종시킨다. 하지만 영화와는 달리 실제 야생마는 쉽게 길들지 않는다고 한다. 야생마의 긴장을 낮추고 환경에 적응시켜 길을 들이고 등에 올라탈 수 있을 때까지는 1년 정도 걸린다고 한다. 또한 길들여진 말도 등에 탄 사람의 승마 수준에 따라 다르게 반응한다고 한다. 말 등에 오르는 순간 초보자인지 노련한 승마꾼인지를 빠르게 판단하고 초보자에게는 쉽게 복종하지 않는다는 거다. 등에 오를 때 얼마나 단호한지, 얼마나 균형을 잘 잡는지, 건네는 목소리와 만지는 손길, 고삐를 잡아당기는 방법 등 복합적인 신호들을 순간적으로 판단해서 말은 탑승자에 대한 태도를 결정한다.

일도 야생마와 같다. 능숙하게 다루는 능력과 자신감이 없으면 일은 쉽게 고삐를 내주지 않는다. 오히려 등에 올라탄 나를 심하게 흔들고 괴롭힌다. 말에 타는 매 순간이 고역이다. 그러나 내가 '일'이라는 말을 제대로 길들여 고삐를 잡는 순간, 상황은 역전된다. 말을 타고 들판을 자유롭게 달리며 얼굴에 부는 초원의 바람을 시원하게 느낄 수 있다.

내 삶의 주인이 되겠다는 생각은 해보지도 못하고 그저 일만 하던 시대를 살아왔지만, 어느 날 문득 내가 삶을 주도하며 살고 있다는 것을 느꼈다. 내가 하는 일의 고삐를 잡았다고 느끼는 순간 일과 삶은 서로 반목하지 않았고 사이 좋게 손을 잡은 동반자가 되었다. 야생마 길들이기는 결코 쉽지 않지만, 시간과 노력을 기울이면 반드시 길들일 수 있다는 믿음을 가지고 위험한 도전을 해야 한다. 길들여진 말은 나의 확장된 발이 되어 일과 삶이 함께하는 광활한 푸른 초원을 신나게 달릴 수 있게 해준다.

이런 생각과 일치하는 개념이 일과 삶의 인티그레이션, 워라인Work-Life Integration이다. 워라인은 일과 삶을 구분하여 갈등관계로 여기는 대신 개인적인 요구와 직업적인 요구를 적절히 섞어서 통합적으로 이해하고 접근하는 방식이다. 크게 보면 워라밸이나 워라인이나 개인 삶의 가치를 더 중시한다는 점은 같지만 일에 대한 인식의 차이는 명확하다.

2000년대 초반 삼성 노트북 광고 키워드는 디지털 유목민Digital Nomad이었다. 멋진 대형 요트를 타고 갑판 위 비치 의자에 기대어 노트북을 여는 임수정 배우의 모습은 한껏 과장된 광고 같았다. 하지만 그 거짓말 같은 모습이 점차 현실이 되어갔다. 탁상용 PC는 서서히 노트북으로 교체되었고, 사람들이 노트북 가방을 메고 다니는 모습이 익숙해졌다. 개인별 좌석을 지정하지 않고 각자 원하는 자리에서 업무를 볼 수 있는 자율좌석제가 뉴스에 등장했다. 해외 출장길에는 고이 모시고 동반해야 하는 짐이 하나 늘었다. 당시 출장이 잦았던 뉴욕의 카페에는 커피잔을 옆에 두고 노트북을 향해 앉아 있는 젊은이들의 모습이 흔한 풍경이 되기 시작했다. 같이 일하던 뉴요커가

'On-the-Go'라는 새로운 트렌드를 설명해주던 기억이 아직도 생생하다.

코로나 때문에 재택근무가 활성화되었다는 말은 반쯤 맞는 듯하다. 정확히 말하면 코로나로 인해 가속화했다고 할 수 있다. 노트북, 모바일 기기의 보급과 통신 기술의 급속한 발전으로 모든 사람이 함께, 같은 장소에, 같은 시간에 모여야 하는 이유가 줄어들었다.

인도네시아 발리에 근무하는 IT 기술자나 노트북 하나로 전 세계를 여행하는 여행작가 수준은 아니더라도, 대부분의 사람들이 모바일 기기를 일과 삶의 필수품으로 사용하는 디지털 유목민 시대이다. 이제는 어디까지가 삶이고 어디까지가 일인지 구분하기가 갈수록 어려워지고 있다. 사생활 침해라는 부작용도 있지만, 일터라는 닫힌 공간은 활짝 열렸고 그로 인한 업무의 효율도 높이 치솟았다.

제일기획의 주요 광고주인 삼성전자의 본사는 수원에 있다. 한번 오가는 데에는 시간이 오래 걸린다. 광고주 회의에서 급한 업무가 생기면 서울로 올라오는 차에서 회의 내용을 간단히 정리해(삼성전자에는 보안상 노트북을 가지고 들어갈 수 없다) 본사의 담당 스태프와 디자인을 담당하는 뮌헨 사무실에 보내고 차 안에서 전화로 협의한다. 그러면 사무실 도착 즉시 준비된 담당자들과 회의를 시작하고 다음 날 아침이면 뮌헨에서 보낸 디자인 초안을 받아 볼 수 있었다. 이동에 따른 시간 공백과 거리의 장벽이 사라졌고 외국과의 시차는 오히려 시간 공백을 줄여주었다. 호화스러운 요트의 갑판은 아니지만 부지불식간에 우리는 이미 디지털 유목민이 된 것이다.

아직도 사무실은 건재하고 출퇴근 시간에는 사람들로 북적이지만 일과 삶의 경계는 점점 희미해지고 있다. 산업혁명이 만든 일터를 또 다른 산업혁명이 등장해 일터와 삶터의 구분을 어렵게 만든다. 일과 삶이 통합되는 워라인은 선택이 아니라 필수인지도 모른다. 이제는 일과 삶에 대한 재정의가 필요한 시기이다. 일이 삶이 되어 혹은 삶이 일이 되어 내 인생을 더욱 값지게 만들기도 하지만, 자칫 한쪽이 다른 한쪽을 병들게 할 수도 있다. 내가 내 삶과 내 일을 정의하고 통제해야 하는 세상이 온 것이다. 이것이 바로 우리가 프로가 되어야 하는 이유이다.

더 넓은 세상

시각장애인 국회의원으로 활동하는 김예지 의원의 인상 깊은 국회 연설이 있었다. "코이라는 물고기가 있습니다. 환경에 따라 성장의 크기가 달라진다는 '코이의 법칙'으로도 알려져 있는데요. 작은 어항 속에서는 10cm를 넘지 않지만 수족관에서는 30cm까지, 강에서는 1m가 넘게 자라는 물고기입니다. 아직도 우리 사회에는 사회적 약자와 소수자들의 기회와 가능성 그리고 성장을 가로막는 다양한 어항과 수족관이 있습니다. 이런 어항과 수족관을 깨고 국민이 기회의 균등 속에서 재능을 마음껏 발휘할 수 있도록 정부가 더욱 적극적으로 강물이 되어 주시기를….”

사회적 약자에 관한 내용이지만 약자의 의미를 넓게 해석하면 불안한 오늘을 살아가는 우리 모두의 이야기이다. 어항 속 물고기는 작은 세상에 알맞게 몸을 작게 키우고 그만큼의 지식과 경험을 쌓아가며, 강물 속 물고기는 큰 세상에 걸맞게 성장하고 더 큰 경험과 지식을 축적해간다. 어항 속 물고기는 작고 예쁘지만 연약할 테고, 강물 속 물고기는 크고 거칠지만 강할 것이다. 수족관, 동물원, 식물원에서 편안하고 안락한 삶을 누릴지, 바다와 정글에서 거친 야성의 삶을 살 것인지, 선택은 전적으로 자신에게 달려 있다. 프로는 거친 야성의 삶을 선택하는 사람들이다. 그들은 기회와 가능성, 성장을 원하기 때문이다. 성장은 불편한 곳에서 일어난다. 프로가 선택하는 넓고 거친 야생은 막 발견한 신대륙처럼 위험과 고난이 가득해 보이지만 무한한 기회와 가능성이 있는 곳이다.

삼성은 올림픽 스폰서가 되면서 시드니올림픽에 대규모 홍보관을 만들기로 했다. 올림픽 스폰서로는 처음 건립하는 일이라 사내 사례도, 경험자도 없어 막막하기만 했다. 당시 막 대리 딱지를 뗀 나는 겁도 없이 우리 팀에게 의뢰된 그 일을 담당하겠다고 팀장에게 간청했다. 모스크바와 뉴욕에 애플스토어 같은 브랜드 체험관을 만들자는 삼성전자의 요청도 주저 없이 흔쾌히 응하고 감사해했다. 자화자찬 같지만 어려운 일에 도전하는 것을 큰 기회로 여겼고, 설령 실패한다 해도 인생까지 무너지는 건 아니라는 배짱도 있었다. 그 덕에 인생에서 가장 쓰라린 좌절을 겪기도 했지만 그 프로젝트들은 내게 가장 의미 있는 경험과 값진 교훈 그리고 특별한 이력을 안겨주었다.

일과 삶이 더욱 통합되는 시대에 내가 어떤 물에서 놀지를 정하는 선택은 나의 삶과 일에 더욱 큰 영향을 끼친다. 사회적 약자들의 기회와 가능성을 가로막는 어항과 수족관은 국가의 시스템이 부수어주고 그들을 강으로 놓아줄 수 있겠지만, 내 마음속의 어항과 수족관을 깰 수 있는 사람은 자신밖에 없다.

모든 사람에게 삶은 단 한 번뿐이다. 한 번뿐인데도 선택할 수 있는 게 거의 없다. 태어난 시대, 낳아준 부모, 성별, DNA에 새겨진 기질과 질병의 가능성도 무엇 하나 내가 선택한 것이 없다. 탄생 이전까지는 아무것도 선택할 수 없지만, 태어난 시작점부터는 이제 온전하게 자신의 몫이다. 그러니 큰 세상 속에서의 내 삶을 그려보라. 어항보다는 강을, 강보다는 바다를 선택하라. 그렇게 살다 보면 자기 인생을 주도하고 계속 성장하는 프로의 삶을 영위할 것이다.

새로운 시대,
새로운 프로

프로 전성시대

나는 2010년 제일기획에서 마스터가 되었다. 대표이사 김낙회 프로는 '프로' 호칭 외에도 다양한 변화를 추구했는데 그중 하나가 '마스터' 제도였다. 그전에도 마스터라는 호칭은 존재했지만 단지 전문가라는 명예 타이틀의 의미로만 쓰였다. 김낙회 프로는 이 호칭을 더 적극 활용하여 하나의 제도와 직위로 만들었다.

전문성 높은 실무를 담당하면서도 임원급의 보상과 대우를 받는 특별한 제도였다. 일이 능숙한 사람에게는 보상과 진급의 혜택이 우선해야 하는데 직급이 올라갈수록 관리라는 책임이 커진다. 때로는 이러한 형식이 조직의 부작용과 약점을 만들기도 한다. 전문성에 따라 다르지만 어떤 직종에서는 최고의 전문가가 관리자가 됨으로써 그가 가진 최고의 역량인 전문성을 제대로 발휘할 수 없게 되는 것이다.

이러한 약점을 보완하고자 하는 것이 마스터 제도였다. 최고 수준의 전문가에게 신문사의 대기자처럼 관리 책임과 부담에서 벗어나, 높은 대우를 받으면서도 실무에 매진할 수 있게 하는 제도였다. 일반 임원과 마스터라는 투트랙을 만들어서 직종에 따라 활용하고자 했다. 불행히도 마스터 제도는 거론하기 힘든 이유로 당초의 의도가 변하고 결국 명맥이 끊어졌다. 어쩔 수 없이 나도 관리자로서 한 부문을 책임지는 자리를 담당하게 되었다. 관리 책임은 큰데 괜한 마스터 제도로 인해서 그에 걸맞은 직급을 갖추지 못하게 되었다고 위로하는 사람도 있었지만 나 자신은 늘 마스터라는 호칭에 만족했다. 전문가가 모인 곳에서 마스터보다 특별한 직급은 없으니까.

산업사회로 들어서면서 프로는 특정 직업군에 대한 의미가 더욱 커졌다. 산업혁명과 함께 직업이라는 개념이 생기면서 직업은 점점 세분화했고 그중 특정 직종이 프로의 타이틀을 독점하게 되었다. 직업을 의미하는 영어 JOB은 중세 영어나 프랑스어에서 '일의 일부a piece of work'를 의미하는 단어였다고 한다. 점점 다양해지고 세분화되는 일을 표현하는 용어로 '직업'이 나온 것이다.

직업이란 말이 생긴 이후 그 직종은 거침없이 확장되어 왔다. 한국고용정보원에서 발간하는 직업 사전을 살펴보면 처음 발표한 1969년에는 3,260개의 직업명이, 2019년에 발표한 5판에는 16,891개의 직업명이 존재한다고 하니 50년 사이에 5배 이상의 직업이 늘어난 것이다.

그런 다양한 직업 중에서 최고 수준의 교육과 훈련을 받고 좁은 문을 통과한 특정 직업이 프로의 이미지로 정착되었다. 이들은 최고 수준의 자격증 소유자이며, 이런 특정 직업군은 뒤에 한자 '사'자가 붙는 경우가 많다.

일 '사事'가 들어간 직업은 판사判事, 검사檢事처럼 나라에서 일을 맡긴 사람들이고, 변호사辯護士나 회계사會計士, 조종사操縱士, 박사博士처럼 선비 '사士'를 쓰는 직종은 자격시험을 거쳐 일정한 자질과 능력을 갖춘 사람들이다. 스승 '사師'를 쓰는 의사醫師, 약사藥師, 교사敎師, 간호사看護師, 요리사料理師 등은 일정한 자질과 능력을 갖춘 기술직이다. 직업의 위계를 나누는 동시에 각 직업군에 대한 의미와 직업윤리를 담기 위해 다른 한자를 사용했겠지만, 현대 사회에서는 모두 사회적으로 높은 평가를 받는 전문가라는 공통점을 지닌다.

오늘날의 프로는 훨씬 더 광범위한 모습으로 나타난다. 평등의 가치가 커지고 다양성이 존중되면서 특정 직업군이 아닌 모든 분야에서 프로가 출현한다. 이제는 기술직, 사무직, 현장직 등의 다양한 일터에도 프로가 존재하고 스포츠, 게임, 바둑, 음악처럼 한때는 취미였던 영역에서도 전문 프로들이 활약한다. 주식투자, 자동차, 실내장식, 쇼핑, 먹거리, 술, 살림 등 헤아리기 어려울 만큼 수많은 분야에서 특별한 재능과 실력을 갖춘 개인들이 나타나고 그들 모두 프로라 불린다.

농구에는 프로를 가르치는 아마추어들이 있다. 프로 선수는 아니지만 프로들을 상대로 드리블이나 슈팅 등의 특정 기술들을 가르친다. 일부 프로 선수들은 비시즌의 긴 휴식 기간에 스킬 트레이닝 교습가를 찾아가 부족한 기술을 배우고 보강한다. 이런 스킬 트레이너는 무명의 프로 출신도 있고 순수한 아마추어들도 있다. 프로라는 자격증은 없지만 특정 기술을 집중 탐구하고 혹독한 자기 훈련을 거쳐 원리와 메커니즘을 파악한, 숨은 고수들이다. 전체적인 수준은 현역 프로에 못 미칠 수 있지만 특정 영역에서는 프로 뺨치는 수준에 오른 사람들이다.

프로는 이제 고수와 동의어가 되었다. 예전에는 꾼, 마니아, 덕후라며 반쯤 놀림의 의미로 불리던 사람들까지도 프로의 반열에 들어섰다. 이제는 고급 교육을 받지 않아도, 혼자 훈련을 해도 프로가 될 수 있는 세상이다. 바야흐로 천태만상의 프로들이 난립하는 프로 삼국지의 시대이다.

시대를 넘어

프로는 시대에 따라 그 의미와 인식이 바뀌어 왔다. 세상은 더욱 급변하고 있으니 앞으로도 계속 바뀔 것이 분명하다. 기존의 기업과 산업 체제는 점점 다변화하여 이제 대기업, 중소기업으로 분류되는 체계는 큰 의미가 없어졌다. 기존의 산업체계에서는 전혀 예상하지 못했던 업종들이 혁신이라는 타이틀을 걸고 거침없이 선두에 나선다. 첨단 기술의 범용화와 투자 시스템의 확대, 주문 생산 체계의 발전에 힘입어 혁신적인 아이디어 하나만으로 막 시작한 스타트업이 얼마 지나지 않아 10억 달러, 100억 달러 이상의 기업가치를 가진 유니콘, 데카콘 기업이 된다.

전자상거래, 동영상 등의 다양한 플랫폼이 발전하면서 자본과 기술이 없는 개인도 소프트웨어와 유통, 콘텐츠를 잘만 활용하면 큰 수익과 유명세를 갖는 번듯한 사업자가 되기도 한다. 이미 경계가 사라진 세상에서 국내와 국외의 구별은 갈수록 흐릿해진다. 과학에서 지구 평평론은 무지하고 억지스러운 주장이지만, 적어도 경제계에서는 오래전에 크게 인정받았다(The World Is Flat, 2005, 토머스 프리드먼). 지역분쟁과 탈세계화라는 정치 이슈도 있지만 적어도 경제 분야에서는 납작해진 세상이 다시 공처럼 둥글어질 수 없을 것이다.

직업에도 변화의 추세는 가열차다. 유망한 직종과 직업에 대한 좋은 뉴스도 있지만, 최근에는 AI나 로봇의 발전으로 수많은 직업이 사라진다는 무서운 뉴스를 더 자주 접한다. 미국에서 10년 안에 2500만 개의 일자리가 사라질 거라는 보고서는 협박문처럼 인용된다. 자율주행이 완성되면 운전사라는 직업은 과거 마부의 운명을 따르게 될 테고, 대부분의 직업 역시 로봇이나 AI로 인해 작든 크든 일정 부분 대체될 것이다. 사라지는 직업에 대한 위협적이고 불안한 뉴스는 끊이지 않지만, 사실 이런 직업과 일자리의 변화는 과거에도 꾸준히 있어 왔다. 농부 같은 일차 산업 종사자는 확연히 줄어들었다. 전화 교환원, 타이피스트, 신문 및 우유 배달원 등 사라져가는 직업들은 과거에도 오늘날에도 있다. 다만 예전에는 사라진 직업보다 새로 발생한 직업이 더 많았고 변화의 충격을 대비할 경계경보와 피난의 시간이 주어졌다. 하지만 오늘날에는 새로운 직업보다 사라질 직업이 더 많아 보이고 변화의 속도는 예측이 불가할 만큼 빠르다.

산업혁명을 통해 '일'이 '직업'이란 말로 전환되었듯, 이제는 직업이라는 말을 대체할 새로운 용어가 필요한지도 모른다. AI와 로봇이 초래할 불안한 디스토피아를 주장하는 사람들도 있지만 현명한 인류는 그것들을 이용해 더 좋은 세상을 만들 것이라고 믿는다.

그런 세상에서는 더는 생계를 꾸리기 위해 일하지 않을지 모른다. 모든 산업은 자동으로 돌아가고 대부분의 사람은 그 산업의 과실을 나눠 가지는 세상이 될지도 모른다. 그런 세상에서의 일은 먹고사는 문제를 해결하기 위한 노동이 아니라 삶을 더 가치 있게 만드는 움직임일지도 모른다. 그러면 직업도 프로의 의미도 지금과 달라질 것이다. 지금 우리는 인류 역사상 가장 풍요롭고 평등하고 자유로운 반면 너무나 급변하여 미래를 예상하기 어려운 불확실한 세상을 살고 있다. 이런 시대에서 프로는 무엇을 어떻게 준비해야 할까? 미래에도 프로는 의미 있는 삶을 이어갈 수 있을까?

풍부한 지식과 높은 수준의 기술을 갖춘 사람을 프로라고 정의한다면 갈수록 프로의 의미는 퇴색할 것이다. 그러나 고급 기술자가 아닌 특별한 자세와 의지, 가치관을 지닌 사람을 프로라고 인식한다면 세상이 어떻게 바뀌든 간에 프로의 의미는 변치 않을 것이다.

스티브 잡스나 마이클 조던은 다른 시대, 다른 곳에서 태어났어도 누구나 인정하는 프로가 되었을 것이다. 그들이 특별했던 이유는 단지 뛰어난 지능과 지식, 기술 때문이 아니다. 늘 자기 한계를 뛰어넘으려 도전했고, 끊임없이 성장을 추구했으며 새로운 세상을 상상하고 더 나은 내일을 위해 달려갔기 때문이다. 그들은 자신만의 뚜렷한 잣대를 갖추고 당당하게 세상을 마주보며 어떤 어려움에도 물러서지 않았던 사람들이다.

이제 프로는 특정 분야의 지식과 기술보다는, 세상을 이해하고 시대를 앞서가는 통찰력과 창의력을 갖춰야 한다. 끊임없이 변화하는 세상을 변수가 아닌 상수로 인정하고 자신만의 뚜렷한 잣대와 결단력을 갖춘 사람. 불안한 마음으로 변화를 바라보기보다는 새로운 기회로 기꺼이 받아들이는 사람. 그리고 늘 뜨거운 열정으로 엄격한 훈련을 멈추지 않는 사람이 프로다. 이런 프로의 가치는 그 어떤 세상이 온다 해도 변하지 않을 것이다.

2

프로의 자격

P R O I S M

나는 프로의 정의가 모호해지는 세상에서
새로운 '프로 정신Professionalism',
내 맘대로 줄인 말인 '프로이즘Proism'을
제시하고자 한다.

프로이즘은 단순한 전문가를 넘어서,
급변하는 세상에서도 흔들리지 않는 프로의
직무 기술서Job Description이다.
프로의 직무를 위해서는 7가지 자격이 필요하다.

프로이즘

프로 정신

옛날 어느 개그맨의 유행어가 생각난다. 흰 양복을 입은 어설픈 갱단 보스가 상대방의 말을 맞받아치며 깔보듯 한마디 던진다. "왜 이래? 아마추어같이". 이 유행어는 오늘날 아마추어를 뜻하는 흔한 이미지일 것이다. 요즘의 아마추어라는 말은 순수한 애호가라는 의미보다는 기술이나 능력, 생각이 부족한 사람을 얕잡아보는 말로 더 많이 사용된다. 하지만 스포츠 초창기의 어떤 선수가 갱단 보스의 이 말을 들었다면 매우 흡족해했을 것이다.

라틴어로 '연인'을 뜻하는 Amator에서 파생한 아마추어는 생계를 위한 것이 아닌, 순수한 개인적 관심과 즐거움으로 하는 활동을 의미하는 단어였다. 스포츠나 예술 등의 아마추어 활동은 생계 걱정 없는 상류층의 고급 여가였다. 19세기에 스포츠 경쟁이 활성화되고 상금이 지급되면서 노동자 계급에서도 생계를 위해 운동하는 사람들이 등장했다. 직업으로서 스포츠 활동을 하는 '프로'가 나타난 것이다. 하지만 스포츠 창시자라고 할 수 있는 귀족 아마추어들이 오직 돈만 좇으며 승리에 연연하는 프로들을 반길 리 없었다. 당시의 스포츠는 공정과 명예를 추구하는 순수한 아마추어 정신Amateurism을 고귀하게 여겼고, 이를 훼손하는 프로들의 활동을 저속한 것으로 취급했다. 그런 상류층들이 상대방을 무시하며 얕잡아볼 때 이렇게 말하진 않았을까. "왜 이래? 프로같이." 이후 아마추어와 프로의 갈등은 오랜 시간 지속되었다.

올림픽은 이런 아마추어와 프로의 길고 복잡한 갈등을 적나라하게 드러내며 사회 변화와 함께 달라지는 대중의 프로-아마추어에 대한 인식도 보여준다. 고대 올림픽은 고대 그리스인들이 제우스 신에게 바치는 제전경기로, 각기 다른 도시 국가의 시민들이 함께 모여 제사를 지내고 군사 훈련과 예술 활동을 하며 평화를 도모한 행사였다. 그 정신을 이어받은 프랑스의 쿠베르탱 남작이 1896년 국제올림픽위원회(IOC)를 창설, 근대 올림픽의 막을 올렸다.

쿠베르탱은 스포츠를 통한 순수한 인간의 완성과 국가 간 교류를 통해 국제평화를 이룬다는 기치 아래, 스포츠에 대한 순수한 애정과 정정당당히 최선을 다하는 진정한 '아마추어 정신'을 강조했다. 그러나 귀족 계층이 사라지고 사람들이 직업으로 생계를 유지하게 되면서 아마추어 정신의 의미는 점차 퇴색해 갔다. 생계를 포기하고 스포츠에 대한 순수한 애정과 명예만으로 경쟁하라는 요구는 매우 불합리한 시대가 되었다. 또한 치열한 메달 경쟁으로 인해 나라들은 대표 선수들에게 특별한 지원을 해야만 했다. 이런 시대 변화에 맞추어 1971년 IOC는 '아마추어 선수도 상금을 받을 수 있다'라는 원칙을 공식화했고 결국 1986년 아마추어 선수와 프로 선수의 차이는 완전히 사라진다.

올림픽 역사를 들여다보면 '아마추어 정신'의 쇠퇴와 '프로 정신'의 진격을 알 수 있다. 이제 올림픽은 세계 최고의 프로들이 겨루는 글로벌 스포츠 리그이다.

프로의 직무 기술서

올림픽은 '개인 프로'들의 무대이지만 '기업 프로'들의 진출 무대이기도 하다. 아마추어와 프로 선수 참가의 차별을 없앤 1986년의 1년 전인 1985년, IOC는 대회운영을 위한 안정적 재원을 마련하기 위해 분야별로 특정 기업을 올림픽 파트너로 유치하는 TOP(The Olympic Partner) 스폰서십을 도입한다. TOP스폰서십은 해당 기업에 전 세계시장에서의 마케팅 독점권을 주는 대신 공식 후원을 받는 제도로 정보기술, 컴퓨터, 무선통신, 음료, 신용카드, 생활용품 등의 9개 분야로 시작되었다. 점차 분야를 확대하여 2024년 파리올림픽에는 14개 분야의 14개 글로벌 기업들이 참여한다. 막강한 올림픽 독점 마케팅을 확보하기 위한 TOP스폰서십 비용은 최소 2억 달러라고 한다. 가장 오래된 파트너는 코카콜라이며 삼성전자는 1998년 나고야올림픽부터 무선통신 분야의 공식 파트너이다.

올림픽 스폰서에는 TOP 스폰서뿐 아니라 프리미엄 파트너 등 권리에 따른 후원자격이 3단계 더 있어서 실질적으로 올림픽 스폰서에 참여하는 기업들의 숫자는 60~70여 개에 달한다. 이쯤 되면 쿠베르탱 남작도 할 말이 없을 듯하다.

나는 2000년 시드니올림픽부터 2018년 평창동계올림픽까지 10번의 현장을 경험했는데 올림픽에 대한 인상은 아마추어 정신과는 거리가 멀다. 올림픽 경기장 주변은 상업성을 배제하는 클린 베뉴Clean Venue를 주장하지만, 현실은 성 안에 있는 스폰서들을 보호하는 성곽처럼 느껴진다. 경기장 안팎에서는 스폰서 기업들의 화려하고 요란한 마케팅 활동이 펼쳐진다. 클린 베뉴 규제가 없는 시내와 경기장 인근 지역에서는 스폰서 아닌 많은 기업들이 교묘하게 매복 마케팅Ambush Marketing을 펼친다. 여전히 아마추어 정신을 주장하지만 올림픽이 선수와 기업의 프로들이 경쟁하는 글로벌 경기장임을 모르는 사람은 없을 것이다.

고귀한 아마추어 정신이 프로 정신의 급격한 선전으로 그로

기에 빠진 상황에서 최근 또다른 아마추어의 반격이 시작되고 있다. 풍요가 넘치는 사회에서 생계와 연관 없는 수준 높은 아마추어의 층이 다시금 두터워지는 중이다.

급격한 디지털 세상의 확장과 사라진 글로벌 경계 덕에 자기만의 취향과 아이디어로 무장한 아마추어들이 뚜렷한 존재 이유를 가지고 새로운 세상의 프로로 매일 등장한다. 이제는 생계 개념의 유무로 아마추어와 프로를 구분하기 어려워졌고 둘 사이의 경계는 흐려졌다. 업무의 정의가 모호해지고, 직장과 집 공간의 경계가 모호해지고, 일하는 시간의 경계가 모호해지고, 직계의 상하관계가 모호해지는 시대에서 프로와 아마추어의 경계가 모호해지는 것은 어쩌면 당연한 일이다.

이제 더는 돈의 보상 여부로 프로와 아마추어를 나눌 수 없다. 우리 주변에는 프로보다 더 전문성을 갖춘 숨은 고수들이 많다. 반면 적지 않은 보상을 받으며 전문적인 업무를 하지만 프로라기에는 부족한 사람들도 많다. 프로는 라이센스가 아니다. 많은 전문가를 선발하는 시험과 자격제도는 있어도 프로라는 칭호를 위한 시험이나 자격을 검증받는 제도는 없다.

나는 프로의 정의가 모호해지는 세상에서 새로운 '프로 정신Professionalism', 내 맘대로 줄인 말인 '프로이즘Proism'을 제시하고자 한다. 프로이즘은 단순한 전문가를 넘어서, 급변하는 세상에서도 흔들리지 않는 프로의 직무 기술서Job Description이다. 프로의 직무를 위해서는 7가지 자격이 필요하다.

뿌리:
깊이 자리 잡다

건축가의 벽 스위치

영국의 테리 패럴은 노만 포스터, 데이비드 치퍼필드 등과 함께 여왕 작위를 받은 유명 건축가이다. 20년쯤 전 나는 테리 패럴 설계 사무소의 아시아 지사인 홍콩 사무실과 함께 프로젝트를 진행했는데, 하루는 그 사무실의 헤드 건축가와 식사를 같이 했다('그 친구'라고 칭하겠다). 식사 도중 그 친구는 최근 특수한 벽 스위치로 특허를 냈다며 삼성전자의 담당자를 소개해 줄 수 있냐고 내게 물었다. 하나의 벽 스위치로 조명뿐 아니라 선풍기, 에어컨, TV 같은 다양한 가전제품을 켜고 끌 수 있는 장치를 개발해 특허를 받았다는 것이다. 지금은 스마트 홈 기술이 보편화되어 하나의 앱으로 가정의 여러 전자기기를 통합하여 제어할 수 있지만, 당시에는 매우 특별한 기술이었고 마침 삼성전자에서도 컨버전스라는 개념으로 그런 기술을 개발 중이었다. 삼성 담당자들과도 알고 지내니 서로 도움이 될 듯해서 확인하고 가능하면 그러겠다고 대답했다.

그런데 왜 그런 것을 개발해 특허를 냈는지 궁금해져 물었다. "당신처럼 저명한 건축가가 왜 벽 스위치를 연구해서 특허를 냈습니까? 혹시 전자 기술 분야에 특별한 취미가 있나요?" 실은 여기 더해서 '요즘 회사 비즈니스에 어려움이라도 있나요?'라고 묻고 싶었지만 속으로 삼켰다. 그는 잠깐의 망설임도 없이 아주 간결하게 대답했다. "저는 건축가이기 때문입니다."

내 얼굴은 붉어졌다. 제일기획이라는 광고대행사에 입사했을 때 전 직원이 600명 정도였는데 이공계 출신은 나 포함 2명뿐이었다. 주변 사람들이 왜 전공을 포기했냐고 물었을 때 "난 건축을 포기한 적이 없다. 지금도 공간을 매체로 활용하는 의미 있는 건축 일을 하고 있다"며 항변하고는 했는데, 나의 뿌리는 고작 지면에 살짝 박힌 수준에 불과했던 것이다.

건축가는 단지 기능이 우수하고 멋진 디자인을 뽐내는 건물을 설계하는 사람이 아니다. 공간에 의미와 편의를 더해 환경을 개선하고 사회의 발전과 안녕에 기여하며 더 나은 개인의 경험을 추구하는 것이 건축가의 업이다. 그런 의미로 생각하면 건축가는 사람이 살아가는 모든 공간과 그 안의 요소들을 고민해야 하니 탁자나 의자 나아가 벽 스위치나 문손잡이를 고안하는 것은 너무나 당연한 일이다. 업의 본질에 제대로 뿌리 내린, 제대로 된 건축가를 통해 나는 업에 대한 개념을 다시 한번 다잡았다. 업에 대한 본질, 그것이 뿌리다. 일의 의미를 제대로 이해하고 뿌리를 깊게 박으면 프로의 첫 번째 관문을 통과한 것이다.

기네스북 포도나무

우리나라에는 기네스북에 등재된 포도나무가 있다. 한 그루에 4,500송이의 포도가 열리는데 일반 포도나무의 100배 규모라고 하니 놀라운 일이다. 땅을 제대로 조성해 뿌리를 제대로 내리게 만들면 한 그루에 4,500송이의 포도가 열린다. 나무가 처음 뿌리 내릴 때 척박한 환경을 조성해주면 뿌리는 아주 깊은 땅속까지 물을 찾아 뻗어 내려간다. 이렇게 한번 깊이 뿌리 내려 깊은 땅속의 물과 닿은 나무는 가뭄을 잘 타지 않고 잔뿌리도 많아져 영양분을 잘 빨아들인다. 땅속에서 치열하게 사투를 벌이는 뿌리의 모습을 우리는 볼 수 없지만, 땅 위에 자라고 있는 무성한 가지들과 4,500송이의 포도를 보면 뿌리가 얼마나 열일하고 있는지 짐작할 수 있다. 물 위 백조의 우아함은 물밑에서 열일하는 물갈퀴가 있기 때문이다.

뿌리를 내리면 자유롭게 움직일 수 없으니 세상이 좁아질까 두려워, 씨앗 상태로 이리저리 떠다니는 사람들을 자주 본다. 그러나 뿌리가 깊어서 세상이 좁아지는 일은 없다. 일단 뿌리가 자리 잡고 나면 가지를 넓게 펼칠 수 있기 때문이다. 뿌리가 깊지 않은 나무의 가지는 바람에 쉽게 흔들리고 휘청거린다. 뿌리와 가지는 동시에 자랄 수 없다. 뿌리를 잘 내린 후에야 가지가 자란다.

프로 스포츠에서 레전드로 평가받는 걸출한 선수들은 어린 시절부터 그 종목을 위해 모든 것을 걸었다. 농구의 신으로 추앙받는 마이클 조던은 은퇴 후 야구선수로 전향한 적이 있다. 정신적 지주였던 아버지가 사고로 급작스럽게 세상을 떠나자 돌연 농구계를 떠나 야구선수를 하겠다고 선언한 것이다. 조던은 어린 시절 야구에서도 꽤 두각을 나타낸 유망주였고 천부적인 운동능력을 갖추고 있었기에 그의 파격적인 전향은 세상의 큰 이목을 끌었다. 그는 마이너리그에서 1년간 선수로 뛰었고 루키치고는 성적이 나쁘지 않았지만 특출나진 않았다. 결국 농구라는 자신의 깊은 뿌리를 깨달은 조던은 2년 만에 NBA로 복귀한다. 뿌리가 깊지 않으면 아무리 재능이 있어도 화려한 꽃과 풍성한 열매를 맺을 수 없다.

1993년 대전엑스포의 삼성관 제작을 위해 캘리포니아에 소재한 랜드마크Landmark라는 회사와 협업했다. 할리우드 출신의 두 영화감독이 창업한 랜드마크 사의 주 업무는 테마파크의 어트랙션을 기획하고 제작하는 일이다. 영화 산업에 기반을 둔

회사라 조직 내의 직함과 업무수행 방식도 약간 독특하다. 우리의 파트너로 일하던 프로젝트팀의 리더는 프로듀서라고 불렸고 그 밑에 디자인과 제작물을 책임지는 아트 디렉터, 기술 영역을 총괄하는 테크니컬 디렉터, 관리와 예산을 담당하는 프로젝트 매니저가 있었다.

베리 캠퍼라는 프로듀서는 조명 디자이너 출신이었다. 일반적으로 조명 전문가는 방송국이나 연극무대에서 조명 연출을 담당하는 기술자로 알려져 있지만, 미국과 유럽에서의 조명 디자이너는 빛을 다루는 아티스트로 인식되어 활동 분야도 광범위하다. 연극, 영화, 공연뿐 아니라 박물관, 매장 같은 상업 시설에서도 활동하고 경관 조명이라고 불리는 외부환경의 야경을 디자인하기도 한다. 최근 국내에도 조명에 대한 인식이 많이 바뀌어 실력 있는 조명 디자이너들의 활약이 점차 커지는 추세이다.

프로듀서의 전문 영역이 조명임을 처음 알았을 때는 조금 의아했다. 조명 전문가가 스토리, 디자인, 첨단 기술이 복합적으로 연계된 대규모 프로젝트의 리더라는 사실이 생경하게 느껴졌고 조금은 능력을 의심하기도 했다. 그러나 캠퍼는 매우 유능했고 스토리, 디자인과 기술에 관한 지식도 해박했으며 팀원들을 능숙하게 지휘하고 이끌었다. 한 분야에 깊이 뿌리 내리면 다른 일도 그 뿌리를 통해 이해하고 관리할 수 있다. 조명은 스토리에 대한 이해가 깊어야 하며 기술과 아트에 대한 기본기도 갖추어야 한다. 조명에 깊이 뿌리 내린 사람은 시나리오도, 무대도, 연기자도, 관객도 머릿속에 들어 있고 높은 예술적 감성과 전자 장비에 대한 전문성도 갖출 수 있다.

한 분야에서 오랫동안 경험을 축적한 시니어들이 점점 더 넓은 분야의 업무까지 담당할 수 있는 것은 능력이 대단해서가 아니다. 자신의 주변에서 벌어지는 일들은 대부분 같은 뿌리에서 뻗어 나왔기 때문이다.

통섭의 시대

세상은 엄청나게 바뀌었는데도 우리 사회에는 학문과 직업에 대한 편견이 여전히 남아 있는 듯하다. 나는 농담조로 "한국에는 아직도 사농공상士農工商을 넘어 사농공상예체능士農工商藝體能의 편견이 있는 것 같다"고 말한다. 지금도 학력과 전공, 직업을 구분하고 일반화해서 서열을 짓는 편견과 선입견을 쉽게 접한다. 나는 문과와 이과를 나눠서 일반화하는 이야기나 농담을 매우 싫어한다. 세상을 쉽게 단순화, 일반화하여 상대방을 낮게 평가하는 행위는 그게 무엇이든 저급하다. 스스로 그런 선입견을 받아들여 자신의 세상을 제한하는 것도 어리석은 일이다. 예체능 종사자들의 지적 수준을 낮게 여기는 편견도 끔찍하다. 그런 이유로 이전 세대에는 예체능을 하려다가 부모와 주변의 큰 반대에 직면하는 경우가 잦았다. 다행히 요즘은 인식이 많이 바뀌었다. 사실상 한국의 세계적 위상을 높인 것으로 따지자면 사농공상예체능의 순서는 크게 바뀌어야 할 것이다.

내가 대학에서 건축을 전공한 시절, 전국의 모든 건축과는 예외 없이 공과대 소속이었다. 반면 서구권에서는 건축 대학이라는 단과대로 따로 존재하거나 예술대학에 속한 경우가 많았다(요즘은 국내에도 별도 단과대학으로 편재된 몇몇 대학이 있다).

유교 사회에서 예술이라는 개념은 익숙하지 않았고 건축은 목수 같은 기술자의 범주에 속했다. 하지만 예술에 관한 이해도가 일찍부터 높았던 서양은 건축가를 예술가로 이해하는 경향이 강했다. 미켈란젤로, 라파엘로, 레오나르도 다 빈치가 활약하던 르네상스 시대의 예술가는 인간성의 회복을 대표하는 근대 문화의 선구자였다. 당시 문학과 회화, 조각과 건축은 모두 예술이라는 같은 뿌리에서 나온 가지이자 열매였다. 아리스토텔레스 같은 많은 고대 철학자들은 과학자이기도 했다. 미켈란젤로는 화가이면서 시인이고 조각가이면서 건축가였다. 레오나르도 다 빈치는 미술가이자 과학자이며 기술자이자 사상가였다.

우리가 배우는 여러 전공 과목의 역사를 살펴보면 모두 몇 개의 뿌리에서 파생되었다. 모든 고대 학문은 세상을 이해하려는 철학적 탐구에서 시작했다. 오늘날의 과학은 고대의 자연철학에 바탕을 두고 있다. 그 당시에는 철학, 수학, 천문학, 의학,

문학 정도가 학문의 전부였다. 이후 중세와 르네상스 시절 신학과 법학, 예술, 과학, 사회과학이 시작되었고 산업사회 이후 기술과 공학, 경제학, 커뮤니케이션, 컴퓨터 과학 등이 추가되었다. 사회와 산업의 발전과 함께 기존의 학문에서 가지가 자라듯이 필요에 따른 새로운 분야가 발생한다.

오늘날에도 새로운 학부가 계속 생겨나지만, 오히려 최근에는 각 학문 간의 경계를 지우는 '통섭'이 화두이다. 인문학과 기술의 경계, 전공과 직업 간의 상관관계가 갈수록 희미해지고 있다. 심리학을 공부하는 막내딸은 학교에서 코딩을 배워야 하고 의학과 수학, 통계학, 빅데이터 등을 접목하게 되어 큰 혼란을 겪는다. 몇몇 뿌리에서 무수히 가지 쳤던 학문은 다시 원래의 뿌리로 모여드는 것 같다.

뉴욕의 요리사

2000년대 초, 삼성은 뉴욕에 체험공간을 만들기로 결정했다. 전 세계 유명 브랜드 플래그십 매장들의 경연장인 뉴욕에서 당시 애플스토어는 왕좌를 차지하고 있었다. 이에 대적하려는 삼성의 체험공간이 들어서기로 한 곳은 대규모로 신축 중이던 타임워너 센터였다. CNN 본사, 만다린 호텔 등이 입주한 55층의 쌍둥이 빌딩과 두 빌딩을 연결하는 4개 층의 퍼블릭 공간으로 구성된 타임워너 센터에서 삼성은 퍼블릭 공간의 3층에 자리 잡았다. 지하와 1, 2층에는 유기농 열풍을 일으킨 홀푸드 마켓, 미국의 교보문고인 보더스 서점 등이 대규모로 입점했고, 4층에는 최고 수준의 식당과 술집Bar들이 들어섰다.

광고주와 동행한 어느 출장에서 건물주가 4층의 식당과 술집들을 안내해주겠다고 나섰다. 식당 소개를 대단한 일인 것처럼 수선을 떨고 장황하게 설명하는 건물주가 약간 의아스러웠지만, 성의를 고려해 연신 고개를 끄덕이며 둘러보았다. 그중 꽤 유명하다는 일본 식당이 매우 인상 깊었다. 일 년 정도 예약이 다 차 있고 오직 여기서 식사하려고 도쿄에서 오기도 한다는, 믿기 힘든 설명을 듣던 중 갑자기 주방에서 높다란 요리사 모자를 쓴 사람이 걸어나오더니 인사를 건넸다. 뉴욕 문화에 익숙하지 않았던 내게는 낯선 광경이었다. 대단한 일을 해낸 것처럼 흥분한 건물주는 메인 셰프라며 우리에게 그를 소개했다. 요리사의 정중한 인사에 우리도 묵례로 답했다. 이후 교포 3세인 지인과의 저녁 식사 자리에서 이 사례를 말해줬더니 엄청난 환대를 받았다며 고무된 반응을 보였다. 그 셰프는 미국에서 유명 인사라며 그런 사람이 주방에서 나와 직접 손님에게 인사하는 행위는 주연배우가 무대에서 직접 내려와 인사하는 것과 같은 최고의 환대라고 했다.

2000년대 초반, 우리나라에서 요리사는 크게 인정받는 직업이 아니었다. 나는 뉴욕에서의 경험으로, 어느 분야이든 최고 전문가가 되면 프로로서 존경을 얻고 대접받는다는 당연한 상식을 다시금 부끄럽게 깨달았다. 몇 년 지나지 않아 국내에서도 전문 셰프들이 TV 방송에 출연해 인기를 얻고 영향력 있는 인플루언서로 부상하는 현상을 자연스럽게 목격할 수 있었다.

나는 제일기획 소속으로 주로 본사 체험 마케팅 업무를 담당했지만 몇 년은 그룹 비서실에서, 또 몇 년은 프로농구단에서 근무했다. 어느 곳에 있어도 주변 사람들과의 대화는 크게 다르지 않았다. 농구단에 있을 때 선수들과 나누는 대화나 본사 혹은 비서실 동료직원들과의 대화 수준은 비슷했다. 상식 및 지식, 이해력 측면에서 어떤 차이도 느낄 수 없었다. 각자의 전문분야는 남보다 더 알고 그렇지 못한 분야는 덜 아는 것도 같다. 프로구단에는 고졸 선수, 대학을 중퇴한 선수들도 있다. 연륜과 경험이 적은 티는 날지 몰라도 오히려 자기 삶에 더욱 신중하고 생각도 깊다. 학교 운동회에서는 힘과 기술만으로 실력을 뽐낼 수 있지만, 생태계의 정점에서 경쟁하는 프로 선수가 되려면 힘과 기술뿐 아니라 뛰어난 사고력이 필요하다.

오늘날 한류를 이끄는 아티스트들의 수준은 뛰어난 재능과 훈련만으로는 도달하기 어렵다. 외국어 능력 등의 부가 역량도 필요하지만 깊은 사고력과 자신만의 뚜렷한 세계관이 있어야 한다. 운동이나 창작 모두 대뇌 활동이라는 사실은 이미 증명되었으며, 적당한 운동은 학업과 생산성에 도움이 된다는 것도 과학적으로 확인되었다. 성적이 좋지 않아 예체능을 선택하는 경우도 있을 수 있지만, 특정 분야와는 상관없이 성적에 맞추어 전공을 정하는 일은 한국에서는 매우 흔하다. 누구도 다른 사람의 전공이나 직업을 폄훼할 권리는 없다. 어떤 전공이나 직업도 우열을 가리고 나눌 수 없다. 우리가 우열을 논할 수 있는 것은 뿌리의 깊이뿐이다.

직업에 대한 편견은 직종 간에도 존재하지만 동일 직종 내에서도 담당 직무에 대한 편견이 존재한다. 스스로 자기 직무를 폄하하며 불평하기도 한다. 나의 첫 직장은 대형 건설사였는데 담당 업무에 따라 보이지 않는 우열이 있음을 느낄 수 있었다. 이처럼 주류와 비주류는 어디든 존재한다. 처음 제일기획에서의 내가 선택한 직무는 프로모션이었는데 첫 직장의 경험 덕분에 입사하자마자 내 일이 비주류임을 알 수 있었다. 조직이 많이 커진 후에 "내가 담당한 직무는 부식Side Dish이었다가 오랜 시간 후에 주요리Main Dish로 바뀌었다"며 후배들에게 '라떼'를 시전하고는 했다. 하지만 부식의 직무를 선택하면서도 별로 망설이지 않았다. 나의 직무 선택 기준은 주류인가 비주류인가가 아니라 오랜 시간 내게 의미 있고 흥미로운지였다.

조직의 관리자 역할을 담당하면 직무를 바꾸고 싶다는 후배들과 종종 면담한다. 오랜 고민 끝에 자신의 경력을 키우고 새로운 미래에 도전하려는 사람은 가능한 한 도우려고 노력한다. 하지만 이해하기 어려운 경우도 있다. 향후 다른 직무의 전망이 더 밝아보여 거기로 옮기고 싶다는 사람이다. 현재 업무와 아무 연관성도 없는데 기껏 심은 뿌리를 뽑고 새로운 씨앗을 심겠다는 말처럼 들려서 쉽게 동의하기 어렵다. 세상은 끊임없이 변하고 전망이 더 밝아 보이는 일들은 계속 나타난다.

신기술이 태동하고 새로운 직종과 직무들은 연이어 나타난다. 마케팅만 해도 감성 마케팅, 콘텐츠 마케팅, 체험 마케팅, 디지털 마케팅, 퍼포먼스 마케팅 등 새로운 키워드들이 꼬리에 꼬리를 물고 끊임없이 등장했고 앞으로도 계속 나타날 것이다. 게다가 이들은 분리되어 있지 않아서, 뿌리 하나를 깊게 내리면 모두 연결된 가지로 확장해나간다. 뿌리가 깊으면 자신의 직무에 새로운 기술이나 세상의 변화를 접목하기란 어렵지 않다. 나의 뿌리에서 자라온 나무에 새로운 가지를 쳐야 더욱 풍성하고 아름다운 나무가 된다.

나는 경력사원을 채용할 때 이력서에 관련 없는 경력들이 화려하게 나열되어 있으면 꼼꼼하게 확인한다. 보이거나 보이지 않는 끈으로 잘 연결된 경우도 있지만 그렇지 않은 경우가 더 많다. 얕은 뿌리를 내렸다 거두었다를 반복하면 프로의 길은 요원해진다. 기업도 한 분야에 깊은 뿌리를 내려야 규모가 작아도 히든 챔피언이 된다.

깊은 뿌리는 그 사람의 신념, 실력, 정체성이 되며 그런 사람을 우리는 프로라 부른다. 개인이든 조직이든, 프로는 깊은 뿌리에서 시작된다.

성장:
높이 뻗어 오르다

MIP

프로 스포츠의 정규 리그가 끝나면 시상식이 열린다. 농구에서는 포지션별 베스트 5, 신인상, 감독상, 인기상 등 다양하게 시상하지만 종합적으로 가장 훌륭한 기량을 선보인 선수를 뽑는 MVP(Most Valuable Player)야말로 영화제의 대상처럼 최고의 하이라이트일 것이다. 하지만 개인적으로 가장 의미 있는 상은 그해 가장 성장한 선수에게 주어지는 MIP(Most Improved Player)이다. 프로는 어느 지점에서 완성되는 것이 아니라, 현재 진행형이며 끊임없이 성장하는 사람을 뜻한다. 그래서 가장 성장한 선수가 받는 MIP가 프로에게 주는 최고의 훈장처럼 느껴진다.

마이클 조던은 미국 농구, 아니 전 세계 스포츠 역사에서 다시 나오기 힘든 레전드 선수이다. 지금 세대에게는 나이키의 에어 조던으로 더 낯익은 이름이겠지만, 그는 농구 역사의 신화이자 스포츠 마케팅 역사의 신화이다. 함께 겨루었던 래리 버드가 '마치 신이 마이클 조던으로 변신해서' 경기한 것 같다고 말할 정도로 탁월한 선수였다. 위성 텔레비전이 보급되기 시작했고 NBA가 급성장했던 시대적 흐름이 마이클 조던의 성공에 도움이 되었다고는 하지만, 농구 전후 역사를 보아도 그처럼 꾸준하게 훌륭했던 GOAT는 찾아보기 어렵다.

조던이 진정 위대한 점은 끊임없는 성장에 있다. 그는 특별한 유전자를 타고난 사람이 아니다. 그의 아버지는 정비공이었고 어머니는 은행 직원이었으며 가족 중에 키 180cm 이상인 사람이 없었다. 고등학교 2학년일 때도 178cm로 작은 편이었고 기량이 탁월한 선수가 아니어서 1군에 발탁되지 못했다. 하지만 강한 의지와 독한 승부욕을 갖춘 아이였고 끊임없이 성장을 추구하는 선수였다. 고등학교 3학년 때 15cm나 훌쩍 커서(비상했던 그의 의지가 키까지 자라게 한 걸까?) 193cm가 된 조던은 1군에 합류했다. 대학에서도 선발 선수는 아니었지만 더 나은 기량을 추구하는 열정만큼은 최고였다. 그 열정으로 조던은 주전이 되었고 꾸준히 성장해 미 전역의 주목을 받는 선수가 되었다. NBA에서도 그는 매년 기량이 성장하는 선수였다. 최고를 향한 열정과 강렬한 승부욕은 그를 끝없이 성장시켰고 마침내 마이클 조던은 농구의 신이 되었다.

삼성 농구단을 처음 맡았을 때 이관희라는 선수를 만났다. 주전급 실력은 갖추었지만 최고 수준이라 하기에는 약간 아쉬운 선수였다. 쾌활하고 적극적이나 개성과 자기주장이 강하고 감정을 숨기지 않는 편이라 그에 대한 평가는 엇갈렸다. 하지만 그에 대한 평가에서 다들 공통으로 인정하는 점은 실력 향상을 위해서만큼은 지독한 열정을 갖춘 선수라는 사실이었다.

프로 리그에서 뛰는 모든 선수에게는 나이나 신체사이즈와 함께 꼬리표처럼 붙어 다니는 표식이 있다. 바로 드래프트 선발 순위이다. 마치 성적증명서처럼 이 순위는 선수의 프로필에 항상 붙어 있다. 이관희는 드래프트에서 15순위로 뽑힌 선수이다. 10팀이 선수를 선발하니 1라운드를 모두 돌고 다음 2라운드에서 5순위로 뽑힌 것이다. 대체로 드래프트 순위는 리그 내 활약 상황과 대략 일치한다. 안타깝지만 2라운드에서 선발된 선수가 주전으로 뛰는 경우는 흔치 않다. 다들 평생을 운동에만 전념한 선수들인지라 아무리 노력해도 전국에서 선발된 순위는 쉽게 뒤바뀌지 않는다.

이관희 선수는 드래프트 순위에 관한 짓궂은 농담을 들으면 인상을 찌푸리지만 오히려 나는 그 순위가 더욱 특별하게 느껴졌다. 그는 지독한 의지로 멈춤 없는 성장을 추구했고 결국 국가대표로 선발되었다. 지금은 다른 팀으로 이적했지만 그의 성장은 멈추지 않아서 그 팀의 주전으로 맹활약하고 있으며 리그 내에서 큰 인기를 누리는 유명 선수가 되었다.

회사에도 해마다 꾸준히 성장하는 사람들이 있다. 입사 초기에는 크게 주목받지 못했지만 점점 두각을 나타낸다. 반면 처음에는 큰 기대를 받았지만 시간이 흐를수록 평범해지는 사람들도 있다. 평사원에서 고위직 임원까지 오른 사람들의 가장 뚜렷한 공통점은 끊임없이 자기 성장을 멈추지 않는 것이다. 삼성에서 부회장까지 올랐던 사람에게 오랫동안 정기적으로 대면 보고를 했는데, 해를 거듭할수록 그의 생각이 점점 깊어지는 것을 보며 신기했던 기억이 있다. 자기 위치에 만족하면 제자리에 머물러 있지만, 끊임없는 성장을 추구하면 눈에 띄지 않아도 조금씩 자란다. 시작이 좀 늦어도, 타고난 재능이 적어도, 매일 조금씩만 성장할 수 있다면 새싹이 자라나 거목이 되듯 특별한 프로가 될 수 있다.

혁신과 진화

삼성이 글로벌 선두기업이 된 것은 이건희 회장의 신경영 선언이 큰 계기였음은 잘 알려진 사실이다. 내가 신입사원 시절 이건희 회장이 새로운 회장으로 취임했고 퇴임 무렵 작고했기에 그와 시대를 같이했다는(아무도 알아주지 않는) 특별한 감회를 느낀다. 은둔형 경영자인 이건희 회장의 행적은 잘 알 수 없다. 비서실에서 2년여를 근무하면서 그를 직접 본 적은 한 손에 꼽을 정도였다.

내 의지에 반해서 비서실에 강제 발령을 받은 이유도 신경영이었다. 신경영 추진을 위한 몇몇 조직이 비서실에 신설되면서 거기로 차출된 것이다. 육군본부처럼 경직되고 소리 없이 일하는 곳이라 느닷없는 발령에 작은 반항도 했지만, 돌이켜보면 그 덕에 시야가 넓어졌고 신경영도 더 구체적으로 이해할 수 있었다. 신경영의 내용은 폭이 넓고 다양하다. 기업의 성장과 새로운 목표를 향한 내용이 많지만 도시와 공간, 문화, 레저 등 이회장이 생각하는 새로운 사회의 모습에 관한 내용도 적지 않다.

기업의 성장에 대한 신경영의 커다란 화두는 양量보다 질質이었다. 신경영은 기업의 본질에 과감히 제동을 걸고 새로운 방향을 제시했다. 지속적으로 성장하려면 단단하고 경쟁력 있는 뿌리를 먼저 내려야 한다는 생각이었으리라. 이 회장은 그저 말로만 언급하거나 지시하지 않았다. 누가 봐도 무모해 보이는 '7-4 근무제'(7시 출근, 4시 퇴근)를 실행하고, 제품 화형식 등을 주도하면서 본인의 강력한 의지를 각인시켰다. 그의 삶에 대한 여러 평가가 있지만 기업가로서의 이건희 회장은 프로 중의 프로였다. 당시의 신경영은 그 유명한 "처자식 빼고 모두 바꿔라"는 말로 대표되는, 혁명에 가까운 것이었다.

신경영 이후 사회 곳곳에서 혁신이라는 말이 자주 회자된다. 기존의 낡은 것을 한꺼번에 폐기하고 새롭게 바꿔야 한다는 것이다. 하지만 대부분은 비전문가의 요란한 구호에 불과하다.

단지 의지와 노력만으로는 혁신을 이룰 수 없다. 기존의 모든 것을 부정하는 것은 올바른 방법이 아니다. 좋은 것은 남겨서 계속 키워가고 부족한 것을 교체하는 방법이 현실적이고 현명하다. 얕은 뿌리는 캐내고 다시 새로운 뿌리를 심을 수 있지만, 우리 사회의 뿌리는 꽤 깊게 자리 잡고 있다.

승용차로는 한번에 쉽게 유턴할 수 있지만 큰 컨테이너 트럭이나 기차는 유턴이 어렵고 자칫 전복할 수 있을 만큼 위험하다. 오늘날의 세상은 서로 줄줄이 엮여 있어서 레일을 따라 움직이는 기차에 가깝다. 나는 혁신Revolution보다 진화Evolution라는 개념이 현실적이며 실행 가능한 가치를 지녔다고 생각한다. 신경영도 세밀하게 들여다보면 빠른 진화의 모습이다. 모든 것을 바꾸라는 말은 진화에 대한 강한 표현이다. 엔진이 작동하는 시스템을 한꺼번에 모두 바꾸기란 불가능하다. 신경영은 일하는 목표와 방향을 새롭게 설정하고 그에 따른 모든 것을 조절하고 변화를 꾀한 것이다.

성장은 완성형이 아니라 진행형이며 멈추지 않고 계속되어야 하는 개념이다. 깊은 뿌리에서 가지가 솟아나듯 목표를 향해 매일 조금씩 전진하고 점점 커가는 일신우일신日新又日新의 정신, 지속해서 업데이트하고 업그레이드하는 방식이 진화이며 성장이다. 자연 속 생명들은 하루아침에 쑥 자라지 않는다. 눈에 띄지 않을 만큼 매일매일 조금씩 성장하며 진화해나간다. 우리가 커가는 키를 눈치채지 못하듯 마음의 성장도 그렇게 일어난다.

어떨 때는 너무 멀리 보지 않아도 된다. 뿌리를 내려 큰 방향을 잡고 나면, 하루하루의 변화가 지속해서 쌓이며 언젠가는 높은 곳에 올라서서 멀리 내려다볼 수 있으니 말이다. 한 계단 앞을 보며 오르다 보면 생각보다 머지않아 정상에 오르게 된다. 나무의 나이테를 보면 추운 겨울에도, 가뭄과 폭풍일 때도 성장을 멈추지 않았음을 알 수 있다. 매일 저녁에 아침의 나보다 더 나은 사람이 된다면 언젠가 MVP를 수상할 수 있을 것이다.

외적 성장, 내적 성장

확장은 새로운 영역에 진출하고 더 큰 규모의 일을 하는 것이다. 하지만 뿌리를 단단히 내리고 나무 기둥이 단단하지 않으면 확장은 어렵다.

한때 광고대행사의 큰 고민은 성장의 한계에 부딪혔다는 점이었다. 시장이 포화 상태에 이르고 더디게 성장하면서, 영역 확장을 위한 싸움은 성장의 지속성과 수준을 담보할 수 없어졌다. 대형 광고대행사들은 이 한계를 뛰어넘고자 인수합병이라는 외적 성장에 집중했다. 스스로 조직을 키우고 업무 영역을 확장하는 내적 성장과 대비되는 외적 성장은 말 그대로 외부의 힘을 활용해 빠르게 몸집을 키우고 비즈니스 영역을 확장하여 새로운 시너지를 만드는 만능키로 여겨졌다. 그러나 초기의 외적 성장은 커다란 진통을 겪었다. 서로 다른 조직문화도 갈등을 일으켰고, 시너지를 위해 새로 영입한 회사를 강제로 활용하려다가 문제가 생기기 일쑤였다. 스스로의 충분한 역량 없는 M&A는 오히려 혼란과 비효율이 발생한다는 교훈이 따랐다.

해외 현장에서 진행되는 체험마케팅은 현지 업체와의 협업이 필수이다. 베이징에 있는 한 중국 협력사와 몇 년간 같이 일한 적이 있었다. 중국은 세계 최고의 품질과 최악의 품질이 공존하는 곳이다. 시내의 특급 호텔에 가면 엄청난 규모와 치밀한 디테일에 입이 떡 벌어지지만 그 뒷골목에는 조악하고 형편없는 시설들이 즐비하다. 협력사의 제작물도 매년 질이 달라서 늘 마음을 졸여야 했다. 들쑥날쑥한 품질은 협력사의 문제이지만 그보다는 일을 맡은 실무 담당자의 역량 차이가 더 큰 영향을 끼친다. 베테랑급 프로들은 다양한 외부 자원을 효율적으로 활용해 생산성을 높이고 품질 좋은 결과물을 만들어낸다. 하지만 미처 경험이나 역량을 갖추지 못한 상태에서 외부 협력업체에만 의지하면 개인의 성장도 멈추고 질적 관리도 제대로 안 되는 문제들이 발생한다.

선수는 선수를 알아본다. 능력 있는 프로는 상대의 역량을 쉽게 파악하고 그들이 만들 수 있는 최고의 품질을 이끌어낸다. 최상급 스포츠 선수는 같이 뛰는 동료들과 상대 선수의 장단점을 모두 파악하고 힘을 합친 경기를 펼친다. 실력 있는 광고주를 만나야 에이전시도 좋은 성과를 낼 수 있다. 스스로 성장하지 않으면 외부와의 협업도 비효율적이다. 펄펄 끓는 솥에 찬물 한 바가지를 부어도 여전히 끓지만, 찬물이 가득한 솥에 뜨거운 물 한 바가지 부어봐야 그저 차갑기만 하다. 스스로 끓지 못하면 외부의 힘을 이용한 성장은 이루기 어려운 희망에 불과하다. 자신의 깊은 뿌리와 굵은 기둥 없이 가지만 확장하는 것은 위험하다. 외적 성장을 위해서는 내적 성장이 선행되어야만 한다.

공간마케팅을 담당하는 팀장으로 일할 때, 경력직 충원 면접을 보았다. 그래픽 디자인 전공자가 있었는데 실력이 출중해 보여, 그래픽 디자이너들이 활약하는 다른 팀이 있는데 잘못 지원한 건 아닌지 물었다. 그는 이미 그 팀을 알고 있었으며 지원하는 팀과의 업무 차이도 잘 이해하고 있었다. 자신의 그래픽 디자인 역량을 입체 공간에서 펼칠 수 있는 새로운 도전을 원한다고 했다. 튼튼한 뿌리와 단단한 기둥을 갖춘 사람으로 보였고 새로운 가지를 뻗어보려는 의지가 강했다. 결국 그를 뽑았고 얼마 지나지 않아 그는 팀의 에이스가 되었다.

회사에서 처음 일을 시작하면 업무 분장을 통해 각자 역할을 나누고 담당을 맡게 된다. 이 과정에서 "이건 내 업무가 아닌데…"라며 방어적인 태도를 취하는 사람도 있다. 그러나 분장 시 전혀 관계 없는 업무가 주어지는 일은 별로 없다. 익숙하지 않은 일이어서 부담스럽거나 스스로 자기 업무를 매우 소극적으로 국한시키는 것이다. 그러면 성장할 수 없다. 업무의 본질을 파악하여 자신감이 붙었다면 옆으로 가지를 펴나가야 한다. 깊게 뿌리를 내렸다면 이제는 넓게 도전해야 한다. 그것이 성장이고 확장이다.

성장통

나의 커리어 인생에도 여러 실패가 있었다. 그중 최악은 앞서 언급했던 뉴욕의 체험관을 만드는 일이었다. 주전 선수가 되었다고 한창 기고만장했던 2000년대 초반이었다. 세계적으로 가파르게 성장 중이던 삼성전자는 상징적인 두 도시에 브랜드 체험관을 계획했다. 러시아 모스크바와 미국의 뉴욕. 완전히 상반된 두 도시는 공통점이 있다. 겉보기에는 세계 역사의 상징적인 도시라는 점, 현실은 비효율과 불합리가 가득하다는 점이었다. 모스크바는 공산주의의 병폐가, 뉴욕은 자본주의의 병폐로 일그러져 있었고 특히 뉴욕은 최악의 일터였다. 잔뜩 부풀어 오른 중수의 자신감을 바탕으로 광고주의 프로젝트 요청에 흔쾌히 응했고, 내 기나긴 고통의 여정은 그렇게 시작했다.

뉴욕은 이해할 수 없는 일로 가득했고 모든 것이 계획대로 진행되지 않는 곳이었다. 납기 일정을 지키는 제작사는 거의 없었고 모든 업무 절차가 까다로웠다. 단적인 예로 지하에서 3층

현장으로 물품을 올리는 일만 해도 결코 만만하지 않았다. 우리 측이 고용한 현장 관리 담당자는 20불짜리 지폐 다발을 셔츠 앞주머니에 말아 넣고 화물 엘리베이터가 움직일 때마다 엘리베이터 기사에게 한 장씩 쥐야 했다. 안 그러면 기사는 별별 핑계를 대고 운전을 지연시켰다.

뉴욕 빌딩들은 노조와 계약된 빌딩과 그렇지 않은 빌딩이 있다. 노조와 계약한 빌딩에서는 노조에 가입한 인력만 모든 현장 작업을 할 수 있다. 그들의 작업 속도는 매우 더뎠고 시간은 계속 지체되었다. 노조에서 파견 나온 관리인은 작업자들의 권리와 비노조원의 투입을 감시했고 작은 문제라도 보이면 곧장 인부들을 철수시켰다. 바닥에 떨어진 휴지를 줍거나 콘센트에 전원을 연결하는 것조차도 해당 업종의 노조 인력이 아니면 허용되지 않았다. 하루하루가 수월하게 지나가는 경우가 드물었다. 지나치게 늦어진 일정을 따라잡고자 연장 작업을 요청해도 일거에 거절당했다. 뉴욕은 돈으로 시간을 살 수 없는 곳이었다.

이미 미국 여러 곳에서 다양한 프로젝트를 경험했고, 뉴욕은 가장 비싸면서도 가장 통제하기 힘든 곳임을 각오했지만 현실은 더욱 심했다. 오픈 일에 맞추어 겨우 개장했지만 이런저런 땜빵과 눈속임으로 위장한 상태여서 매일 저녁 문을 닫고 수정과 보완 작업에 매달렸다. 한 달이 넘도록 인질 같은 상태로 보완 작업을 진행했지만, 같은 문제는 지속되었고 수모에 가까운 질책과 압박을 당하면서 심신은 나락으로 치달았다.

뉴욕에서의 쓰라린 시간은 내 마음에 커다란 상처를 냈다. 자존감은 바닥에 처박혔고 한동안은 수치심에 사람들을 마주하기도 힘들었다. 위로인지 막말인지 '별것도 아닌 걸로 너무 민감하게 군다'는 말도 들었지만, 좌절감은 원래 지극히 개인적이고 주관적이다. 돌이켜보면 더 힘든 때도 있었지만, 당시는 자만심이 한창 높았던 터라 추락의 충격이 훨씬 크게 느껴졌다. 사표를 내겠다는 의지도 여러 이유로 포기했고 의욕이 완전히 상실되는 슬럼프도 겪었지만, 만병통치인 시간의 도움으로 서서히 제자리로 돌아왔다. 아직도 그 나쁜 기억은 나를 힘들게 하지만 덕분에 일에 대한 태도는 더욱 신중해졌고 마음 근육도 단단해졌다. 어떤 어려운 순간도 냉정하게 대처할 수 있게 되었고, 두려움 없이 그 어려움과 멱살잡이를 할 수 있는 사람이 되었다.

실패는 사람을 강하게 만든다. 큰 실패의 순간을 겪고 얻은 강인함은 성공으로 얻을 수 있는 것보다 훨씬 단단하다. 야생에서 거친 비바람을 맞고 찬 서리와 추위를 견뎌야 한층 강해진다. 세계적인 스포츠 선수나 밑바닥부터 시작해서 큰 성공을 이룬 사람치고 좌절과 실패의 경험이 없는 경우는 지극히 드물다. 작고 큰 실패들을 겪으면서 우리는 더욱 성장하고 강해진다. 운동을 하면 근육은 찢어지고 파열되어 미세한 상처를 입고 이를 다시 재생시키는 과정에서 더욱 커지고 튼튼해진다. 상처와 성장은 동반자 관계이다. 상처가 나야 성장할 수 있다.

근육처럼 조금씩 다치고 성장하는 날들이 모여서 프로의 인생이 이루어진다.

디서플린

프로 농구 선수들이 훈련하는 연습장 벽에는 각 구단의 감독들이 강조하는 슬로건들이 커다랗게 붙어 있다. 흡사 집안의 가훈을 연상케 하는데 가장 많이 보이는 슬로건은 '리바운드Rebound'와 '디펜스Defense'이다. 둘 다 선수의 강한 의지와 보이지 않는 희생이 필요하며, 모든 감독이 선수들에게 가장 강조하는 부분이다. 외국에서는 이와 더불어 '디서플린Discipline'이라는 용어도 자주 사용한다. 영어 사전에는 훈련, 절제, 규율, 고행 등으로 나오며 학문에서는 전공이라는 뜻으로도 사용된다. 이 단어들은 유사한 느낌은 있지만 전혀 관련성이 없어 보이는 다양한 뜻으로 해석된다.

디서플린의 바닥에 흐르는 개념은 '스스로에 대한 엄격함'이다. 이를 알면 서로 다르게 해석되는 다양한 용어들의 관계가 이해된다. '스스로에 대한 엄격함'도 선수들의 강한 의지와 희생정신이 필요하다는 점에서 감독이 강조하는 것이다. 학업이나 훈련은 수동적일 수도 있고 능동적일 수도 있다. 매일의 훈련이나 학업을 힘겨워하며 의무감으로 행하는 것은 디서플린이 아니다. 디서플린은 강한 내적 동기에 의한 자발적 수행을 의미한다.

성장하려면 훌륭한 스승이나 효율적인 시스템의 도움이 필요하다. 특히 전문 분야일수록 더욱 그렇다. 하지만 진짜 프로가 되기 위해서는 외부의 도움보다는 내적 동기에 따른 자발성이 훨씬 중요하다. 외부 자극에만 의존하면 크게 도약할 수 없다. 자기 내면의 목소리에 귀기울이고 스스로 규율을 정해 자기 관리와 절제를 행하는 사람만이 스키 점프와 같은 특별한 성장을 경험한다. 천부적인 재능을 타고났으면서도 자기 관리에 실패해 추락하는 선수들을 보면 안타깝기 그지없다. 재능을 아끼는 주위 사람들이 도우려고 노력해도 정작 본인 스스로 각성하고 깨우치지 못하면 연민과 탄식으로 끝나버리고 만다.

얼마 전 BTS의 멤버 RM과 스페인 엘파이스 언론사의 인터뷰 기사를 읽었다. “K팝의 젊음과 완벽함에 대한 숭배, 과도한 긴장과 노력은 한국 문화의 특질인가?”라는 다소 냉소적인 질문에 RM은 이렇게 답변했다. “서양인들은 이해 못한다. 한국은 침략당하고 황폐화되고 두 동강 난 나라다. 70년 전만 해도 아무것도 없던 나라였다. IMF와 UN의 도움을 받던 나라, 하지만 지금은 전 세계가 주목하는 나라다. 이게 어떻게 가능했을까? 어떻게 이런 일이 일어났을까? 사람들이 발전하려고 미친 듯이 노력했기 때문이다.” 이 대답을 보면 그가 어떻게 세계적인 아티스트가 되었는지 알 수 있다. 그의 성공은 재능과 운 덕분이 아니라 치열한 노력과 연습 때문이라는 점, 그는 단지 가수가 아니라 자신의 내적 세계가 분명한 아티스트라는 점이다. 세대 갈등이 심하다는 걱정은 여기저기서 자주 듣지만, 프로의 세상에서는 같은 방식으로 각 세대의 삶을 각자 치열하게 살아내고 있다. 엄청난 압박감 속에서 치열한 경쟁을 뚫고 내면까지 단단해진 RM을 보면서, 대견스럽다기보다는 존경스럽다는 느낌을 받았다.

뉴욕에서 일하던 타임워너 센터에서 도보 5분 거리에 카네기홀 공연장이 있다. 음악인이라면 누구나 꿈의 무대로 여길 만큼, 오랜 역사와 세계적인 명성을 지닌 곳이다. 뉴욕 사람들이 즐기는 카네기홀에 관한 농담을 들은 적이 있다. "카네기홀에 어떻게 가나요?How do you get to Carnegie Hall?"라고 물으면 뉴욕 사람들은 "연습, 연습, 연습Practice, practice, practice"이라고 대답한단다. 카네기홀을 찾아가던 관광객이 마침 지나가던 뉴욕의 음악 연주가에게 길을 물었는데, 질문을 잘못 이해한 그가 엉뚱하게 답변하는 바람에 유명해진 일화이다. 단순하지만 확실한 진실을 함의한 농담이다. 세계 최고의 무대에 서기 위해서는 연습 외에 다른 방법이 없다.

비슷한 맥락으로 한국 양궁 훈련 이야기가 있다. 올림픽에서 가장 많은 메달을 획득하는 양궁은 명실공히 우리나라 대표 종목이다. 런던올림픽이 끝난 즈음에 회사에서 양궁 국가대표 감독을 초빙해 강연을 들었다. 우리나라가 활을 잘 쏘던 '동이족'

의 후손이어서 양궁에 특별한 재능이 있다는 이야기는 전혀 사실이 아니라는 뜻밖의 이야기로 강연이 시작되었다. 역사적으로 활을 다루지 않은 민족은 거의 없기 때문에 우리만 특출나다는 말은 옳지 않다고 한다.

한국 양궁이 특별한 이유는 훈련 방식에 있었다. 양궁 경기는 개방된 외부 공간에서 진행되기 때문에 날씨 예측이 어렵고, 다양한 소음과 상대 응원단의 야유 등 여러 변수를 고려해야 한다. 이런 상황을 대비하는 양궁 국가대표팀의 훈련은 혀를 내두를 정도였다. 담력을 키우기 위해 번지점프를 하고, 비바람이 심한 날씨를 찾아서 연습하고, 야구장의 협력을 받아 경기 전 수많은 관중의 소음 속에서 실전 훈련을 하는 등 보통 사람의 생각을 뛰어넘는 수준이었다. 특별한 소질이 있어서가 아니라 가혹한 조건의 훈련을 거듭함으로써 얻은 결과라는 사실이다.

앞서 이관희 선수의 지독한 개인 훈련도 언급했지만 코비 브라이언트나 지미 버틀러 같은 NBA 선수들의 초인적 훈련은 이제 진부한 클리셰처럼 느껴질 정도이다. 팀 연습 전에 6시간씩 개인 훈련을 하는 코비 브라이언트는 "어떻게 매일 이런 초인적 훈련을 할 수 있는가?"라는 기자의 질문에 "그리 어려운 일이 아니다. 하루하루 더 나은 내가 되고자 하는 마음만 있으면 된다"고 덤덤하게 답했다.

음악이든 스포츠이든 비즈니스이든 길고 고단한 훈련 없이는 최고의 프로가 될 수 없다. 그리고 그 훈련을 가능케 만드는 것은 내적 동기와 그것을 바탕으로 한 스스로에 대한 엄격함이다. 성장은 불편한 곳에서 일어난다. 편안함은 우리를 녹슬게 한다. 자신에게 엄격한 시간을 오래 지속해야 크게 성장할 수 있다.

코칭

막 시작한 신입이 아니라면 누구나 코칭을 하고 코칭을 받는다. 코칭은 다른 사람을 키우는 방법이지만 그것을 통해서 스스로 성장하기도 한다. 코칭은 방향을 제시해주고 기술을 향상시키며, 목적을 달성하고, 난관을 극복하도록 지원한다. 말 그대로 지원의 역할이지만 좋은 코치를 만나면 인생이 바뀌기도 한다.

프로농구의 선수단은 선수와 코치, 트레이너가 주축을 이룬다(영어로 감독은 헤드 코치이다). 트레이너Trainer는 일정 궤도를 따라 움직이는 기차Train처럼 정해진 프로그램에 맞춘 훈련을 담당한다. 스킬 트레이너, 컨디션 트레이너처럼 매뉴얼에 따른 훈련을 진행한다. 코치Coach는 궤도가 정해지지 않은 넓은 평지에서 움직이는 마차Coach의 마부이다. 필요에 따라 고삐를 조이고 채찍질도 하지만 고삐를 풀고 따뜻한 손길로 어루만져 준다. 상황에 따라 방향을 전환하고 속도를 조절한다. 선수들의 잠재력을 깨우고 계속 성장시키는 것이 코치의 목표이다. 선수 개개인의 재능과 잠재력, 기질과 특성을 깊이 이해하고 그에 맞는 접근 방식으로 훈련하고 대화한다. 그들의 장단점을 정확하게 파악하여 장점이 극대화되도록 팀을 구성하고 역할을 부여하는 것도 코칭의 주요 기술이다.

농구에서는 주로 일대일 수비를 한다. 이따금 지역 수비라는 전술도 사용하지만 대부분은 상대 선수를 1대1로 맡아 막는다. 가장 강한 공격수에는 가장 수비 잘하는 선수를 붙인다. 공격하는 쪽에서는 이런 조합을 깨기 위하여 패스와 스크린플레이 등으로 수비 대형을 흔들어서 주전 공격수에게 상대하기 쉬운 수비수가 매칭되게끔 하는데, 이를 매치업 헌팅Match-up Hunting이라고 한다. 이렇게 되면 공격수는 쉽게 득점하거나 파울을 받아내는 등 경기하기가 편해진다. NBA에서 3점 슈터로 유명한 스테펀 커리는 왜소한 체구 때문에(188cm, NBA에서는 꼬마다) 매치업 헌팅의 주요 타깃이다.

개인별 역량이나 특성에 대한 깊은 이해 없는 일방적 코칭은 매치업 헌팅을 당하도록 강요하는 것과 다름없다. 선수별로 잘하는 역할을 맡겨야 사기가 오르고 훌륭한 성과를 내며 지속적으로 성장한다. 매치업 헌팅을 당하는 스테판 커리에게 수비 기술을 연습시키지 않는다. 그의 최고 장점인 슈터 역할과 책임을 지속해서 부여하고 그의 약한 수비는 팀 전술로 해결책을 찾는다.

스포츠뿐 아니라 비즈니스에서의 코칭도 마찬가지이다. 개인별 역량과 잠재력, 기질과 특성을 잘 파악해 업무와 역할을 분장하면 그 사람은 신바람이 나서 일하고 훌륭한 성과를 내며 좋은 평가를 받아서 그 장점이 점점 더 커져간다. 코칭은 개개인이 갖춘 능력을 파악하는 것부터 시작하며 그에 맞게 접근법도 달라야 한다. 나는 이를 탤런트 매칭이라고 불렀다. 모든 분야를 두루두루 다 잘하는 사람도 있다. 탤런트 매칭이 굳이 필요 없는, 만능 탤런트를 갖춘 경우이다. 잘생기고 집도 잘살고, 운동도 노래도 공부도 잘해서 신은 불공평하다고 우리를 불평하게 만드는 사람들이다. 하지만 이런 사람은 다행히도(?) 흔치 않다.

신입사원이 오면 일단 그들을 비어 있는 그릇이라고 생각하고 다양한 훈련을 시킨다. 그러다 보면 그들의 재능을 발견한다. 다재다능한 특별한 사람은 만능 플레이어로 키우지만, 대부분의 사람은 잘하는 것이 각자 다르기에 그에 맞는 역할을 맡긴다. 두루두루 다 잘하는 선수보다 하나를 잘하는 선수가 프로 세계에서 더 오래 더 꾸준하게 활약할 가능성이 크다.

한번은 여자농구에서 꽤 실력 있는 선수가 경기에 자주 나오지 않아서 감독에게 물었다. “저 선수는 실력이 좋아 보이는데 왜 경기 출전 기회가 적은가?” 그러자 감독은 이렇게 답했다. “모든 포지션에서 다 잘하는 듯하지만 반대로 모든 포지션에

애매해서 쓰기가 어렵다." 프로 무대에서는 이것저것 다 잘하는 선수는 자칫 이도저도 아닌 모호한 선수가 되기 쉽다. 모든 과목을 두루 잘하는 특별한 아이는 그중 취약한 과목을 더 가르쳐야 하지만, 특정 영역에서 재능을 발휘하는 아이는 그 과목을 더 집중하게 해줘야 한다. 자신의 선수나 후배, 자녀가 어떤 재능을 지녔는지 잘 발견하고 그것을 극대화하도록 돕는 것이 코칭의 기본이다.

더불어 좋은 지도자, 좋은 선배, 좋은 부모가 되기 위한 코칭의 가장 근본적인 핵심은 애정이다. 나는 오랜 경험과 시행착오를 통해서 애정이야말로 코칭에서 가장 중요하다는 사실을 뒤늦게 깨달았다. 진정한 애정은 무조건 잘해주는 것이 아니다. 함께 일한 팀장 중에 유독 자기 팀원을 아끼는 사람이 있었다. 그는 팀의 잘못은 본인의 부족함으로, 잘한 일은 팀원들의 공으로 돌렸다. 팀원들을 항상 칭찬하고 격려했고, 실수하면 감싸주고 위로하는 좋은 팀장이었다. 그러나 정작 연말에 받은 팀원들의 팀장 평가는 그리 좋지 않았다. 배울 게 없다는 이유였다. 무조건 따뜻하게 안아주고 칭찬만 하는 코칭은 그런 평가를 받기 쉽다.

강하고 냉혹한 훈육이 진실한 애정이라 여겨서 질책과 압박만 거듭하는 코칭은 더 나쁘다. 차갑고 매정한 코칭은 가장 쉽고 가장 형편없는 방법이다. 극과 극은 그렇게 통한다. 진정한 애정은 부모가 자식을 키우는 것과 같다. 어떤 때는 압박과 질책을, 어떤 때는 칭찬과 격려를 해야 한다. 그리고 그 밑바닥에는 항상 따뜻하고 진심 어린 애정이 깔려 있어야 한다. 성장을 도와주는 좋은 지도자, 좋은 부모, 좋은 선배가 되려면 많은 훈련이 필요하다.

경쟁:
단단해지다

경쟁대국 대한민국

대한민국이 경쟁대국이라는 사실에는 굳이 설명이 필요 없다. 대치동 학원가는 새벽에도 학부모와 학생들로 장사진을 이루고, 운전대를 잡으면 알지도 못하는 옆 차와 보이지 않는 경쟁을 벌인다. 모두 최고의 삶과 최고의 아름다움을 꿈꾸고, 최고가 아니면 실패했다고 느낀다. 누구보다 더 빨리, 더 높이, 더 멀리 가야 한다. 한국인의 인생에는 올림픽 정신이 살아 숨쉰다. 이기지 않으면 지는 것, 중간은 없다.

극심한 경쟁은 높은 자살률과 낮은 행복감이라는 부작용을 낳았다. 성장 곡선의 기울기가 완만해지고 역사상 어느 때보다도 물질적으로 풍요로운 지금, 경쟁의 부정적인 의미는 더욱 부각되었다. 경쟁은 지금 '잘사는' 우리를 있게 했지만, 결국 '잘못 사는' 우리를 만들었다는 인식이 강하다. 경쟁이 오늘날의 젊은이들을 벼랑 끝에 몰아넣고 비혼과 출산율 저하 등 많은 사회 문제를 일으킨다고도 한다. 생존을 위해 경쟁에서 살아남아야 한다는 절박한 강박감, 경쟁에서 뒤처지는 두려움과 절망감은 삶을 짓누르는 듯하다. 하지만 경쟁을 빼면 지금의 대한민국은 훨씬 초라한 모습이었을 것이다. 그래서 경쟁은 필요악이라고 말하는 사람도 있다. 그러나 경쟁 자체는 선이나 악이 아니다. 경쟁을 어떻게 받아들이느냐에 따라서 선도 되고 악도 된다.

경쟁 없는 세상은 없다. 경쟁은 호흡과 같아서 생존을 위해 꼭 해야 하는 생명 활동이다. 자연의 모든 생명은 본질적으로 경쟁한다. 심지어 숲속 식물들도 햇빛을 쟁취하기 위한 경쟁을 벌인다. 삶을 짓밟는 과도한 경쟁이나 공정치 않은 결과를 만들어내는 경쟁이 문제일 뿐, 건강한 경쟁은 성장과 발전의 원동력이다. 경쟁이 없었으면 문명도 발생할 수 없었다. 경쟁 없는 세상을 만들겠다는 인간들의 실험은 처참하게 실패했다. 경쟁은 자연적인 현상이므로 등 돌리고 외면하기보다는 성장 발판으로 적극 활용하는 방법을 찾아야 한다. 성장을 위해 경쟁만큼 효율적인 방법은 아직 발견되지 않았다.

경쟁이 가장 적나라하게 드러나는 곳이 바로 스포츠이다. 스포츠는 곧 경쟁이다. 스포츠를 보면 경쟁의 본질을 읽을 수 있다. 선수들은 다른 선수들과, 팀은 다른 팀과 경쟁하며 승리를 위해 고된 훈련을 지속한다. 선수들은 한계를 뛰어넘기 위해 자신과의 싸움을 벌인다. 아마추어나 프로를 막론하고 스포츠는 경쟁을 통해 최고를 뽑는다.

선수는 경기를 통해 기량과 능력을 펼쳐내고, 관중은 그들의 경쟁을 보며 함께 울고 웃는다. 스포츠가 만들어내는 각본 없는 드라마는 스토리의 순수함과 비예측성 덕분에 그 어떤 것보다 감동적이다. 선수뿐 아니라 그들을 응원하는 관중도 그 경쟁에 함께한다. 선수와 관객 모두 경기의 모든 과정을 함께하며 승리에 기뻐하고 패배에 슬퍼한다.

우리 삶의 경쟁은 단판승이 아니다. 한 번 이기거나 진다고 끝나지 않는다. 경기는 끊임없이 벌어지며 한 번의 승리가 다음 승리를 약속해주지 않는다. 승리나 패배는 결과가 아닌 과정이며 지는 것은 포기하는 것과 다르다. 포기하지 않으면 게임은 끝나지 않는다. 그 끊임없는 경쟁을 통해 계속 성장해나간다. 방점을 승패에 두지 않고 성장에 둔다면, 경쟁은 성장을 가능하게 만드는 가장 큰 원동력이다.

경쟁이 만들어내는 감동적 드라마를 막장으로 변질시키는 것은 잘못된 규칙이다. 스포츠 경기는 공정성을 위해 매우 세세한 곳까지 규칙을 만들고, 모든 선수는 이를 준수해야 한다. 규칙을 지키지 않으면 심판은 반칙을 선언하고 벌칙을 부여한다. 반칙이 심하면 퇴장시키기도 한다. 우리는 경쟁을 외면하는 대신 모두 지켜야 할 공정한 규칙을 만드는 일에 집중해야 한다.

프로라는 말에는 경쟁이라는 뜻이 포함되어 있다. 프로는 경쟁의 세상에서만 존재한다. 공정한 규칙을 만들고 건강한 경쟁을 계속할 수 있다면 모두가 서로의 지렛대가 될 수 있다. 공정한 경쟁은 장려되어야 하고 계속되어야 한다.

세계 무역 전쟁

경제적으로 어렵고 학생운동도 치열했던 시기에 학창 생활을 보냈던 나는, 삼성에 입사했으면서도 재벌이나 오너라는 단어에 선입견이 있었다. 비서실의 주 업무는 회장의 지시를 실행하는 일이며 지시 사항에 따라 팀과 담당자가 정해진다. 그곳에서의 경험은 재벌과 기업 오너인 이건희 회장에 대한 부정적 편견을 크게 바꿔주었다.

이건희 회장의 발언에는 현재형이 별로 없다. 대부분 거시적이고 미래지향적인 내용이다. 지나치게 비현실적이고 이상적인 내용이라 도저히 따라갈 수 없을 때도 있었다. 성공한 반도체도 있고 실패한 자동차도 있지만, 그의 관점과 목표는 상식을 뛰어넘는다. 비록 실패했으나 자동차가 기계 산업이 아니라 전자 산업이 되리라는 그의 예측은 정확히 들어맞았다. 삼성이 세계 일류기업이 될 수 있었던 가장 큰 이유는 그의 목표가 세계시장을 향했기 때문이다. 그가 국내만 생각했다면 경쟁은 쉬웠겠지만, 오늘날의 삼성 위상은 현저히 달랐을 것이다. '기업은 2류, 정치는 4류'라는 말로 곤욕을 치르기도 했지만 세계를 대상으로 한 그의 관점에서는 진심이었을 것이다.

20여 년 전 외국 디자인 회사와 협업할 때였다. 한국에 처음 와서 이곳저곳을 돌아본 미국 디자이너에게 소감을 물었다. 여러 이야기를 하다가 한국에는 소니 TV가 없고 길에는 현대차, 그것도 깨끗한 신차만 있어서 신기하다고 했다. 전혀 예상치 못한 말이었는데 곰곰이 생각하니 그럴 수 있겠다 싶었다. 당시 소니 가전과 독일 혹은 일본 자동차가 세계시장을 휩쓸었으니 그에게는 낯선 풍경이었을 것이다.

뉴욕 프로젝트를 진행할 때 아래층에 보더스라는 유명 서점이 있었다. 도서와 음반을 주로 판매하는 대형서점이었다(아마존의 침공으로 2011년 파산했다). 그곳에서 어렵지 않은 원서 몇 권을 구매했는데 그중 짐 로저스라는 유명 투자자의 세계 여행기가 있었다. 30대 후반에 이미 투자자로 크게 성공한 그는 1990년에는 바이크를 타고, 1999년에는 개조된 벤츠를 타고 168개국을 방문하며 세계시장을 탐색한다. 내가 구매한 책은 그의 두 번째 세계 여행기인 《어드벤쳐 캐피탈리스트Adventure Capitalist: The Ultimate Road Trip》였다. 그는 각국의 도시를 구석구석 누비며 그곳의 제품과 제도, 소비자들을 경험하고 평가했는데, 서울을 2주간 방문한 내용은 길지 않지만 악담으로 가득했다. 아프리카 가나보다도 까다롭고 시간이 오래 걸렸던 자신의 벤츠 차량 통관, 수입장벽 때문에 국산제품으로만 채워진 시장을 언급하며 '요새를 쌓고 세계시장을 외면하는 한국은 투자가치가 없다'는 악평을 쏟아냈다. 이후 그는 세계 3대 투자가라는 명성을 얻었지만, 그가 예측했던 한국의 미래는 완전히 틀리고 말았다.

일본 전자제품과 외제차 수입이 가능해진 시기는 외환 위기 이후인 1990년대 말이었다. 2000년대 초반 특별소비세가 인하되면서 본격적으로 국내에서도 세계의 모든 상품을 쉽게 사용할 수 있게 되었다. IMF의 강요로 자본시장이 개방되고 광고 시장에도 외국 업체들이 뛰어들기 시작했다. 그렇지 않아도 외환 위기로 체력이 바닥난 국내 기업들의 위기감은 상당했지만, 그 경쟁에서 살아남은 기업들이 오늘날의 대한민국을 만들었다. 강한 보호무역 덕분에 국내 산업이 성장했지만, 기업들이 진정한 세계 강자로 올라설 수 있었던 계기는 무역장벽이 열리면서 펼쳐진 무한 경쟁이었다.

1980년대 말 베를린 가전 전시회에서 내가 담당했던 삼성전자관은 소니관 바로 옆이었다. 창피했다. 제품과 브랜드 모든 것이 비교되면서 소니만 돋보이게 만든 전시였다며 관계자 모두 자책감에 고개를 떨궜다. 그로부터 15년 후 미국 라스베이거스 CES 삼성전시관에는 '트리플 크라운'이라는 문구가 커다랗게 붙었다. 당시 TV 시장에는 LCD, PDP 등 3가지 종류가 있었는데 그 모든 분야에서 삼성이 일본업체들을 제치고 세계시장의 왕관을 차지한 것이다. 외환 위기는 큰 시련이었고 안식처를 빼앗긴 우리를 정글에 밀어넣었지만 어쩌면 그 위기가 우리에게는 절호의 기회였을지 모른다.

대한민국 국내 총생산량 GDP는 지난 60년 동안 7천 배가량 늘었다. 경제개발계획을 처음 시작한 1962년의 1인당 연간 국민소득은 13,800원에서, 2021년 4천만 원을 넘어 2천9백 배가 되었다. GDP 세계순위 10위, 수출액 세계 5위의 나라가 되었다. 나의 삶은 그 60년과 일치한다. 자원도 기술도 아무것도 없던 대한민국은 경쟁 하나만으로 세계시장을 개척해 경제 대국의 성장을 이뤄냈다. 경쟁이 경쟁력이었던 것이다.

아시아 쿼터제

프로농구에서는 20~21시즌부터 아시아 쿼터제가 시작되었다. 첫해에는 일본 국적 대상, 이듬해는 필리핀 국적 대상으로 확대되었다. 2009년 축구에서 시작되었고 용병(좋은 용어는 아니다)이라 불리는 외국인 선수 규정과는 별도로 아시아 선수 한 명을 국내 선수 기준으로 선발할 수 있는 제도이다. 우리 선수도 일본이나 필리핀 리그에서 같은 조건으로 선발 가능하다.

스포츠의 외국인 규정은 국가별 리그별 종목별로 다르다. 자국 선수로만 운영하는 리그도 있고 외국인 선발이 비교적 자유로운 리그도 있다. 프로농구에 아시아 쿼터제가 시작되었을 때 경기력을 높여 흥행에 도움이 되리라는 기대도 있었지만, 국내 선수의 진로를 막아 가뜩이나 어려운 국내 농구 생태계에 나쁜 영향을 끼칠 거라는 우려의 목소리도 컸다. 양측 의견 모두 일리 있으며 특히 프로구단 취업을 담당하는 대학 감독들의 우려는 공감이 가는 부분이다. 10개 구단에서 평균 2명 정도 선발하는 국내리그에서 아시아 쿼터제는 가뜩이나 좁은 문을 더 좁혀 대학 선수들의 진로를 더욱 어렵게 만들 게 분명하다. 하지만 나는 아시아 쿼터제를 적극 지지하는 입장이었다.

일본 프로농구 'B리그'는 한 팀에 외국인 3명에 아시아 쿼터 1명을 보유할 수 있고 혼혈선수(이것도 좋은 용어는 아니다) 규정이 우리보다 덜 까다로워 대부분의 주전 선수가 외국인인 구단도 있다. 그런 그들의 농구 생태계는 어떨까? 일본의 고등학교 농구팀은 4,100개가 넘고 여자팀은 3,500개가 넘는다. 등록된 남자 선수는 8만6천 명, 여자가 5만3천 명이다(〈슬램덩크〉가 괜히 나온 게 아니다). 거의 모든 일본 고등학교에 농구부가 있다고 봐도 무방할 듯하다.

반면 한국의 고등학교 농구팀은 남녀 합쳐 51개이다. 학교 체육에 대한 잘못된 정책이 가장 큰 이유겠지만 생태계의 꼭대기인 프로농구의 흥행과도 강한 상관관계가 있다. 국내 프로농구팀은 10개인데 일본의 B리그는 3부로 나뉘어 54개 팀이나 된다. 국가대표도 한국보다 수준이 낮다는 평가를 오래 들어왔지만, 최근에는 중국과 함께 아시아 최고 수준에 올라섰다. 농구의 신선계인 미국 NBA에는 2명의 일본 선수가 진출해 있다. 농구 인기가 높으니 대부분의 구단은 스폰서십과 티켓 판매를 중심으로 한 자체적인 수익 구조를 갖추고 있다. 반면 국내 프로팀은 주로 모기업의 지원에 의지해 구단을 운영한다.

농구 팬이 늘어나 경기장을 가득 채우고 스포츠 스타들이 나타나면 생태계는 저절로 커진다. 농구선수가 선망의 대상이 되고 10개 구단이 20개가 되는 것이 진정 선수들을 위하는 방법일 것이다. 무역장벽을 쌓고 국내 산업을 키우던 방법은 더는 효력을 발휘하지 못한다. 국제 경쟁력을 갖추지 못하면 제품이든 TV 드라마이든 공연이든 소비자는 외면할 뿐이다. 잠깐은 쓰라려도 경쟁력을 높여서 가치를 증명하면 생태계가 커지고 소비자들의 열렬한 환호와 응원을 받는다. 프리미어리그의 손흥민 선수처럼, 빌보드차트에 오르내리는 K팝스타처럼 국제 경쟁에서 빛나는 성과를 내놓아야 그 산업이 활성화되고 성장한다. 박세리가 있었기에 세리 키즈가 탄생했고 여자 프로골프가 활황을 누릴 수 있었다. 우물 안에서 투닥거리는 싸움은 프로의 경쟁이 아니다.

경쟁 PT

광고대행사는 법률 사무소, 디자인 사무소, 설계 사무소처럼 지적 서비스를 제공한다. 이런 회사들의 비즈니스 핵심은 좋은 고객을 유치하는 데 있다. 지난 시절에는 출중한 실력자들과 오랜 경험, 규모 있는 조직, 다양한 서비스를 준비하면 맛집처럼 제 발로 찾아와주는 고마운 고객들이 있었다. 하지만 이제 고객이 자발적으로 일을 의뢰하는 경우는 점점 사라지고 있다.

똑똑해진 고객들은 다수의 후보자를 모아 경쟁시키고 그중 가장 마음에 드는 업체를 파트너로 삼아 일을 의뢰한다. 심지어 그룹 계열사들조차 '관계'나 '의리'로 일을 쉽게 주는 경우는 거의 사라졌다. 내부 거래 등에 대한 사회적 감시도 심해졌지만 기업 간의 치열한 경쟁이 더 큰 이유이다. 막말로 내가 죽지 않으려면 의리고 관계고 다 필요 없게 된다.

주로 프리젠테이션을 통해 진행되는 광고대행사의 경합은 '경쟁 PT'라고 불린다. 경쟁 PT는 광고대행사에게 생존을 위한 비즈니스 기회인 동시에 한 단계 올라갈 수 있는 성장의 발판이다. 승리하면 더할 나위 없이 좋지만 실패하더라도 실력을 키울 수 있는 훈련의 시간과 값진 교훈을 제공한다. 물론 실패의 교훈은 매우 쓰라리지만 말이다.

비시즌 동안 프로 스포츠 선수들은 일정 기간 휴식한 후 다시 힘든 훈련을 시작한다. 체력을 보강하고 다양한 전술을 연습한다. 심폐력 강화를 위해 고산 지대를 찾아 체력훈련을 하기도 한다. 서늘하고 지대가 높은 강원도는 매년 여름 고향처럼 방문하는 전지 훈련장이다.

하지만 가장 주요한 훈련은 해외 전지훈련이다. 해외 전지훈련의 가장 큰 목적은 실전 연습이다. 구단의 연습장에서도 대학팀이나 상무팀과 연습경기를 하지만 팀의 성격이 다르고 승패가 크게 중요하지 않아서 실전 훈련으로는 부족한 점이 있다. 해외 원정에서 그곳 프로팀과의 연습 경기도 승패는 큰 의미가 없지만 프로팀 간의 경기는 사뭇 양상이 다르다. 훨씬 치열하고 이기려는 의지도 크다. 프로는 트로피가 있든 없든 승리를 위해 존재하기 때문이다. 시즌에 들어서면 그 치열함과 승부 의지는 훨씬 강해진다. 정규 시즌 이후의 플레이오프 경기와 결승전이라 할 수 있는 챔프전은 그 강도가 엄청나다. 이런 경기를 모두 치른 선수들은 괄목할 만한 성장을 이룬다. 실전보다 효율적이고 강력한 훈련은 없다.

경쟁 PT는 프로 스포츠 선수들의 실전에 비유할 수 있다. 평소 아무리 많은 일을 열심히 해서 업무에 익숙해지고 실력이 향상되었더라도 단기간 내 개인과 조직이 가장 크게 성장하는 기회는 힘든 경쟁을 통해 얻어진다. 회사의 비즈니스 측면에서 경쟁 PT의 승리는 매우 중요하기 때문에 승률은 조직평가의 기준으로 적용된다. 몇 승 몇 패인지 평가받는 것이다.

경쟁 PT에서 패하면 시간과 비용 그리고 평가에서 손해를

본다. 그래서 상황을 파악해보고 이기기 어려운 싸움을 피하고 싶은 유혹도 생긴다. 현재 업무가 바빠서 새로운 경합 PT 초청에 응할 수 없다는 핑계는 언제든 가능하지만 이는 프로의 자세가 아니다. 이미 확보된 광고주의 업무는 결정된 전략을 실행하는 일이 주를 이루고, 당면한 문제를 해결하거나 광고주의 구체적인 요청에 대응하는 단발성 업무가 많다. 반면 경합 PT에서는 조직의 역량을 총동원해서 산업과 소비자를 분석하고 인사이트를 찾아내 솔루션을 제시한다. 이처럼 힘들지만 총력을 다한 실전은 조직의 성장에 큰 밑거름이 된다.

자랑 같지만 나는 경쟁 PT를 피하지 않았고 힘든 싸움일수록 더 열심히 참여했다. 그러다 보니 승리의 기쁨을 만끽한 좋은 기억도 있지만 쓰라린 독배를 마셔야 했던 괴로운 기억도 많다(기쁨보다는 고통의 강도가 훨씬 크다). 경쟁 PT 없이 오랜 관계를 같이하는 고마운 광고주의 경우에는 선제안이라는 형식으로 경쟁 PT와 같은 준비를 독려했다. 비록 경쟁은 아니지만 조직의 역량을 최대한 동원할 수 있는 차선책이었다.

프로농구팀이 동호회팀이나 대학팀과 겨뤄서 이겨봐야 얻는 것은 미미하다. 우리와 비슷하거나 더 강한 상대와 어려운 승부를 펼쳐야 승리는 의미 있고 쓰라린 패배는 교훈이 된다. 선수가 쉬운 기회에서 슛을 쏘고 어려운 상황에서는 쏘지 않으면 좋은 야투 성공률을 얻겠지만 그 숫자는 허상일 뿐이다. 들어가든 안 들어가든 기회가 나면 슛을 던져야 하고 던지는 숫자가 늘어날수록 실력도 커져간다. 실전에서 끊임없이 부딪치면서 승리의 영광과 패배의 교훈을 거듭해야 강해지고 깊어진다.

공격과 수비

승부를 가르는 스포츠 경기는 공격과 수비로 이루어진다. 오래전 모 대학농구 감독이 작전타임 때 했다는 유명한 말이 있다. "지금 안 되는 게 딱 두 가지가 있어. 하나는 디펜스고 다른 하나는 오펜스야." 사실인지 아닌지는 모르겠지만 이 에피소드가 큰 웃음을 주는 이유는, 스포츠는 공격과 수비가 전부이기 때문이다.

팀 스포츠 초창기에는 수비를 담당하는 수비수와 공격을 담당하는 공격수가 구분된 경우가 많았다. 초창기 농구도 수비와 공격이 분리된 형태였고 경기규칙도 지금과는 많이 달랐다. 가드Guard는 뒤에서 수비를 담당했고 포워드Forward는 앞쪽에서 공격을 담당했으며 그 둘 사이 중앙 위치에 센터Center가 있었다고 한다. 그렇게 생각하면 요즘 농구의 뜻 모를 포지션별 명칭을 쉽게 이해할 수 있다. 하지만 현대 스포츠에서는 대부분 수비와 공격을 함께 하는 것을 추구한다. 선수들의 체력 소진과 피로도는 한층 높아지지만 수비에도 공격에도 모든 선수를 투입함으로써 전체 경기력을 올리는 방법이다.

오래전부터 농구는 전원 공격, 전원 수비를 하는 스포츠가 되었다. 다 함께 공격해서 골을 넣고 모두 같이 상대방의 공격을 저지한다. 공격과 수비에서 두 팀 간의 성공률 차이가 승패를 좌우한다. 따져보면 공격에서 성공하는 것과 상대방 공격을 실패하게 만드는 것은 똑같은 효용을 가지고 있다.

흥행을 중시하는 프로 스포츠는 점수가 더 많이 나오고 덜 지루하도록 공격이 유리한 방향으로 규칙을 조정하는 경향을 보인다. 하지만 승부 관점에서 보면 상대방의 공격을 효과적으로 막지 못하면 경기에서 이기기 어렵다. 승부는 수비에서 결정된다는 말이 선수단에는 격언처럼 전해지지만, 대부분의 선수는 수비보다는 공격을 선호한다.

덩크나 앨리웁 같은 멋진 득점은 화려해 보이고 박수 갈채를 받지만, 상대방 공격수를 괴롭히는 것처럼 보이는 수비는 힘이 많이 들고 화려함도 돋보이지 않는다. 경기 후 언론 보도에도 득점과 도움 같은 공격적 지표가 블록이나 스틸 같은 수비 지표보다 강조된다. 관중 입장에서는 멋진 득점이 많이 나오는 경기를 좋아하기 때문에 강한 수비로 저득점이 나오는 경기를 '늪 농구'라고 저평가하는 경우가 많다. 그러니 선수들은 자연히 수비보다 공격을 선호한다. 좋은 공격수들은 언론에 이름이 많이 오르고 큰 인기를 누리지만, 수비로 명성을 떨치고 인기 있는 선수는 상대적으로 적다. 공격수보다 훨씬 더 특출나야만 그나마 명성을 얻을 수 있다. 하지만 대부분의 감독들은 수비와 허슬에 최선을 다하는 선수를 최고의 공격수만큼 소중하게 여긴다. 감독들은 다양한 공격 전술만큼 수비 전술에도 심혈을 기울인다. 상대방 주 공격수를 막는 일은 경기에서 가장 중요한 전술 중 하나이다.

대부분의 비즈니스도 수비와 공격의 싸움이라고 할 수 있다. 팀 스포츠와 마찬가지로 일에서도 수비와 공격을 모두 좋아하거나 잘하는 사람은 흔치 않다. 스포츠와는 다르게 비즈니스는 수비를 선호하는 경향이 크다. 남의 성을 빼앗기란 내 성을 지키기보다 훨씬 더 어렵기 때문이다. 전쟁에서 남의 성을 뺏으려면 성을 지키는 쪽보다 몇 배의 인적·물적 자원이 필요하다. 게다가 공성에 실패했을 때는 손실된 자원에 대한 책임이 크다.

반면 비즈니스 세상에서 수비는 상대적으로 쉽다. 오랜 시간 쌓아놓은 노하우와 시스템은 큰 성이 되어 상대의 공격을 쉽게 허용하지 않는다. 큰 문제나 사고가 생기지 않도록 잘 관리하고 망루에서 적의 동태를 잘 살피면 된다. 그래서 업력이 오래되고 시장의 지배적인 위치에 있는 조직들은 대부분 수비적인 양태를, 신생 업체나 신규사업을 추진하는 조직들은 공격적인 양태를 보인다.

하지만 신생이든 기존 기업이든 공격력이 없는 비즈니스 조직은 서서히 경쟁력을 잃고 사라져간다. 시장을 확대하고 점유율을 늘리려는 부단한 노력은 확장보다는 생존의 문제이다. 자기 자리를 지키려고만 하는 노력은 오래가지 못한다. 성을 잘 지키는 것도 중요하지만 새로운 성을 끊임없이 개척해야만 한다. 수비를 잘하면 'Good'이라는 평가를 받지만 'Great'나 'Excellent'를 받으려면 수비 기술과 공격 기술을 다 갖춰야 한다. 프로는 적게 실점하고 더 많이 득점하는, 좋은 공수 밸런스를 갖춰야 한다.

통찰:
꿰뚫어보다

비합리적 세상

삼성은 인재 개발에 많은 힘을 쏟는다. 하지만 닫힌 공간에서의 그룹 단위 스터디를 싫어하던 나는 '실전보다 좋은 교육은 없다'고 여겨 단체 교육을 선호하지 않았다. 한창 좌충우돌하는 주전급 선수가 되었을 때 지원팀 팀장의 설득력 있는 권유에 솔깃해서 회사에서 진행하는 마케팅 교육에 참여했다. 한 달간 성균관대학에서 MBA 사전교육을 받고, 미국 노스웨스턴대학의 켈로그 경영대학원에서 2주간 마케팅을 배우는 프로그램이었다. 교육 일정은 빡빡하고 모든 강의가 영어로 진행되어 늦깎이 학생이 따라가기가 만만치 않았다. 하지만 실전에서 어깨 너머로 터득한 기술들을 체계적으로 정리할 수 있었고, 우리나라 절반 크기라는 미시간 호수 옆에 리조트처럼 자리 잡은 켈로그 스쿨은 일터에서 느낄 수 없었던 달콤한 안락감을 제공했다.

당시 마케팅의 화두는 소비자 인사이트였고 교육 중 가장 인상적인 내용도 그에 관한 것이었다. 소비자 인사이트는 수면 밑에 숨은 빙산의 몸체를 찾아내듯이 소비자 행동이나 태도의 이면에 숨겨진 의식 구조를 파악하는 것이다.

땅이 넓은 미국에서는 일반적으로 부모가 자녀를 차로 통학시킨다. 어린아이들이 있는 엄마들은 SUV 차량을 선호한다. 그 이유를 물으면 대부분 더 안전하기 때문이라고 대답한다. 아이들을 실어 나르는 엄마의 사랑과 배려가 담긴 듯한 답변이다. 그러나 차량 사고 시 SUV가 더 안전하다는 것은 사실이 아니다. 자동차의 안전성은 다양한 요인에 의해 결정된다. 크기와 무게, 안전 장비와 다양한 안전 기술이 그 차이를 만든다. SUV 선호에 숨은 진짜 이유는 '사커맘Soccer Mom(축구 등 아이들 활동에 시간 소모가 많은 미국 교외의 중산층 엄마를 지칭하는 용어)'이라 불리는 전업주부들의 잠재된 욕망 표출이라고 한다. 많은 전업주부들이 자녀를 위해 희생하면서 보람도 느끼지만 자신의 삶이 무기력하게 끌려가는 듯한 고민도 겪는다. 커다란 차량의 높은 자리에 앉아 세상을 내려다보면서 자신의 숨은 욕망인 통제를 느끼고 싶은 것이 본심이라는 말이다.

하루에 맥주 한 캔을 마신다고 답변한 중년남성의 집 뒤뜰

쓰레기통에는 맥주 캔이 그득한 경우가 많다는 사례도 있었다. 나도 건강 검진 때 문진에서 술 담배 이력은 슬쩍 줄여서 답변한다. 체면과 자존심을 중시하는 인간 특성상 부끄럽거나 감추고 싶은 이야기는 전면에 드러내지 않는다. 특히 사람들의 소비 행동은 그 속내를 파악하기 어렵다. 제품을 구매한 이유를 물어보면 대부분 가성비 등 합리적인 답변을 내놓지만 내면의 욕망은 완전히 다른 경우가 많다.

이성적으로 판단해 합리적으로 결정했다고 생각해도 사실은 그렇지 않은 사례도 있다. 2000년대 〈이코노미스트〉 구독 선택은 이러한 결정 착각Decision Illusion을 보여주는 좋은 예시이다. 유명 경제지인 〈이코노미스트〉 홈페이지에 실린 안내에는 일 년 동안의 인터넷 구독은 59달러, 인쇄물+인터넷 구독은 125달러로 둘 중 하나를 선택하는 형식이었다. 사람들의 선택은 첫 번째가 68%, 두 번째가 32%였다. 결과에 실망한 회사는 첫 번째와 두 번째 선택 사이에 하나를 더 추가했다. 인터넷 구독 59달러, 인쇄물 구독 125달러, 인쇄물 + 인터넷 구독 125달러. 그러자 결과가 바뀌었다. 첫 번째 선택은 16%, 두 번째 0%, 세 번째가 84%로 나타났다. 혜택은 이전과 똑같은데 멍청해 보이는 두 번째 선택사항을 넣으니 착각 때문에 결정이 완전히 달라진 것이다.

최근 심리학에서는 결정 착각처럼 이성의 가면을 쓴 비합리적 결정에 관한 내용을 많이 다룬다. 노벨 경제학상 수상자인

대니얼 카너먼은 이 분야에서 가장 인정받는 학자이며 그의 저서 《생각에 관한 생각》은 마케팅이나 금융투자의 필독서로 꼽힌다.

인간의 욕망Needs과 구매 결정의 동인을 찾아내는 것은 마케팅의 필수 과제이다. 전통적으로 소비자 심리를 파악하기 위해 진행하는 일반적인 설문 조사는 이런 결함이 태생적으로 존재한다. 스티브 잡스가 소비자 조사를 하지 못하게 했다는 것은 마케팅업계에서 유명하다. 그는 소비자들은 자신이 무엇을 원하는지 모른다며 설문 조사를 불신했다고 한다. 원하는 것을 모른다기보다는 잠재의식 속에 숨겨진 욕망을 본인이 정확하게 표현하지 못한다는 말이 더 정확할 것이다.

스티브 잡스는 자신의 직관을 믿었고 그 직관으로 사람들의 욕망을 깨울 수 있다고 생각한 특별한 사람이다. 관심법을 쓰는 후고구려의 궁예와 비교될 만한다. 스티브 잡스나 궁예 같은 특별한 사람이 될 수는 없어도, 데이터가 넘치는 요즘은 훈련을 통해 누구나 관심법을 발휘할 수 있다. 사건 현장에서 증거를 찾아내는 셜록 홈스처럼 빅데이터에서 숨겨진 인사이트를 찾아내는 일은 새롭게 주목받는 분야이다.

제품의 품질 차이가 줄어들고 브랜드가 홍수처럼 범람하며, 사람들의 생활 방식이 다양해지면서 선택도 복잡해진다. 가격과 기능을 넘어 브랜드와의 관계, 자신의 신념, 자기 과시 등의 이유가 결정에 더 큰 영향을 미친다. 그래서 소비자 인사이트가 새롭게 주목받는 것이다. 겉만 봐서는 진정한 욕구를 발견할 수 없다. 관찰과 심도 깊은 조사로 수면 밑에 숨어 있는 욕구를 찾아내야 한다. 내가 담당했던 체험 마케팅이 부각된 이유도 여기에 있다. 체험 마케팅은 브랜드와 고객을 연인 또는 친구처럼 특별한 관계로 만드는 것이다. 특정 브랜드와 고객이 내면 깊숙이 감성적으로 연결되면 그 브랜드의 제품이 선택받을 확률이 월등히 높아진다.

외면이 아닌 내면의 의미와 본질을 찾아내는 인사이트는 마케팅을 넘어 모든 비즈니스의 핵심 역량이다. 비즈니스 인사이트는 소비자뿐 아니라 산업과 시장의 변화를 감지하고 그 저변의 흐름을 읽어내는 일이다. 급변하는 세상에서 물밑에 잠겨 있는 빙산의 몸체를 발견하는 일은 프로에게는 필수 역량이다.

변화의 진원震源

미국 라스베이거스에서 매년 초 열리는 CES는 새로운 기술의 경연장이며 혁신적인 신제품을 선보이는 글로벌 무대이다. 각종 새로운 전자제품들이 첫선을 보이고, 빌 게이츠나 일론 머스크 같은 리더들이 전자 산업에 대한 비전과 화두를 제시한다. 업계 관계자와 미디어 등 10만 명이 넘는 방문객이 몰려들고 전시 기간 내내 전 세계의 이목이 집중된다. CES는 소비자를 대상으로 하는 새로운 기술과 제품의 등용문으로 자리를 굳혔다.

업무상 나는 팬데믹 이전까지 거의 20년 동안 CES를 빠짐없이 방문했다. 초반에는 담당업무에 허덕이느라 정신이 없었고 이후에는 경쟁사들의 마케팅 기법을 주로 살피다가 서서히 전자 산업의 기술과 제품 동향에 더 큰 관심이 생겼다. 나름 선무당급의 테크 인사이트를 갖추었다고 생각한 이후 출장에서 돌아와 'CES 트렌드'라는 리포트를 만들어 기술변화에 대한 인사이트와 향후 예측을 주변 사람들과 공유했다. 이후 시간이 지나면서 현실화된 기술의 변화와 발전을 보니 성적표가 나쁘지 않았다. 내가 전자제품에 대한 특별한 전문지식을 갖추었거나 직접 관련된 일을 하진 않았지만, 현장에서 열심히 발품 팔아 많은 것을 살펴보고 관련 자료를 검색하니 기술 변화의 윤곽을 알 수 있었다. 인사이트는 얻기 위해 대단한 능력이나 높은 전문지식이 필요하진 않다. 많이 보고 많이 듣고 꾸준히 관심 갖고 그 안에 있는 뭔가를 찾으려는 노력을 계속하면 키울 수 있다.

이 글을 쓰는 2023년 12월 말, 싸이의 〈강남 스타일〉이 유튜브 50억 뷰를 달성했다는 뉴스가 나왔다. 2012년 갑자기 세상을 휩쓸었던 〈강남 스타일〉은 신드롬 수준으로 전 세계를 휩쓸었다. 당시 독일 베를린에 출장을 갔는데 우리 일행 중에 싸이와 20% 정도 닮은 후배가 시내에 갔다가 싸이가 아니냐며 현지인들이 몰려들어 당황했다는 이야기를 듣고 다들 놀랐던 기억이 난다. 삼성동 코엑스 앞에는 싸이가 〈강남 스타일〉을 부르며 추던 춤의 손동작이 큰 조형물로 세워져 있고 관광객들이 줄 서서 사진을 찍는다니 가히 한국을 대표하는 무형 문화재 수준이다. CNN 뉴스에까지 등장하는 〈강남 스타일〉을 보면서 싸이 본인은 물론 대부분의 한국인들은 세계의 폭발적인 관심에 어리둥절하면서도 기뻐하고, 신나는 음악과 춤을 즐겼다.

하지만 다들 흥분에 들떠 말춤을 추고 있을 때 갑자기 세상이 들썩이는 이유를 찾는 사람들도 있었다. 나도 그 이유가 궁금해 관련 기사와 인터뷰 들을 검색했다. 〈강남 스타일〉은 굳이 세계시장을 겨냥하지 않았기에 가사나 뮤직비디오의 디테일도 한국적이었다. 그런 노래가 어떻게 세계적인 붐을 일으켰는지에 관한 다양한 분석들이 나와 있었다. 한국적인 것이 세계적인 것이라는 '국뽕'스러운 내용도 있었고, 음계와 춤이 단순하고 반복적이어서 중독성이 크다는 주장도 있었다. 개성 있는 얼굴과 유창한 영어 실력과 입담, 재미있고 화려한 무대 매너 등 아티스트를 주목한 분석도 있었고, CPNT(콘텐츠, 플랫폼, 네트워크, 터미널)가 성공적으로 작동해서라는, 다소 어려운 분석도 있었다. 무엇이 정답인지는 알 수 없지만, 한 가지가 아닌 여러 이유들이 복합적으로 작용했을 가능성이 크다. 특정 이슈나 상황을 알고 싶다면 그 내면의 의미와 본질을 살펴보아야 한다.

직업상 여러 공연의 무대 뒤를 많이 접하는데, 거기서는 화려한 무대를 만들어내는 진짜 요소들이 어둠 속에서 소리 없이 움직이고 있다. 중동에서 분쟁이 일어났다면 중동의 종교와 역사를 공부하여 그 근간을 볼 수 있어야 한다. 세상은 입체적이고 복합적이기에 속을 깊이 들여다보지 않으면 판단하기 어렵다.

1980~90년대 농구는 국내 최고의 인기 스포츠였다. 미국에서는 농구의 신 마이클 조던이 나타나서 수많은 신도들의 추앙을 받았고 국내에서는 이상민, 서장훈, 현주엽, 허재 같은 실력 좋은 유명 선수들이 아이돌 같은 인기를 누렸다. 경기장은 관중들로 가득 찼고 시합이 끝나면 선수들을 가까이에서 보려는 팬들로 선수단 버스 앞은 인산인해였다. 대학과 실업팀이 함께 참여하는 '농구대잔치' 대회는 최고의 흥행 가도를 누렸다. 농구의 인기에 힘입어 만화 〈슬램덩크〉와 〈마지막 승부〉라는 드라마도 큰 히트를 쳤다. 그러던 농구의 인기는 서서히 하락해 요즘은 비인기 종목으로 분류된다. 야구, 축구, 배구, 농구로 대표되는 팀 프로 스포츠 중에서 가장 하위권이다.

프로 스포츠는 팬들의 인기를 먹고사는 비즈니스이다. 팬층이 커져야 광고주의 후원을 받을 수 있고 미디어들이 앞다퉈 방송하고 기사를 낸다. 구단을 중심으로 팬과 광고주, 미디어가 서로를 밀어 올리면서 시장이 점점 커진다. 시장이 커져야 프로 스포츠의 존재 가치가 명확해진다. 농구 단장을 맡으면서 구단의 성적과 인기도 중요하지만 프로 농구라는 시장 확대가 더 중요해 보였고 그 인기가 식어버린 이유를 파악하고 싶었다.

그 뜨겁던 열기는 왜 갑자기 사라진 걸까? 스포츠를 향한 관심은 줄어들지 않았다. 패션포인트Passion Point 마케팅은 젊은이들이 열광하는 콘텐츠를 활용하는 마케팅인데 영화, 음악, 게임, 스포츠가 대표적이다. 젊은이들의 DNA에는 이 열정의 낙인이 새겨져 있어서 적어도 우리 시대에는 이것들을 배반하지 못한다. 사람들이 스포츠 자체에 멀어지지 않았다면 분명 좋지 않은 일이 있었던 거다. 팬들을 실망시킨 뭔가가 있었을 것이다. 하지만 불행히도 본질적 이유를 찾을 수 없었다. 갑작스러운 쇠락에 대한 분석이나 기록, 증언들은 표층적이며 단편적이었고 연관성도 보이지 않았다. 문제점을 찾아내는 일은 고통스럽고 자칫 위험할 수 있으니 굳이 열심이지 않았을 것이다. 그러나 고통스러워도 문제의 본질을 찾아내야 첫 단추를 제대로 끼우고 순서에 맞춰 재활 프로그램을 돌릴 수 있다. 농구 흥행을 위해 뭔가를 해보려 했지만, 원인을 명확히 모르니 큰 도움이 되지 못했다. 생각할수록 아쉽고 안타까운 시간이었다.

매년 연말이면 다음해의 흐름을 예견하는 트렌드 관련 리포트와 서적들이 등장한다. 새로운 흐름을 지속해서 감지하는 것은 필요한 일이다. 하지만 더 중요한 것은 그 트렌드를 이끄는 동력을 살피는 일이다. 세상은 복잡하고 불명확하다. 체계적인 시스템으로 세상이 움직이는 것 같지만 그 이면에는 인간의 욕망과 두려움이 보이지 않는 손의 역할을 맡는다. 보이는 게 전부가 아니다. 외면만 믿지 말고 그 내면의 진짜 모습을 찬찬히 들여다보라. 빠르게 변하는 세상에서 내일의 경기를 준비하려면 늘 변화의 진원지를 찾아보고 그곳에 센서를 장착시켜 둬야 한다.

맥락 읽기

조직을 관리하는 위치에 오르면 어쩔 수 없이 후배들을 판단하고 평가해야 한다. 잠재된 역량을 살피고 역량에 따라 성장을 코칭하는 것은 꼭 필요한 일이다. 즉 일머리를 살펴보는 것이다. 아직 업무에 미숙한 신입사원이나 이제 막 함께 일하게 된 직원의 잠재력을 빠르게 판단할 때 나는 '말귀'를 많이 살펴보는 편이다. 말귀는 단순한 이해력이 아니라 맥락을 읽는 능력을 의미한다. 업무를 요청할 때 단순하게 대응하는 사람이 있고, 그 일의 앞뒤 상황과 배경을 파악해 대응하는 사람이 있다. 달을 가리켰는데 손가락만 쳐다보는 경우는 생각보다 자주 발생한다. 해야 할 일을 자세히 알려주지도 않고 타박만 한다고 불평할지 모르지만, 세세히 알려주지 않아도 거뜬히 해내는 사람들도 있다.

광고대행사는 광고주의 요청을 받고 일을 진행한다. 이 요청을 '브리핑'이라 하는데 브리핑에 대한 말귀, 즉 맥락을 정확하게 이해하고 해석해야 좋은 결과물로 응대할 수 있다. 그렇지 못하면 많은 시간과 노력을 들여 엉뚱한 결과물을 내놓게 되고 능력 없는 에이전시로 평가받는다. 개떡같이 얘기해도 찰떡같이 알아듣는 지혜는 맥락을 이해하는 데 있다.

맥락을 뜻하는 콘텍스트CONTEXT는 '직조하다'라는 의미의 TEXT에 '함께'라는 뜻의 CON이 합쳐진 단어이다. 특정 사건이나 상황을 둘러싼 배경, 환경, 정보 등을 의미한다. 텍스트가 눈에 보이는 현상이라면 콘텍스트는 그 뒤에 숨어 있는 여러 이야기들이다. 맥락이라는 말은 여러 곳에서 다양하게 사용된다. 글월에서 주로 쓰이는 문맥이 가장 익숙하지만 사회적 맥락, 역사적 맥락 등 사용 범위가 매우 넓다. 내가 전공한 건축에서도 중요하게 사용된다. 동대문운동장 위에 새롭게 건립된 DDP는 그 지역의 맥락을 고려하지 않았다는 비난을 받는 식이다(여기에는 별로 공감하지 않는다). 디자인 분야에서도 맥락은 주요 키워드이다. 전기도 들어오지 않고 흙먼지가 가득한 아프리카 오지에 설치될 정수기를 디자인한다고 가정하면 그 디자인에서 맥락의 중요성을 쉽게 이해할 수 있다.

마케팅을 위한 콘텐츠도 맥락이 중요한 분야이다. 전 세계를 대상으로 하는 마케팅 콘텐츠는 인종이나 언어, 음악, 종교, 문화 등을 섬세히 검토해야 한다. 세계 여러 곳을 찾아 진행되는 체험 마케팅에서도 맥락 파악은 매우 중요한 일이다. 날씨 같은 환경 요인뿐 아니라 문화, 경제, 종교, 관습부터 당시 사회

이슈 등을 고려하여 그곳 사람들에 대한 깊은 이해가 전제되어야 한다. 대도시가 아닌 작은 지역일수록 차이는 더욱 벌어진다. 미국 솔트레이크올림픽에서 다자녀를 고려한 프로그램을 강화하고, 러시아 소치올림픽에서 노래를 즐기는 현지인들을 위한 노래방 기기를 설치했던 것은 성공적이었다. 하지만 러시아의 휴양지인 소치는 사시사철 봄 날씨이며 러시아 사람들은 추위에 강하다는 얕은 정보를 바탕으로 추위에 대한 준비를 제대로 하지 못해 낭패를 겪기도 했다. 겉보기에는 다 비슷하지만 조금만 더 깊이 들어가면 모두 다른 상황, 다른 사람들이다.

농구선수들은 비시즌이면 체력훈련과 더불어 패턴이라고 불리는 전술훈련에 전념한다. 공격 전술을 의미하는 패턴은 상대의 수비를 교란시켜 확률 높은 득점기회를 만들기 위한 약속된 플레이이다. 팀에 따라 10여 개의 패턴이 있고 특정 상황에 사용되는 패턴들도 있어서 적지 않은 수를 익혀야 한다. 더욱이 작전 시간에 감독 지시나 패턴이 상대에게 파악되어 변형해야 할 때는 머릿속이 더욱 복잡해진다. 단순히 움직임만 이해하려 하면 많은 패턴 공격을 익히기도 어렵고 응용하기는 더욱 힘들다. 하지만 각 패턴 공격의 목적과 의도, 즉 패턴의 맥락을 이해하면 습득도 쉬워지고 응용도 가능하다.

다양한 포지션을 소화하는 멀티플레이어는 전체 맥락을 이해하고 파악하는 능력을 갖춘 사람이다. 노련하게 경기를 이끄는 농구선수를 해설가들은 "농구를 알고 한다", "농구 길을 안다", "BQ(Basketball IQ)가 좋다"라고 하는데 모두 "맥락을 이해한다"는 의미이다. 초보 운전자는 바로 자기 앞에 벌어지는 상황만 인지하며 암기한 순서도에 따라 장치를 사용하지만 노련한 운전자는 주변을 넓게 살피고 상황에 따라 필요한 장치를 적절히 사용한다. 매뉴얼에 따라 기계적으로 습득하는 모든 기술은 한계를 뛰어넘기 어렵지만, 그 원리와 배경을 이해하면 한계를 넘어 자신만의 응용 버전을 만들 수 있고 그 기술을 스스로 통제할 수 있다.

오늘날 우리는 콘텐츠 홍수의 시대를 살고 있다. 지난 2년간 지구상에 있는 데이터의 90%가 생성되었다고 하며 그 추세는 더욱 빨라질 것이 분명하다. 수많은 콘텐츠는 우리에게 더 많은 정보와 더 큰 발전의 기회를 제공하지만, 무분별한 거짓 뉴스와 쓰레기 같은 유해 정보를 피하기 어렵게 만든다. 맥락을 읽는 힘은 좋은 콘텐츠를 분별할 수 있는 통찰력을 제공한다. 글의 행간에 숨은 뜻을 읽어내고 상대방 목소리 이면의 진실을 찾아낼 수 있다. 손가락이 아닌 달을 보는 지혜를 갖춰야 한다.

질문의 시대

인공지능의 시대가 현실로 다가왔다. '무지막지한 양'의 데이터를 학습한 인공지능은 기존의 모든 전문가의 자리를 위협

하는 듯하다. 능력 또한 놀라울 정도로 빠르게 발전해서 확률과 통계에 따른 그럴듯한 답변 수준을 넘어서 논리와 추론이 가능한 수준으로 발전해 나가고 있다. 지식과 지능이라는 분야에서는 절대 반지가 탄생한 것이다. 인공지능의 놀라운 능력을 보여주는 다양한 콘텐츠들을 보면 놀랍고도 두렵다. 미지의 신세계는 새로운 기대와 희망을 보여주지만 불예측성과 불확실성의 공포도 존재한다. 〈터미네이터〉같이 AI에 의한 포스트 아포칼립스에 관한 영화들은 이런 공포심을 극대화한다. 그래서 관련 법규를 준비하고 개발 속도를 조절하자는 긴장된 목소리도 들린다. 하지만 어떤 경우에도 우리의 모든 지식을 습득하고 거의 모든 질문에 답변 가능한 인공지능이 탄생하리라는 사실은 자명하다.

인공지능은 우리 삶을 크게 바꿀 것이다. 일하는 방식뿐만 아니라 하루하루를 살아가는 생활 방식도 크게 달라질 것이다. 불과 몇십 년 전만 해도 책상에 앉아 TV 같은 화면을 보면서 작은 타자기판을 두들겨 돈을 번다는 것은 상상할 수 없는 일이었다. 인터넷과 스마트폰이 우리 삶을 크게 바꾸었듯 또 다른 세상의 패러다임 변화가 우리 앞에 있다. 하지만 인공지능이 아무리 빠르게 발전한다 해도 인간의 상상력과 통찰력은 쉽게 넘보기 어려울 것이다. 인공지능과 대척하기보다는, 오히려 같은 방향으로 '연대'하는 편이 훨씬 유리할 것이다. 지능은 '이심전심以心傳心'이 없다. 있다면 아는 것과 아는 것이 통하는 '이지 전지以知傳知'일 것이다. 좋은 질문을 던지면 좋은 답변이 오듯 말이다. 세상 모든 지식을 통달한 인공지능과 통찰력을 갖춘 인간의 질문이 합쳐지면 인류는 또 한 번 크게 도약할 것이다. 인간에게는 지식보다 질문이 훨씬 중요하고 반드시 필요하다. 시의적절하고 생각을 자극하는 질문의 역량이 모든 사람에게 필요한 능력이 될 것이다.

질문의 핵심기술은 통찰이다. 통찰력을 키우는 방법을 이야기할 때 자주 인용하는 구절이 있다. 조선 시대 문장가 유한준이라는 사람이 어려운 한자로 쓴 내용을 유홍준 교수가 《나의 문화유산 답사기》에서 각색해 많이 알려진 문장이다. "사랑하면 알게 되고 알게 되면 보이나니 그때 보이는 것은 전과 같지 않으리라." 통찰은 관심에서 시작된다. 관심이 깊어지면 안 보이던 것이 눈에 띄고 궁금한 것이 생겨나며 이 과정이 반복된다. 그렇게 계속 시야를 넓히고 새로운 질문을 좇는 것이 통찰이다. 통찰은 과거에도 지금도 중요한 프로의 역량이지만 앞으로는 더더욱 중요한 핵심기술이 될 것이다.

즐겨 찾는 인터넷 사이트 중에 edge.org가 있다. 과학과 기술에 대한 세계 여러 석학들의 다양한 지적 인사이트들이 모여 있는 사이트이다. 1998년부터 2018년까지 20년 동안 매년 새로운 질문을 던지고 물리학자, 천문학자, 의학자, 철학자, 수학자, 심리학자, 영화감독, 연주자 등 세계 각국의 다양한 지식인들이 에세이 형식으로 그 질문에 답변한다. "지난 2천 년 동안 가장 중요한 발명은 무엇인가?" "무엇이 모든 것을 바꿀 것인가?" "무엇을 걱정해야만 하는가?" "생각하는 기계를 어떻게 생각하는가?" 등의 거대 담론에 대한 대답이 나와 있다. 이 내용들을 묶어 책으로 출판했고, 우리나라에도 《베스트 오브 엣지》 시리즈로 5권이 출간되었다. 우주, 문화, 생명, 마음 등에 대한 다양한 지식인들의 해석과 통찰을 살펴보고, 학문적 통섭의 세계를 엿볼 수 있는 흥미로운 내용이다. 세상에 대해 깊은 통찰과 해석을 할 수 있는 사람, 우리는 그들을 프로라고 부른다.

창의:
새롭게 연결하다

크리에이티브

크리에이티브는 광고대행사에서 가장 흔하게 듣는 용어 중 하나이다. 형용사나 명사이지만, 대행사에서는 문법과 상관없이 창의적인 모든 활동과 대화에 만능어로 사용한다. '제작'이라는 우리말도 쓰지만 사용 빈도는 여섯 글자로 된 영어 단어가 훨씬 우세하다. 굳이 우리말보다 복잡해 보이는 외래어를 사용하는 데는 광고 마케팅이 영어권 국가에서 시작한 이유도 있겠고 '제작'이라는 용어가 창의와는 거리가 있는 느낌을 주기 때문일 것이다(소프트웨어 제작制作과 하드웨어 제작製作은 한자가 다르지만 누가 알아주겠는가). 어쨌든 크리에이티브는 작업물, 사람, 조직, 업무, 슬로건에 두루두루 쓰인다. 그만큼 크리에이티브는 좋은 광고대행사가 되기 위한 절대 필요조건이다.

광고대행사 크리에이티브의 구체적 업무는 소비자에게 메시지를 더욱 효과적으로 전달하는 특별한 아이디어 창출이다. 메시지는 글자 언어와 그림 언어를 사용하며, 이 둘을 창의적으로 다루는 사람들을 카피라이터, 아트라고 부른다. 이들은 여전히 광고업계의 크리에이티브에서 중요한 역할을 담당한다. 하지만 최근 급격한 매체의 변화와 더불어 영상 언어, 음악 언어, 공간 언어, 무대 언어 등을 다루는 다양한 디자이너들이 크리에이티브 업무에서 폭넓게 활약한다. 크리에이티브의 영역은 점점 넓어져 이제는 망망대해가 되었다.

크리에이티브의 사전적 의미는 독창적이고 가치 있는 새로운 아이디어, 콘셉트, 솔루션을 만들어내는 능력이다. 크리에이티브를 다루는 주변인들에게 기습적으로 그 의미를 질문하면 다양한 대답들이 나온다. '아이디어'라고 간단하게 답변하는 사람도 있고 '상자 밖outside the box에서 생각하기'라는 답변도 흔히 듣는다. '뭔가 새로운 것something new'이라는 모호한 답변도 있다. 우리를 압박하는 광고주는 '이제까지 없던 것never done before, 이제까지 본 적 없는 것never seen before'이라는 무시무시한 정의를 내린다. 뭐라고 표현하든 간에 사람들의 머릿속에는 '뭔가 새롭고 재미있는 아이디어'라는 생각이 있는 것은 분명하다.

그러나 광고 크리에이티브의 목표는 '새롭고 재미있는 것'이 아니라 '효과적인 메시지 전달'이라서 이 두 쟁점에 간혹 다툼이 발생한다. 폭발적으로 쏟아지는 기존 콘텐츠들과 차별화되면서도 '새롭고 재미있으며', '효과적으로 메시지를 전달'하기란 결코 쉬운 일이 아니다. 갈수록 까다로워지는 저작권, 초상권 같은 복잡한 컴플라이언스 이슈들은 상황을 더욱 어렵게 만든다. 게다가 크리에이티브는 정답이 있는 일이 아니어서 모두가 합의하는 결정 단계까지 가는 길에는 가시덤불이 가득하다.

대행사에서 아이디어를 만드는 방법은 딱히 정해져 있지 않다. 한때는 브레인스토밍 방식이 크게 유행해서 모두 모여 계급장 떼고 난상토론을 벌였다. 다른 사람의 의견을 비판하지 않고 가급적 많은 아이디어를 쏟아내는 것이 목표이다. 그러다 언젠가 이 방식이 별로 효율적이지 않다는 연구 결과가 나오면서 요즘은 다소 시들해진 듯하다.

몇 차례 함께 일한 미국의 IDEO는 한때 세계에서 가장 혁신적인 기업으로 평가받던 디자인 회사였다. 스탠퍼드대학 교수들이 주축이 되어 설립한 이 회사는 산업디자인이 전문이지만 인간공학, 기계공학, 전자공학 같은 다양한 분야를 결합하여 인간 중심의 디자인 혁신을 주도하는 것으로 유명하다. 그들과 회의를 하면 어색하고 생소했다. IDEO의 능숙한 회의 진행자는 포스트잇에 다양한 의견과 키워드를 적어내게 하고 몇 시간이 지나면 벽면은 포스트잇으로 도배되다시피 한다. 효과적인 회의와 검토를 위하여 벽면에 자료와 메모지를 붙이는 일은 익숙한 편인데도 이들의 포스트잇 사랑은 지나쳐 보였다. 혁신적인 회사라 하니 특별한 기법을 사용하나 하면서도 나는 쉽게 익숙해지지 않았다.

같이 일하던 미국 유학파 후배 소개로 《101 Design Method》라는 책을 구매했다. 전문 디자이너가 아니면 이해하기 어려울 수 있지만, 디자인을 풀어나가는 101가지의 방법이 매우 논리적으로 구성된 책이다. 대충 훑어본 후 나는 기권했다. 크리에이티브에 강제적 형식이나 방법론을 사용하는 것에 거북한 느낌이 들었다. 자유로운 발상은 자유로운 형식에서 나오는 것 아닌가? 어떤 사람은 밝고 열린 공간에서 음악을 들으며 아이디어를 내는 것을 좋아한다. 어떤 사람은 닫혀 있는 어두운 공간에서 작은 불빛 하나를 켜고 머리를 부여잡으며 열중하는 방식을 선호한다. 산책이나 새벽에 잠이 깬 침대에서 좋은 생각을 떠올리는 사람들도 있다. 창의의 범주가 넓은 만큼 그것을 만들어내는 방식도 다양하다. 나는 각자의 방식으로 아이디어를 만든 이후에 다 같이 모여서 각각의 아이디어를 검토하고 협의하는 방식을 선호했다. 새롭고 낯선 방식에 적응하기 어려운 핑계일 수 있지만, 크리에이티브를 위한 효율적인 방식은 모두 조금씩 다르다는 소신은 분명하다.

실행성

광고대행사들은 늘 좋은 인력을 찾기 위해 노력한다. 그중 하나가 대학생을 대상으로 하는 공모전이다. 광고 업무에 대한 관심을 높이고 회사 홍보도 곁들이면서 우수 인력을 발굴할 수 있는 효과적인 방법이다. 광고일에 관심 있는 학생들에게도 아이디어 능력을 발휘할 수 있는 좋은 기회여서 공모전에는 수천 점의 아이디어들이 모인다. 제출된 내용들을 보면 기발한 아이디어가 꽤 많다. 언뜻 보면 대행사의 프로들이 내놓은 것보다 특별한 아이디어들도 있다. 하지만 여러 가지 현실적인 필터로 걸러내면 실행하기 어려운 것들이 훨씬 많다. 톡톡 튀는 아이디어에만 지나치게 집중한 나머지 메시지가 희미해지거나 비용이나 시간, 관련 법규 등의 현실 상황을 고려하지 않았기 때문이다. 실전은 연습과 다르다. 실전에 들어서면 생각보다 많은 현실적 제약들이 거친 수비수처럼 앞을 가로막는다.

광고대행사들은 자신의 크리에이티브 역량을 증명하기 위하여 유명 광고제의 수상을 중요시한다. 대학생들이 대행사 광고전에 응모하듯 대행사들도 유명 광고제에 응모한다. 나는 싱가포르에서 열린 광고제에서 체험 마케팅 분야의 심사위원을 맡은 적이 있었다. 워낙 작품이 많기 때문에 현지에서의 심사 이전에 약 한 달여간 인터넷으로 사전 심사를 거친다. 기발하지만 조금만 깊이 들여다보면 현실성 없는 아이디어가 많다.

실행되어야 응모 자격이 주어지기 때문에 모두 실행이 된 것은 확실하지만 억지스럽게 실행했을 가능성이 크다. 심사위원 중 대화를 많이 나누었던 일본 대행사의 디렉터는 그 회사가 받은 큰 상의 작품에 깊게 참여했던 사람이었는데 여러 억지와 과장이 섞여 있었다고 고백했다. 공모전 특성상 어느 정도의 포장과 과장은 이해할 수 있지만 현실 세계에서 그런 아이디어가 성공적으로 실행될 가능성은 없다.

체험 마케팅에서의 크리에이티브는 실행성Feasibility이 무엇보다도 중요한 기준이다. 예산과 일정, 관련 법규, 안전성 등은 실행에 커다란 영향을 끼치는 검토 요인이다. 한번은 타 분야에서 새롭게 체험 마케팅에 합류한 CD(크리에이티브 디렉터)가 야외에 인공 달을 띄우는 기획을 내놓았다. 제작 규모나 야외의 다양한 날씨 환경을 고려하면 고도의 엔지니어링과 무지막지한 예산을 투입해야 하는 비현실적인 아이디어였는데 급하게 진행하다 보니 내부 검토를 거치지 못하고 광고주의 합의를 받은 것이다. 다행히 다른 여러 이유로 이 기획은 취소되었다. 실행성에 대한 큰 깨달음을 얻은 CD는 같은 실수를 반복하지 않았고 실행성을 담보한 주전급 선수로 바뀌었다. 프로의 창의는 실행성을 담보로 한다. 세상은 아마추어의 서툰 아이디어를 쉽게 용납하지 않는다.

모두가 크리에이티브

대행사에서 크리에이티브는 특정 사람과 조직을 뜻하는 용어로 주로 사용되는 바람에, 특별한 사람들의 업무로 인식되거나 자신만의 전유물이라고 생각하는 경향이 있다. 나도 한때는 크리에이티브 그룹의 책임자였기에 그들의 특별함을 대놓고 강조했다. 실제로도 개성 넘치고 창의성으로 반짝이는 후배들이 많이 모여 있었다. 하지만 창의가 예술과 방송, 광고대행사에서 조금 더 많이 쓰이는 단어일 수는 있어도, 이들 업계의 전유물이던 시대는 오래전에 끝났다. 나와는 별로 상관없는 일이라고 말하기에는 창의성은 이미 모든 사람이 지겹도록 듣는 단어가 되었다. 어디서나 듣고 언제든지 강조된다. 창의성을 위한 방법론도, 정의도, 도서도, 교육도 많다. 여러 대학에서는 필수 교양과목이기도 할 정도이다.

그러나 따로 배우거나 공부하지 않아도 누구나 창의적인 사람이 될 수 있다. 전 세계가 추앙하는 아인슈타인, 스티브 잡스, 일론 머스크는 따로 창의성을 배우지 않았다. 창의성은 모든 인간에 내재된 고유한 특질이기 때문이다. 현실에 없는 것을 상상하고 기존에 없던 것을 만들어내는 창조의 능력은 인간이 가진 특별한 재능이다. 창의는 별도의 교육을 받아 만들어내야 하는 부캐가 아니라 인간이 태어날 때부터 지닌 본래의 캐릭터이다.

인간의 본캐인 창의는 지금의 문명을 만든 가장 큰 원동력이다. 유발 하라리는 《사피엔스》에서 인간이 다른 동물과 차별되는 가장 독특한 특질은 '상상력imagination'이라고 말한다. 이는 세상에 존재하지 않는 것을 생각해내는 능력이다. '창의력creativity'은 상상하는 것을 넘어 존재하지 않았던 머릿속의 산물을 현실에 존재하게 만들어내는 능력이다. 창의는 상상에 더해 손발의 수고로움이 따른다. 그래서 상상을 현실화시킨 창의력 없이 지금의 문명은 존재할 수 없다.

문명이 창의를 필요로 하는데 업무에서는 오죽하랴. 예술계나 대행사는 물론, 어떤 직종을 막론하고 필요한 역량이다. 정치를 하든, 금융업에 종사하든, 아파트 공사 현장에서 철근 작업을 하든, 숨을 헐떡이며 운동을 하든, 전업주부로 육아와 가사를 하든, 인간의 모든 활동에는 창의성이 필요하다. 창의적인 IT 전문가가 스티브 잡스였고, 창의적인 전업주부가 신사임당이었으며 창의적인 농구선수가 마이클 조던이었다. 주변을 돌아보면 창의적인 사람들은 의외로 많다. 그들은 자신이 해야 할 일을 주어진 가이드라인 그대로가 아니라 자신만의 방식으로 주도적으로 헤쳐나간다.

더 나아가, 창의성은 직업의 의미를 넘어 삶의 모든 활동을 대하는 자세이다. 우리가 맞닥뜨리는 모든 문제를 해결하는 방식이며 그럼으로써 삶에 활력을 불어넣고 특별한 의미를 더한다. 창의적인 사람은 일상에서도 진부함을 떠나 새롭고 특별한 것을 찾는다. 해외여행이나 결혼식이나 돌잔치처럼 개인적 행사는 물론이고 옆 동네로 가는 산책도, 작은 노포에서 먹는 한 끼도, 친구와의 모임도 특별하게 만들 방법을 모색한다. 모색을 시작하는 순간부터 삶은 더욱 윤택하고 풍요로워진다. 매일의 삶에 새로움을 더하는 노력은 더할 나위 없이 훌륭하다. 어제와 다른 오늘을, 오늘과는 또 다른 내일을 살 수 있기 때문이다.

그런데도 본능을 거스르며까지 우리가 창의적이지 않은 이유는 '손발의 수고로움'과 새로움이 가진 위험을 피하고 싶기 때문이다. 기존의 것을 새롭게 바꾸자고 하면 어떤 사람은 환한 얼굴로 "좋습니다, 재밌겠네요"라고 반기지만, 어떤 이는 미간을 찡그리며 "꼭 그렇게까지…"라며 말끝을 흐린다. 안 해도 되는 일을 해야 하는 귀찮음도 있지만 예상할 수 없는 결과에 대한 두려움이 엿보인다. 그러나 스스로 실패와 변화를 용납하지 않으면 새로움에 도전할 수 없다. 변화는 활력을 주고 실패는 배움을 준다. 성장은 불편 속에서 생겨난다.

창의의 본캐를 거부하는 또 다른 흔한 이유는 과도한 업무로 시간과 마음의 여유가 없어서이다. 비어 있는 공간이 있어야 마음이 놀 수 있는 여유가 생긴다. 출퇴근 시간 지하철처럼 북적거리는 마음으로 새로움을 발견하기는 어렵다. 그런데 정말 그럴까? 새로움을 추구하는 사람은 다들 시간과 마음의 여유가 넉넉할까? 프로의 세상에서 시간과 마음의 여유가 넉넉한 사람은 찾아보기 어렵다(있다면 그는 프로가 아니다). 같이 일했던 후배들을 보면 바쁜 사람은 늘 바쁘다. 별일이 없어도 온종일 여유가 없다. 반면 어떤 사람은 일이 벅찰 것 같은데도 꽤 여유 있어 보인다. 업무에 지쳐서 잠시 쉬고 싶다며 휴직계를 내는 후배들이 있다. 결혼이나 개인 사유로 퇴사하고 일하지 않고 있는 사람도 있다. 회사에서 늘 바빴던 사람들은 별일이 없는데도 계속 바쁘고, 바쁜 와중에도 여유 있던 사람들은 다양한 개인 활동을 하면서 생활을 즐긴다. 여유가 있고 없음은 업무량보다는 일에 대한 태도와 일처리 기술에 달려 있다.

농구 경기에서도 엄청나게 뛰면서도 별 활약은 없는 선수가 있는 반면, 그리 많이 뛰지 않아 보이는데도 큰 성과를 내는 선수가 있다. 필요할 때에만 큰 힘을 쓰고 전력으로 달릴 때와 호흡을 가다듬을 때를 아는 사람이다. 지금은 은퇴했지만 남자농구단에서 주장으로 뛰었던 김동욱 선수는 그 점에서 특별했다. 몸집이 튼실해서 팬들이 '돼브론(돼지 르브론. 르브론은 현존하는 NBA의 슈퍼스타)'이라는 애칭을 붙였고, 워낙 영리한 플레이를 잘해서 우리는 '곰 같아 보이는 여우'라고 불렀다. 빠르고 활동력 많은 선수는 아니지만 필요할 때 필요한 힘을 쓸 줄 알았고, 숨 가쁘게 돌아가는 결정적인 순간에도 침착함과 냉정함을 유지하는 특별한 선수였다.

여유는 일이 없는 시간의 공백에서 나오는 것이 아니다. 하루 10분, 20분의 짧은 느긋함만으로도 새로움을 위한 여유는 충분하다. 화장실에서나 출퇴근 시간에서도 그 정도의 여유는 만들어낼 수 있다. 새로움을 위한 여유는 습관으로 만들 수 있으며 대부분 상황에서 최소한의 여유는 지켜낼 수 있다. 그렇게 창의가 습관이 되면 아인슈타인의 말처럼 창의는 전염되기 시작한다. 하루에서 또 다른 하루로, 이 사람에게서 저 사람으로 전염된다. 창의가 전염되면 나의 삶과 조직은 매일 새로워지고 일터는 재밌는 놀이터가 된다. 믿어도 좋다. 내가 실제 경험한 일이니까.

상자 밖으로 나가기

건축을 공부하면서 처음 했던 과제는 주택설계였다. 요즘처럼 인터넷에서 풍성한 참조 자료를 찾을 수 없던 시절이라 주택설계를 보면 각자의 형편이나 지나온 세월이 엿보인다. 자신이 살아왔고 살고 있는 삶이 설계에 흘러 들어가기 때문이다. 만약 원시인에게 주택설계를 맡긴다면 근사한 동굴을 그려올 것이다. 고려 시대에서 조선 시대가 되면서 주택의 모습은 크게 바뀌었다고 한다. 불교에서 유교로 가치 기준이 바뀌면서 장유유서長幼有序, 남녀유별男女有別 같은 의식이 주택 구조를 송두리째 뒤흔든 것이다. 우리에게 익숙한 아파트도 갑자기 바뀐 생활방식이다. 몇십 년 전만 해도 대부분의 주택은 아궁이에서 불을 때어 난방을 하고 반지하실처럼 낮은 부엌에서 조리를 하며 마당의 펌프에서 퍼 올린 찬물로 얼굴과 손발을 씻고 외부에 설치된 재래식 화장실을 사용했다. 뭐든지 한번 익숙해지면 옛날에도 이랬고 앞으로도 계속 이러리라 생각한다.

예전에 삼성물산의 건설 부문에 새로운 주택에 관한 제안을 한 적이 있다. 우리는 다가오는 세상의 흐름을 고려해 통신이 단절된 쿨스팟Cool Spot(핫스팟의 반대말)의 명상실, 아로마 화단, 음악이나 미술 등에 특화되어 모듈식으로 선택 가능한 취미실 등을 제안했다. 발상은 좋으나 현실과 너무 동떨어진다는 이유로 제안으로만 끝났다. 기존의 틀을 크게 뒤흔드는 아이디어는 떠올리기도 힘들지만 수용되기도 어렵다. 특히 어떤 분야에 관여도가 높을수록 그곳의 틀에서 벗어나는 것은 매우 위험하게 느껴진다. 하지만 그 틀이 늘 거기 있었던 것은 아니다. 인터넷은 30여 년, 스마트폰은 20여 년밖에 안 된 산물이지만 익숙해지면 그 이전의 삶은 기억에서 희미해지고 향후 삶의 모습도 모두 그 틀 안에서 머무른다. 자신이 사는 세상을 벗어나기란 어려운 일이다. 익숙함과의 이별은 연인과의 헤어짐만큼 고통스러운 일이다. 그래서 상자 밖으로 나가기는 생각보다 어렵다.

하지만 상자를 아주 작게 만들면 크게 어렵지 않다. 돌이켜보면 내게 의미 있었던 창의의 대부분은 큰 상자를 갑자기 깨고 나오는 것이 아니라, 병아리가 부화하듯 작은 상자에 조금씩 균열을 만들며 새로움을 더하는 것이었다. 이전과는 완전히 다른 세상을 보여준 아인슈타인이나 스티브 잡스도 갑자기 새로운 세상을 번쩍 떠올렸기보다는 작은 상자들을 살금살금 빠져나오는 일을 반복했을 가능성이 크다. 매일 반걸음씩 앞서 걸으면서 긴 시간 후에는 크게 앞서게 되었을 거다. 그래서 창의는 머릿속 전구에 불이 번쩍 켜지는 영험한 순간이 아니라 일상에서의 새로움을 발견하고 더하는 현재진행형의 과정을 뜻한다.

앞서 얘기했던 IDEO가 세계적 명성을 얻게 된 유명한 일화가 있다. 환자를 위한 병원 환경 개선 프로젝트를 의뢰받은 그들은 스스로 환자의 입장이 되어 병원을 관찰했고, 사람들이 간과하고 있는 중요한 사실을 발견했다. 하루 대부분을 침대에 누워 지내는 환자의 관점에서 가장 중요한 환경은 천장이라는 점을 깨달은 것이다. 결과적으로 그들이 병원에 제안한 솔루션 중 가장 최우선순위 항목은 '천장을 환자 친화적으로 바꾸는' 것이었다. 알고 보면 콜럼버스 달걀 같은 이 이야기는 누구나 창의적일 수 있다는 사실을 보여준다. 특별한 기술이나 전문지식이 없어도 관점을 바꾸고 관심을 쏟으면 누구나 창의적인 사람이 될 수 있다.

창의는 일과 대립하는 별개의 업무가 아니다. 내가 하는 일, 나의 일상의 삶에 작은 새로움을 더하는 일이다. 기존의 일에 "혹시 이렇게 해보면what if?"이라는 작은 질문을 던지고 거기에 작은 새로움을 더하면 새로운 일이 만들어진다. 기존의 관계에 작은 새로움을 더하면 새로운 관계가 되고, 기존의 일상에 작은 새로움을 더하면 새로운 일상이 된다. 그렇게 작은 새로움이 계속 덧대어지면 자신만의 새로운 세상을 만날 수 있다.

베끼고 훔치기

창의는 무에서 유를 창조하는 것이 아니다. 신이 아닌 이상 무에서 유를 창조하기는 불가능하다. 구약성경에 나오는 "하늘 아래 새로운 것은 없다"라는 말은 진실이다. 피카소의 말을 빌리면 우리의 창의는 베끼고 훔치는 것이다. "좋은 예술가는 베끼고 훌륭한 예술가는 훔친다Good artists copy, great artists steal"라고 한 피카소의 말은 오해의 소지가 있지만 이렇게 해석된다. "아마추어는 단지 기존의 기술을 습득하고 거기에 머무르지만, 프로는 그것을 해석하고 새로운 의미를 부여해 자기 것으로 만든다." 베낀다는 말은 표절이 아니라 기존의 범주에 머무른다는 뜻일 테고, 훔친다는 말은(흉악한 표현이지만) 자기 것으로 만든다는 의미로 보인다.

역사적 발명 중에는 일상에서 보이는 것들을 '베끼고' '훔친' 것이 많다. 그 대표적인 사례가 흔히 '찍찍이'로 불리는 벨크로Velcro다. 내가 많이 다루던 팝업스토어나 이벤트 공간에서 아주 요긴한 물건이다. 제품을 붙이고, 패널을 붙이고, 가벼운 벽까지도 붙인다. 쉽게 떼었다 붙일 수 있지만 굳이 떼려 하지 않으면 떨어지는 일 없이 튼튼하게 붙어 있는 매직 테이프이다. 트레이드 쇼 전문 잡지 〈Exhibitor Magazine〉에서 트레이드 쇼를 역사적으로 크게 바꾼 10가지의 사건을 선정했는데, 인터넷의 발명과 함께 벨크로의 발명도 당당히 그 이름을 올렸다. 벨크로는 1940년대 스위스의 기술자 게오르그 데 메스트랄George de Mestral이 발명했다. 애견과 함께 알프스 산을 오르던 게오르그는 그의 옷과 개의 털에 달라붙는 식물의 씨앗을 보고 어쩜 이렇게 딱 달라붙는지 궁금했다. 그리고 세밀한 조사를 거쳐 루프Loop와 후크Hook라는 원리를 '베끼고' 합성섬유에 '훔쳐'내었다. 벨크로의 초기 사용처는 놀랍게도 항공우주산업이었다. 우주 비행사들이 무중력 환경에서 물건을 고정하는 데 효과적이었기 때문이다. 지금은 옷, 운동화, 모자, 가방, 스포츠 장비, 아웃도어용품, 의료용품, 군사용품, 건축물과 인테리어 소품 등 사용되지 않는 곳이 없을 정도이다.

유명 농구선수들은 자신만의 독창적인 움직임을 의미하는 '시그니처 무브Signature Movement'를 갖춘 경우가 많다. 독특한 루틴이나 개인적인 버릇 같은 것도 있지만 특별한 드리블이나 슈팅 기술처럼 창의적 플레이에 주로 언급된다. 기존의 기술에 자신만의 창의력을 추가하여 더욱 강력한 무기로 만든 것이다. 상체를 뒤로 젖혀 수비를 떨어트리면서 슛을 쏘는 페이드 어웨이 슛은 마이클 조던의 유명한 시그니처 무브이다. 농구뿐 아니라 대부분의 스포츠 슈퍼스타급 선수들은 자신이 창작한 특별한 무기를 갖춘 경우가 많다. 어떤 기술들은 창작자인 선수의 이름을 붙여 불리기도 한다. 단지 베끼는 수준을 넘어 확실하게 훔쳐내어 자기 것으로 만든 것이다.

훔치는 방법은 다양하다(오해하지 마시길!). 남의 것을 새롭게 해석하고 새로운 의미를 부여해 훔치기도 하지만, 가장 쉽고 요긴한 방법은 자신이 이미 가지고 있는 '베낀' 것들에 새로운 연결을 만들어 '훔쳐'내는 것이다. 서로 연관성이 없어 보이는 내 안의 각기 다른 경험과 지식을 새롭게 섞고 연결하는 연금술사가 되는 것이다. 창의는 자신이 겪은 역사와 지식을 바탕으로 시작된다. '내가 겪은 것', '내가 알고 있는 것', '내가 하고 있는 것'을 새롭게 조합하고 연결하는 것이다. 경험과 지식이 많으면 조합의 가능성은 커지지만, 현재의 경험과 지식으로도 조합의 수는 적지 않을 것이다. 학창시절 배웠던 섬에 다리를 놓는 경우의 수를 보면 연결의 조합은 생각보다 많다. 5개의 섬에 4개의 다리를 놓아서 도로를 연결하는 경우의 수는 125가지나 된다(설명할 수는 없다. 그렇다고 한다).

새로운 연결의 힘은 뇌에서 일어난다. 뇌에서 정보가 처리되고 저장되는 현상은 전기신호를 전달하는 뉴런들의 연결로 이루어진다. 뇌에 새로운 정보나 경험이 들어오면 이 뉴런의 경로가 재배치되면서 새로운 연결이 일어나는데, 이런 뉴런 간의 특이한 연결이 곧 창의적 사고로 이어진다고 한다. 대뇌, 소뇌, 간뇌 등 섬처럼 모여 있는 뇌는 서로 역할을 나누어 작동하고 이런 뇌의 여러 곳에 새로운 다리가 놓이면 특별한 일이 벌어진다. 그리고 뇌의 섬들 사이에 수천억 개나 되는 뉴런 다리를 놓는 경우의 수는 무한히 많다.

베끼기만 해서는 프로가 되기 어렵다. 확실히 훔쳐서 자기 것으로 만들어야 한다. 그것이 창의다.

잣대:
결정의 힘을 새기다

선택

농구는 시간 관련성이 가장 높은 스포츠라고 할 수 있다. 경기 시간도 초 단위로 측정해 정확한 시간에 종료 휘슬이 울린다. 시간에 관한 한 심판의 재량은 전혀 인정되지 않는다. 공격 시에도 5초, 8초, 24초 등 시간에 따른 규칙이 명확해 이 시간을 어기면 규칙 위반으로 공격권을 뺏긴다. 스코어보드에도 시간이 나오고 양측 골대 상부에도 시간 표시기가 설치되어 있으며 심판과는 별도로 경기운영팀에서 모든 시간 규칙을 실시간으로 점검한다. 이런 시간의 속박을 받으면서 공을 가진 선수에게는 잠깐의 주저함도 용납되지 않는다. 공을 소유한 순간마다 슛과 패스, 돌파에 대한 끊임없는 선택의 순간을 맞는다. 결정

실수를 줄이기 위해 미리 약속된 패턴 플레이를 준비하고 연습하지만, 실전에 들어서면 선택이라는 결정의 순간을 피할 수 없다. 농구는 순간의 선택들이 모여 승부를 가르는 경기이다. 농구뿐 아니라 야구, 축구 등 대부분의 스포츠에서 선택은 매우 중요한 능력이다. 겉으로 잘 드러나진 않지만, 선택은 프로선수에게 최고의 고급 기술이다.

스포츠 경기뿐 아니라 우리 삶의 대부분은 선택으로 이루어져 있다. 개인차가 있지만 행동과학자들에 따르면 사람은 하루에 수천 개가 넘는 선택을 하게 된다. 세상에 던져진 존재로서 피투성被投性의 삶을 사는 인간은 입는 것, 먹는 것, TV 시청 같은 매일의 단순한 선택부터 직업, 결혼, 출산 등의 중요한 결정까지, 인생은 선택의 연속이다. 판사나 의사, 대기업의 대표이사처럼 중요하고 어려운 결정을 내려야 하는 사람들은 사회적으로 높은 인정을 받는다. 선택은 고통스럽지만, 우리의 자유는 독자적인 사고와 자율 결정이 그 근간을 이루고 있으니 아이러니하다.

1990년대 꽤 인기 있던 TV 프로그램 중 '인생극장'이라는 코미디 단막극이 있다. 어떤 상황에서 선택의 갈림길에 선 주인공이 두 개의 분절된 화면에서 서로 다른 선택을 내리며 외친다. "그래! 결심했어!" 이후 각각의 선택 결과를 드라마화해서 보여주는 내용이다. 작은 순간의 선택이 나비 효과가 되어 완전히 상반된 결론이 나오는 모습을 보여주고는 했다. 뻔한 권선징악의 결말도 있었고, 어떤 선택도 최선이 될 수 없는 에피소드도 나왔다. 현실에서도 선택의 결과를 미리 알고 결정할 수 있다면 세상 살기는 훨씬 수월할 테다. 하지만 멀티 유니버스를 자유롭게 오가고 시간여행을 할 방법이 생기기 전까지는 우리의 선택은 언제나 쉽지 않을 것이다.

내가 오랫동안 몸담았던 마케팅 업의 본질도 소비자에게 선택을 설득하고 호소하는 일이다. 예전의 마케팅은 소비자에게 최대한 오랜 시간 동안 큰 목소리로 호소하는 방법을 사용했다. 소비자가 접하는 대중 미디어를 적극 활용했고 그래서 미디어 노출 점유율을 뜻하는 영어는 '목소리 점유Share of Voice'이다. 선거철 공공장소에 모인 많은 사람들에게 큰 목소리로 연설하는 정치인의 모습과 비슷하다. 자신의 장점을 내세우고 왜 본인을 뽑아야 하는지 간절하게 호소하는 상황은 마케팅과 다르지 않다.

전통적인 광고는 소비자가 주로 접하는 대중매체에 촘촘하게 망을 짜서 어지간해서는 메시지를 피할 수 없도록 만든다. 융단 폭탄처럼 퍼부어대는 메시지는 소비자의 뇌리에 박혀 어떤 광고는 유행어나 밈이 되기도 한다. 최근에는 세상의 변화에 따라 마케팅의 방향도 많이 달라졌다. 워낙 많은 브랜드와 제품이 쏟아져 나오고 사람들의 개성이 다양해지면서, 적확한 대상 소비자를 찾아내어 그들의 라이프 스타일에 맞는 광고가 필요해졌다. 디지털 기술의 발달은 이를 어느 정도 가능하게 만들었다. 온라인 광고들은 은연중에 우리가 어떤 사람인지, 무엇에 관심 있는지를 알아내어 우리 손에 들린 작은 화면에 관심을 끌 만한 광고를 펼쳐낸다.

마케팅에서는 비교적 선택이 단순하게 이루어지는 제품을 FMCG(일상 소비재, 전체 영문은 길어서 생략)라고 한다. 라면이나 세제, 샴푸, 면도기 같은 식음료나 일상에서 사용하는 공산품을 뜻한다. 미국의 P&G는 이 세계의 제왕으로 공산품 위주의 65개 브랜드를 통해 전 세계 50억 인구에게 제품을 판매한다. P&G는 한때 TV 광고의 큰손이었다. 그러나 소비자의 선택을 과학적으로 조사하면서, 상대적으로 선택의 부담이 적은 FMCG는 매장에서 즉흥적으로 결정하는 경우가 많다는 사실을 알게 되었다. 그들은 마케팅 예산의 상당 부분을 매장 내 판촉 활동으로 전환했고 그로 인해 리테일 마케팅이 큰 주목을 받았다. 저녁 시간 TV를 볼 때마다 지칠 줄 모르고 줄지어 나타나던 일상 소비재 제품 광고들이 점점 사라진 이유 중 하나이다.

이 세상에는 약 50만 개의 브랜드가 있다고 하며 매일 신제품과 새로운 서비스가 쏟아져 나온다. 같이 일하던 후배 중에는 중소 엔터테인먼트 회사 대표도 있고 영화 제작자도 있는데, 매년 50여 팀이 넘는 아이돌 그룹이 새롭게 탄생하고 영화도 비슷한 숫자가 나온다. 그중 제대로 선택받아 세상의 주목을 받는 경우는 10%가 안 된다. 기술이 발전하고 제품이 풍성해질수록 선택은 더 어려워지고 선택받기는 더더욱 힘들어진다.

선인안選人眼

가장 어렵고 중요한 선택이 뭐냐고 묻는다면 나는 사람을 뽑는 일을 꼽겠다. 고리타분하게 들릴지 몰라도 인력 선발은 프로 세상의 가장 핵심 선택사항이다. 특별한 장비 없이 거의 맨몸으로 경쟁하는 프로 스포츠에서 좋은 인재를 선발하는 일은 비즈니스의 전부이다. 좋은 인재들이 모이면 우월한 전력으로 흥미 있는 경기와 좋은 성적이 나오고, 인기가 높아져 팬들과 스폰서 그리고 미디어가 몰려들어 구단의 가치가 상승한다. 드래프트에서 신인선수를 뽑고 트레이드와 FA를 통해 필요 선수도 선발한다. 전 세계를 뒤져 실력 좋고 팀워크도 좋은 외국인 선수를 찾아내는 일도 매우 중요하다. 코치나 트레이너 등 유능한 스태프들을 데려오는 것도 중요한 선택이며 선수단의 리더인 감독을 정하는 일은 구단에서 무엇보다 중요한 인력 선발이다. 선수단이 구성되면 감독은 주전과 후보를 정하고 경기에 따라 엔트리를 구성해 선발 선수를 출격시킨 후 적절한 타이밍에 선수 교체를 한다.

기업도 스포츠 선수단과 마찬가지이다. 거의 매년 신입사원을 선발하고 필요하면 경력사원을 뽑는다. 인재를 최고의 기업가치로 여기는 삼성은 최고의 인재를 선발하기 위해 엄청난 노력을 기울인다. 특히 조직의 리더를 선정하는 일은 더할 나위 없이 중요하다. 좋은 인력을 모아 좋은 조직으로 조합하고 거기에 능력 있는 리더를 배치하면 강력한 경쟁력이 형성된다. 그것만으로 절반은 성공한 셈이다. 조직이 구성되면 스포츠 경기에서 엔트리를 구성하듯 다양한 재능을 갖춘 프로들을 어떤 일에 어떻게 투입할지 결정해야 한다. 프로젝트 성격을 분석한 최적의 스쿼드 구성은 결과물의 완성도를 높이면서 투입 자원의 효율을 극대화하는 고도의 트래픽 기술이다.

비즈니스 세상에서 특별한 역량을 갖춘 직원은 A급 선수(A Player)라고 한다. A급이 A급을 알아본다는 것은 스포츠나 비즈니스나 어디에서든 통하는 말이다. 스스로 고수의 능력을 갖추면 상대방의 역량이나 잠재력을 파악하는 역량도 올라간다. 물론 한 길 사람 속을 다 들여다볼 순 없으니 백발백중은 아니겠지만 높은 타율은 유지할 수 있다. 야구에서 타자가 좋은 공을 골라내듯이 좋은 사람을 알아보는 선인안選人眼은 프로가 갖추어야 할 높은 선택 기술이다.

메이비족 시대

'최악의 구매자'라는 별명을 가진 후배가 있다. 그가 큰맘 먹고 자동차를 구매한 지 얼마 지나지 않아, 그 회사가 새로운 광고주가 되면서 전 직원에게 큰 폭의 할인 혜택을 제공했다. 그가 신발이나 외투를 사면 며칠 후 똑같은 제품을 더 저렴하게 구매 가능한 기회가 생기고는 했다. 이후 우리는 그가 구매하는 제품마다 더 싼 곳을 열심히 검색해 증거를 제시하여 '최악의 구매자'라는 타이틀을 남에게 뺏기지 않도록 지원을 아끼지 않았다. 타이틀 방어는 소중하니까.

결정은 어렵다. 최악의 구매자가 되지 않으려면 수많은 정보의 바다를 헤엄쳐야 한다. 정보가 너무 많으면 판단력이 흐려지고 결정에 문제가 발생한다. 더 나은 선택지가 있을지 모른다는 FOBO(Fear of Better Options)는 우리의 결정을 주저하게 만든다. 결정에 따른 예상할 수 없는 결과와 책임은 두렵기만 하다. 이런저런 이유로 우리는 우유부단함의 상징인 햄릿의 시대, "글쎄요"로 답하는 '메이비족'의 시대를 살고 있다.

중요한 결정을 계속 주저하는 사람들을 놀렸지만 정작 나도 그럴 때가 많다. 위험성이 없는 일상의 작은 결정들은 별로 어렵지 않다. 대식가이며 중국 음식을 좋아하는 여자농구 감독과 함께 식사하면 짜장면과 짬뽕 사이에서 고민할 필요가 없다. 짜장면과 군만두를 반찬으로 정하고 짬뽕을 시켜 먹은 후 공깃밥을 추가했으니까.

하지만 프로 세상에 필요한 대부분의 결정은 호락호락하지 않다. 말 한마디로 완전히 다른 방향을 선택해야 하고 그 결과가 극과 극이 되는 상황에서는 어디론가 잠적하고 싶은 유혹이 밀려온다. 결정을 미뤄봐야 해결책은 나오지 않는다. '장고長考 끝에 악수惡手 둔다'는 속담처럼 회피하고 시간을 끌면 오히려 나쁜 결정을 하기 쉽다. 좋은 결정을 내리려면 당연히 심사숙고해야 하지만 우유부단함에서 오는 결정 지연은 대부분 결과가 좋지 않다. 그렇게 계속 미루고 피하다가는 방황하는 방랑자의 신세가 되고 만다. 프로의 세상에도 이런 방랑자들이 존재한다.

상황에 따라 기준이 바뀌고 일관성 없는 결정을 내리면 프로가 될 수 없다. 그때그때 결정이 달라지는 이유를 그럴듯하게 이야기하는 사람들이 정치 뉴스에 자주 등장한다. 줏대도 잣대도 없다고 스스로 증언하는 듯하다.

광고대행사의 일은 대부분 여러 팀이 공동으로 프로젝트를 진행한다. 작게는 2~3팀이 협업하고 대형 프로젝트는 7~8개 팀이 함께하기도 한다. 중요한 광고주의 큰 캠페인 제안을 위해 꽤 많은 팀이 참여한 적이 있었다. 촉박한 시간 내에 모두 모여 회의하고 각자 역할을 나누고 몇 번의 조정회의를 거친 후 다시 합쳐야 하는, 높은 긴장감과 빡빡한 업무 밀도를 요하는 일이었다. 보통 대행사의 캠페인 제안은 프리젠테이션 형식으로 만들어서 MS의 파워포인트나 애플의 키노트를 사용한다. 프로젝트를 시작할 때 다 같이 사용하는 프로그램과 서식을 정해서 공유했는데, 작업 마무리 시점에서 팀별로 다른 프로그램을 사용하는 것을 발견했다. 진행 중 트래픽 담당자의 실수 때문이라는 사실을 알게 되었지만 이미 엎질러진 물이었다. 두 개의 프로그램은 전혀 호환성이 없어서 큰 변경 작업이 필요했다. 마무리 단계에 발생한 큰 시간 손실은 작업자들의 업무를 폭증시켰고 최종 성과물의 품질에도 적지 않은 악영향을 미쳤다.

1999년 화성 궤도 위성의 폭발사건은 잘못된 기준으로 큰 사고를 초래한 유명한 사건이다. 화성 날씨 측정을 목적으로 발사되어 10개월간 날아갔던 나사NASA의 화성 궤도 위성은 불길에 휩싸여 산산조각이 났다. 향후 원인을 조사하니 협업했던 캘리포니아 연구소와 콜로라도 연구소가 서로 다른 단위를 사용했고, 이를 제대로 고려하지 않은 결과라는 사실이 밝혀졌다. 한 연구소는 미터를, 다른 연구소는 피트와 인치를 사용한 것이다. 어처구니없는 일이지만 일관된 기준이 없으면 이처럼 여러 문제가 발생하고 설명하기 어려운 모순의 굴레에 빠진다.

결정이 어려운 이유는 자신만의 명확한 잣대가 없기 때문이다. 가치관과 신념이 확고하고 목표가 분명하면 결정은 비교적 쉬워진다. 잣대가 명확하면 선택에 자신감이 생긴다. 어느 정도는 결과를 예측할 수 있어 두려움이 덜하다. 그러나 본인의 굳건한 잣대 없이 결정해야 하면 남에게 부탁하거나 동전을 던지고 손바닥에 침을 튀기듯 운에 맡기려고만 한다. 자신의 미래를 복권 긁듯 운으로 결정하는 것은 최악의 방법이다. 모든 인생의 선택에서 제때 확고한 결단을 내리려면 오랜 시간에 걸쳐 갈고닦아 장착한 자신만의 든든한 잣대를 보유해야 한다. 프로는 자기 신념과 목표에 따라 스스로 결정하며 자신의 결정을 책임지는 사람이다. 어려운 결정에는 책임과 위험이 따르지만 기꺼이 감수해야 한다.

잣대 사용법

판사가 법을 결정의 잣대로 쓰듯, 매일 수많은 결정을 해야 하는 현대인들은 의식하든 의식하지 않든 자신만의 잣대를 갖고 있다. 신념이나 기호, 특질 또는 훈련에 따라 선택의 잣대는 서로 다르며 주변 환경의 변화 등으로 바뀌기도 한다.

가장 보편적인 잣대는 이성과 논리이다. 대부분의 비즈니스에는 이 방법이 사용된다. 가급적 많은 정보와 자료를 수집해 각 선택지를 평가하고 수학적인 부등호에 따라 결정하는 것이다. 일반적으로 최고 점수를 선택한다. 신입사원을 뽑거나 드래프트에서 신인선수를 선발할 때는 가능한 한 많은 정보를 모아서 순위를 정하고 높은 순위를 선택한다. 거꾸로 가장 낮은 점수순으로 탈락시키면서 최후까지 남은 후보를 뽑기도 한다. 외딴섬에 모여 진행하는 리얼리티 서바이벌 게임 방식과 같다. 농구단에서 새로운 감독을 선임할 때 가능한 대상자들을 모두 목록에 올린 후 3단계에 걸쳐 결격자를 탈락시키는 방식으로 최종 후보자를 선정했다. 감독 같은 최상의 리더급은 각자의 장단점이 있어서 쉽게 순위를 결정하기 어렵기 때문이다.

때로는 최고 평가를 포기하고 위험한 선택을 하기도 한다. 가장 안전한 길이 아니라 가보지 않은 자갈길을 선택하는 것이다. 진지하게 고민하고 용감하게 결정하는 도전은 무모함과는 다르다. 명문대를 졸업하고 요구르트를 배달하는 젊은 여성,

비행사 전공을 하다가 목수의 길을 선택한 젊은 남성을 뉴스에서 보았다. 쫄보인 나는 낯선 식당 정도를 도전하는 수준이지만 위험을 무릅쓴 그들의 용기 있는 도전이 존경스러웠다.

오래전 만화와 애니메이션에 푹 빠져 살던 첫째가 중학교를 졸업할 때 특성화학교인 애니메이션 고등학교에 가고 싶다고 했다. 당시에는 학교가 설립한 지 오래되지 않아 졸업 이후의 진로를 파악하고 예상하기 어려웠다. 낯선 길을 가겠다는 어린 딸의 특별한 결심은 무모해 보였고 걱정이 앞섰다. 좀 더 시간을 두고 생각하자고 설득해 일반 고등학교를 거쳐 미술대학의 시각디자인 전공으로 진학했다. 관심없던 디자인 학업으로 학교 생활을 힘들어했고, 어렵게 졸업한 후 이런저런 일을 하다가 결국 웹툰 회사에 정착해서 비교적 만족하고 있다. 딸의 위험하지만 용감했던 결정을 흔쾌히 응원하고 도와줬으면 어땠을까 하는 후회가 남는다. 물론 그 길을 선택해도 고난과 방황은 있었겠지만 적어도 자신의 결정으로 인한 고생은 무의미하지 않았을 것이다.

두 번째 잣대는 직관이다. 일상에서 단순하게 벌어지는 수많은 결정들은 직관에 따르며 대부분 별 문제 없이 진행된다. 중요한 결정에서 직관을 따르는 것은 언뜻 보면 상당히 위험해 보이지만, 정작 세계적인 기업인들은 이런 직관으로 중요한 결정을 하는 경우가 많다. 스티브 잡스나 일론 머스크는 자기 신념과 직관에 따라 위험해 보이는 사업을 추진한 위대한 기업가이다. 한국에도 직관을 통해 위대한 기업을 이룬 사람들이 있다. 삼성의 반도체나 현대의 자동차도 무모하다는 지적이 많았다. 잠실에 롯데월드가 생길 때, 허허벌판에 가까운 그곳에 그처럼 대규모 상업 시설을 건설하는 일은 일반적인 사업성 분석으로는 불가능했다. 하지만 그들의 특별한 직관은 오랜 경험과 깊은 통찰에서 나온 지혜이다. 단순히 섣부른 직관으로 결정하는 것은 동전 던지기 같은 운에 매달리는 행위에 불과하다.

내가 자주 드나들던 라스베이거스는 세계적인 명성을 갖춘 카지노의 메카이다. 주로 업무 출장이어서 카지노를 즐길 여유는 없었지만 카지노에 대한 다양한 이야기를 들을 수 있었다. 카지노의 모든 게임은 플레이어에게 작은 확률의 불리함을 주도록 설계되어 있다. 초심자의 운이 따를 수도 있지만 시간이 지날수록 확률에 근접해지면서 얼음이 녹듯이 서서히 돈을 잃어간다. 처음부터 적당한 소액을 잃는 것을 놀이로 생각하면 큰 문제가 없지만 큰돈에 운을 맡기는 것은 매우 어리석은 행동이다. 라스베이거스에는 직업이 도박사인 사람들이 있다. 그들은 수학과 확률과 통계를 공부한다. 영화에서 나오는 블러핑이나 표정을 읽는 등의 기술은 그들의 관심사가 아니다. 도박사들은 그곳에서 꾸준히 적지 않은 소득을 올리는데 카지노는 이들을 경계하기는커녕 오히려 최상급의 서비스를 제공하며 다양한 호의를 베푼다. 카지노를 통해 꾸준히 돈을 버는 사람들은 카지노에 더 큰돈과 사람들을 불러오는 인플루언서이기 때문이다.

카지노에서 비교적 단순한 게임인 블랙잭의 확률을 분석해 카지노의 허를 찌르는 MIT 공대생들의 실화는 책과 영화로도 나왔고, 그 비법도 구구단처럼 도식화해 공개되어 있다. 카지노 옆의 편의점에서도 몇 달러에 판매한다. 하지만 대부분의 관광객은 카지노를 자기 운을 테스트하는 시험장으로 여기며, 복잡한 매트릭스의 수식을 외우는 사람은 거의 없다. 최근 많은 사람들이 주식에 관심을 기울인다. 지나칠 정도로 다양한 투자 기법과 정보가 들끓는다. 하지만 훨씬 많은 사람들이 주변 사람들의 속삭임과 단순한 직관, 운에 따라 투자한다. 카지노나 주식투자는 이성과 논리가 어설픈 직관과 가냘픈 소망의 돈을 뺏어가는 곳이다.

이성과 직관 외에 윤리와 도덕적인 가치도 결정의 중요한 요소이다. 길에서 지갑을 발견하고 주인을 찾아주는 것은 윤리와 도덕에 따른 결정이다. 윤리와 도덕은 기후나 환경, 생명에 대한 관심이 높아지면서 구매 결정이나 생활방식의 새로운 잣대로 크게 떠오르고 있다. 소비자들의 변화에 따라 기업들도 더 큰 비용과 노력을 감수하며 이런 흐름을 따른다. 이제 기업은 환경, 사회적 책임, 지배구조의 ESG를 기업경영의 중요한 잣대로 활용하고 있다.

잣대를 활용하는 방법에 대해 내가 조언할 수 있는 특별한 기법은 없다. 이성과 직관, 윤리에 따라 잣대를 만드는 것은 온전히 각자의 몫이다. 경험이 많을수록 실력이 높을수록 좋은 선택을 할 수 있고 시행착오와 함께 차곡차곡 쌓아나갈 수밖에 없다. 결정은 자신이 가지고 있는 모든 지식과 경험, 논리와 직관을 총동원해서 이루어지기 때문이다.

결정에 대하여 내가 정말 하고 싶은 이야기는 결정 이후의 것이다. 아무리 든든한 잣대를 가지고 결정해도 그것이 최선이라는 보장은 없다. 최대한 이성적으로 판단한다 해도 앞서 '통찰' 편에서 얘기했던 결정 착각이나 손실 회피 같은 심리적 기제가 우리를 속이거나 통제 불가능한 변수가 상황을 급변시키기도 한다.

판단에는 냉정함과 침착함이 필요하지만 때로는 순간적인 감정과 피로함이 선택을 방해하기도 한다. 누구에게도 도움이 안 되길 바라지만, 피고 입장에서 재판을 받을 때는 오전이 더 좋다고 한다. 오후에 판사의 피로도가 높아지면 부정적인 판결이 나오기 쉽기 때문이다. 훌륭한 잣대를 갖춘 판사도 의사도 완벽한 일관성을 유지하기는 어렵다. 이성적으로 판단하려 노력해도 본능을 담당하는 도마뱀의 뇌를 이길 수는 없다. 그런 이유로 모든 결정은 최상을 담보하지 않는다.

그러나 일단 결정하면 그것을 확고히 믿는 것이 중요하다. 결정하고 나서도 확신이 없어 뒤를 자꾸 돌아보는 경우가 많은데, 결정한 후에는 다른 선택지를 모두 지우고 확신을 가지고 실행해야 한다. 설령 결과적으로 틀린 선택이라 할지라도 과감히 밀어붙이라. 프로 스포츠에 막 진입한 신인선수가 과감하게 결정하고 머뭇거리지 않으면 "심장이 크다"는 호평을 들으며 높은 잠재력을 인정받는다. 꽤 알려진 고위직 광고주가 솔직한 자기 심정을 토로한 적이 있었다. "내가 모든 걸 다 아는 것처럼 일을 요청하지만 사실 걱정이 많습니다. 에이전시에서 좀 더 확신을 가지고 밀어붙여 주세요. 그래야 우리도 자신감이 생기고 강한 추진력을 얻습니다."

대부분의 비즈니스는 과학처럼 명확한 증명을 토대로 결정을 내리지 않는다. 누구든 항상 100% 옳은 결정을 내릴 수는 없다. 깊게 고민하고 최선이라고 판단하여 선택한 다음에는 스스로 확신을 가지고 밀어붙여야 한다. 결정은 단호하고 실행은 과감하라. 그리고 자신의 선택에 따른 결과와 그 책임을 온전히 받아들이라. 그래야만 이기든 지든 얻을 것이 생긴다. 프로의 결정은 실행에서 빛을 발한다.

공감:
세상과 함께하다

명가의 조건

공감 같은 이야기를 해야 하면 낯뜨겁고 간지러워진다. 우선 나는 공감과는 거리가 먼 사람이다. 젊은 시절에는 딱딱하고 공격적이며 칭찬에 인색하고 호의나 배려에는 큰 관심이 없었다. 타고난 기질 탓도 있겠고 유년 시절에 어둠이 많았던 이유도 있을 것이다. 나이 들면서 조금은 부드러워진 듯하지만 딱딱한 천성이 쉽게 바뀌지는 않는다.

둘째는 이런 유형의 이야기는 그 내용이 뻔하기 때문이다. 어린 시절부터 '선행', '친절', '겸손', '정직' 같은 말들은 귀에 못이 박히게 듣지만 현실과는 동떨어진 교장 선생님의 훈시 같다. 그래도 프로의 자격으로 이 내용을 지나칠 수는 없다. 프로가 되는 데 필요한, 가장 중요한 마지막 자격증은 공감이기 때문이다. 너무 늦게 깨달아서 아쉬움이 크지만 이제라도 알게 되어 다행이다. 세상과 공감하지 못하는 전문가는 능숙한 기술자에 불과하다.

삼성썬더스 남자농구단은 프로 스포츠 출범 이후 후원 기업과 팀 명칭이 바뀌지 않고 그 역사를 유지해온 몇 안 되는 구단 중 하나이다. 외부에서는 잘 알아주지 않아도 내부적으로는 '농구 명가'라는 자부심이 크다. 다른 구단이 가질 수 없는 특별한 무형의 자산이라 대내외적인 홍보 메시지로 활용하려는 의욕은 컸지만 여러 이유로 잘되지 않아 아쉬움이 남는다.

명가란 무엇일까? 요즘은 식당의 음식명이나 지역 특산품 앞에 주로 사용되어 그 의미가 희석되었지만, 명가라는 말에는 오래전부터 사람들에게 존경받는 양반가의 모습이 들어 있다. 나는 전혀 겪어본 적 없지만 마음속에 그려지는 몇몇 이미지들은 있다. 단지 재물이 많은 부잣집이 아니라 흔들리지 않는 신념, 감사와 헌신, 관용과 배려, 용기와 희생 같은 높은 도덕적 가치가 오랜 전통으로 이어지는 품격 있는 가문이 떠오른다.

나는 선수들에게 실력과 성적도 중요하지만 이런 무형의 가치를 간직하는 것이 프로의 기본 자질이고 농구 명가 삼성썬더스 선수로서의 전통이 되어야 한다고 강조했다(나 자신을 위한 당부이기도 했다). 사실 젊은 프로 선수들에게는 많은 유혹이 따른다. 한창 꽃피는 청춘의 절정기에 들어선 프로 선수들에게 훈련과 규율만 요구할 수는 없다. 그들도 사랑과 우정 같은 젊음의 특권을 만끽할 자유가 있고, 이는 존중받아야 한다. 하지만 그 열정이 잘못된 방향으로 어긋나는 경우들이 종종 발생한다. 프로의 신분을 과시하고 자만하며 용기가 객기로, 낭만이 쾌락으로, 사랑과 우정이 무분별한 방탕으로 변질되는 경우이다. 내 주변에도 잘못된 유혹에 현혹되어 구렁텅이에 떨어진 선수들이 있었다. 지금까지도 안타까움이 쉽게 가시지 않는다.

흔들리지 않는 고귀한 가치를 간직한 조직이 명가名家라면 프로 개개인은 명인名人이라 할 수 있다. 프로는 업계 최고 전문가이며 뒤따르는 후배들의 모범이고 본보기이다. 후배들은 최고의 프로를 보며 꿈을 키우고 그를 롤모델로 삼는다. 프로는 가장 앞자리에서 방향타를 잡고 올바른 방향으로 길을 넓히며 더 큰 세계를 만드는 책임과 의무를 지닌 사람이다. 자신의 기술을 과신하고 현실에 안주하며 자만하는 사람에게 프로의 타이틀은 오래 붙어 있지 않는다.

귀족은 의무를 진다는 '노블레스 오블리주Nobles Oblige'는 이제 흔한 말이 되었다. 재산이나 교육, 사회적 지위가 높은 사람들은 사회 전체의 복지를 위한 책임감을 가져야 한다는 의미이다. 상류층 인사가 사회에 큰 재산을 기부하고 국가적 재난 상황에 자발적으로 지원하는 것은 이런 전통에 기인한다. 영국 왕실 가족의 전쟁 참여는 유서가 깊다. 최근까지도 영국의 왕자들은 아프가니스탄과 포클랜드에 파병되었고, 군용 헬기의 조종간에 앉은 왕자의 모습은 하나의 상징이 되었다. 이제 노블레스 오블리주는 사회 상류층이나 귀족만의 전통이 아니다. 프로는 자신이 활약하는 세상의 상류층에 위치하며 그 세상의 주인공이자 책임자이다. 프로는 적어도 자기 세상에서는 노블레스 오블리주를 지켜야 한다.

우리가 사는 지금의 신자유주의 세상은 개인의 능력과 노력에 따른 성과를 아주 당연하게 여긴다. 하지만 우리 성공의 많은 부분은 사실 운과 사회의 시스템에 크게 의존한다. 한 조사에 따르면 개인 성공의 50%는 태어난 국가, 30%는 타고난 DNA, 20%는 자신의 노력으로 이루어진다고 한다. 지금의 나라는 사람도 대한민국 국민(50%), 타고난 지능과 건강과 성격(30%), 그리고 나머지 노력(20%)이 보태어져 이루어진 존재이다. 거꾸로 이야기하면 내 성공의 50%는 세상에 빚을 진 것이다. 내 프로 자격 지분의 50%는 내 주변의 세상에 있는 셈이다.

고객 감사

뉴욕에서 이기적이고 비합리적인 현지 업체들에게 호된 어려움을 겪고 서울에서 첫 출근하던 이른 아침, 회사 옆에서 혼자 굴착기로 열심히 땅을 파는 사람을 보고 눈물이 핑 돌았다. 주변에는 아무도 없었고 장비는 허술해 보였으며 작업복은 남루했다. 새벽 일찍 피곤한 몸을 일으켜 장비를 챙기고 일을 나섰으리라. 수당이 얼마인지는 모르지만 경험상 그리 많진 않을 것이다. 이른 새벽부터 쓰레기를 치우고 길 위의 눈을 녹이며 택배를 문 앞에 운반하는 우렁각시 같은 사람들이 있다. 24시간 내내 보이지 않는 곳에서 고된 일을 묵묵히 불평 없이 해내는 사람들이 있다. 그들의 노고 덕분에 우리가 안락한 일상을 누릴 수 있다.

농구단이 있는 삼성 스포츠센터는 7개 스포츠팀이 모여서 훈련하고 생활하는 특별한 장소이다. 농구, 배구, 탁구 등 종목별 훈련장과 함께 숙소와 식당 등 생활을 위한 다양한 시설이 있다. 7개 구단 소속의 선수, 코치, 트레이너, 직원 등 200여 명의 상시 근무지이기도 하다. 남자농구를 제외한 모든 구단의 선수들은 이곳을 숙소로 이용하기 때문에 시설은 일 년 내내 24시간 쉼 없이 돌아간다.

나는 농구 단장을 맡으면서 7개 구단의 입주민 대표라고 할 수 있는 센터장을 겸임했다. 센터 전체 조직도에는 구단 소속의 인력 외에 인원수로만 표기된 사람들이 있다. 쾌적하고 안전한 시설 운영을 위해 잘 보이지 않는 곳에서 활동하는 50여 명의 지원팀 인력이다. 보안과 미화, 요리, 설비를 담당하는 사람들이 하루 종일 시설이 안정적으로 운영되도록 수고하고 있다. 사람이 모여 일하는 모든 곳에는 이런 지원인력이 있지만 늘 쉽게 소외된다. 어느 해에는 시즌 시작 직전 개최되는 선수단 출정식에서 구단주와 식당 영양사의 응원 영상을 같이 편집해 보여준 적이 있다. 선수들의 멋진 활약에 대한 기대와 응원은 두 사람 모두 별 차이가 없을 테니까.

프로의 노블레스 오블리주 시작은 간단하다. 바로 곁에 있는 소외된 사람들에게 관심을 가지는 일이다. 오바마 전 대통령이 백악관 건물 관리인과 자연스럽게 주먹 인사를 나누는 모습은 많은 점을 시사한다. 우리 주변의 보이지 않는 곳에서 수고하는 사람들에게 더 큰 경제적 보상을 하려면 사회 구조상 시간이 걸리겠지만 그들에게 친근한 인사와 따뜻한 감사, 존중을 전하는 일은 당장 지금 시작할 수 있다.

모든 마케팅 활동에서 고객이라는 말은 귀에 못이 박히도록 자주 등장한다. 고객은 우리에게 일을 주고 보상을 제공하며 우리 제품을 구매하는 '손님'들이다. 스포츠 구단에게 한쪽은 스폰서, 다른 한쪽은 관객과 팬이 고객이다. 광고대행사의 고객은 광고주와 소비자이다. 대상이 일반인이든 기업이든 모든 비즈니스에는 고객이 필요하다. 좋은 고객을 많이 확보하는 일은 비즈니스 성공의 핵심이기 때문에, 고객에게 좋은 이미지와 만족을 주기 위해 온갖 노력을 기울인다. '고객 감사 세일', '고객 감사 이벤트' 같은 고객 감사 시리즈는 온라인과 오프라인의 상업공간에서 가장 흔하게 사용되는 문구이다.

이런 고객 감사 인식이 삐뚤어질 때 생기는 부정적 상황이 '갑질'이다. 고객이라 생각하는 주체가 자신을 우월적 지위로 판단하고 상대방을 낮은 계급으로 인식해 과도한 대접이나 무리한 요구를 하는 행동을 뜻한다. 하지만 곰곰이 생각하면 우리는 모두 서로의 고객이다. 우리에게 일을 주는 클라이언트나 우리가 일을 의뢰하는 협력사 모두 우리의 고객이다. 내가 식당에 가면 나는 그 식당의 고객이지만 그 식당 또한 나의 고객이다. 서로의 합의로 돈과 서비스, 돈과 제품의 가치를 동등하게 교환하는 동일 선상의 거래계약을 하기 때문이다. 때로는 돈을 가진 사람이 선택에 유리하지만, 어떤 경우에는 돈을 가진 사람이 긴 줄을 서서 기다려야 하는 불리한 상황도 있다. 하지만 유불리의 기울기가 있다 해도 그것이 상하 관계가 되어서는 안 되며, 일단 상대방이 결정되는 순간 그를 고객으로 인식해야 한다. 너무 억지스러운 고객의 정의라고 생각할 수도 있지만, 삐뚤어진 갑질이나 우리 사회의 병폐인 과도한 의전이나 권위 의식 등을 없앨 수 있는 가장 손쉬운 방법이다. 요즘 많이 쓰는 내부 고객이라는 개념을 약간 확대하면 이해가 쉬울 것이다.

자신을 둘러싼 사회 구조를 조금만 넓게 들여다보면 우리는 누구나 갑인 동시에 을이며, 주인인 동시에 손님이니 누구에게도 불리함은 없다. 많은 외국 업체들과 일할 때 갑을 관계는 다양하게 나타나는데, 서양의 선진국에서는 갑을 관계가 대부분 수평적으로 흐른다. 성급한 일반화일 수도 있지만 계약에 따라 진행되는 갑을 관계를 보면 선진국과 후진국을 구분하는 기준이 될 법도 하다.

오랜 사회생활을 하면서 꾸준히 정리한 주소록에는 3천 명에 가까운 사람들의 이름이 있다. 운이 좋아서인지 대부분 선하고 합리적인 사람이었다. 그래서 나는 성선설을 믿는다. 하지만 진짜 악당들이 없지는 않았다. 우월적 지위를 이용해 안하무인의 태도와 폭언, 인격 모욕을 쉽게 쏟아내는 사람들이었다. 그러나 결국 대부분은 오래지 않아 불명예스러운 쓸쓸한 퇴장을 맞았다. 품성과 평판도 실력의 일부분이어서 경쟁에서 밀려나는 것이다. 그런 사람들의 횡포를 강하게 통제하는 방식으로 사회 시스템이 바뀌는 것도 다행스러운 일이다. 선한 사람들이 많은 세상에서는 권선징악의 시스템이 잘 작동하는 듯하다.

스포츠맨십

캐나다 밴쿠버올림픽 현장에서 일하는 동안 광고주의 호의로 처음 아이스하키 경기를 보러 갔다. 캐나다의 국기 스포츠여서 관중이 가득했고 열기도 뜨거워 엄청난 인기를 실감할 수 있었다. 박진감 넘치는 경기 자체도 흥미로웠지만 시합 도중 흥분한 두 선수가 치고받고 싸우는 상황에서 관중이 환호하고 심판과 다른 선수들은 일정 시간 동안 방관하는 모습에 매우 놀랐다. 결국 퇴장을 당한 싸움의 당사자들도 벤치에 들어가서는 아무 일 없었다는 듯 웃고 떠들었다. 나중에야 미국과 캐나다의 아이스하키는 선수 간의 싸움도 게임의 일부라는 사실을 알았다.

그 정도는 아니지만 농구에서도 파울은 게임의 일부이며 일종의 기술이다. 파울 하나에 따라 경기 흐름이 바뀌고 승패가 갈리기도 한다. 그래서 어떤 파울은 큰 박수를 받지만 어떤 파울은 감독이 머리를 감싸 쥐고 탄식하게 만든다. 파울은 상대방의 신체 영역을 침범하여 과도하게 밀거나 잡거나 경로를 방해하는 등 종류가 다양하다. 몸싸움하는 스포츠의 특성상 신체 접촉이 일어나는 찰나의 상황을 정확하게 판단하기란 쉽지 않아서 심판의 파울 판정은 자주 논란을 일으킨다. 파울의 세계(?)를 잘 알면 경기를 훨씬 흥미롭게 볼 수 있지만 이 세계가 생각보다 어렵다. 게임의 일부이기 때문에 파울을 당한 선수도 관중도 파울을 한 선수를 비난하는 경우는 별로 없다. 하지만 예외도 있다. 상대에게 큰 부상을 입힐 수 있는 심한 반칙을 하면 '동반자 정신'이 없다는 모진 비난을 받고 파울을 범한 당사자는 사과와 해명을 하면서 한동안 곤란을 겪는다. 아이스하키에서도 주먹질은 게임의 일부지만 큰 부상을 줄 수 있는 하키채를 사용하면 중징계를 받는다고 한다.

동반자 정신은 스포츠맨십의 가장 근본적인 마음가짐이다. 같은 생태계의 사람들은 내가 프로로 존재할 수 있는 이유이다. 내가 프로로 인정받으려면 상대를 인정하고 보호해주어야 한다. 광고주이든 동료이든 협력사이든 우리는 모두 계약으로 인해 각자의 자리에서 일하는 같은 생태계의 동반자들이다. 더 나아가 우리는 모두 하나의 사회에서 모두 '함께 일하는 동료' 들이다. 그렇다면 갑에게 굽신거릴 것도 을에게 거들먹거릴 것도 없다.

스포츠맨십은 포괄적인 용어이다. 규칙을 준수하고 상대방을 존중하며 승리와 패배를 겸허하게 수용하는 등의 모든 도덕적 행동과 태도를 의미한다. 말은 쉽지만 손에 땀을 쥐는 승패의 순간에서 이런 도덕적 행동이 언제나 자연스럽게 발현되기는 어렵다. 특히 스포츠단을 직접 담당하는 책임자로서는 그 승패의 결과가 더 크게 다가온다. 손에 땀을 쥐고 경기를 관전하다가 패배가 확정되면 머리에서 김이 모락모락 난다. 수십 년간 잊고 살았던 육두문자도 입속에서 맴돈다. 특히 참패했을 때는 더욱 그렇다. 그런데 상대팀 선수는 슛이 들어갈 때마다 화려한 세리머니로 더욱 기를 죽인다. '이기고 있으면서 너무 하네' 등의 불만도 차오르지만 스포츠란 그런 거다. 경기장 안에서는 선배도 후배도 없다. 오직 냉정한 경쟁만 있을 뿐이다.

팀 스포츠는 흐름이 중요하고 우세한 흐름을 잡기 위한 기싸움은 다양한 방식으로 펼쳐진다. 코트 내에서는 상대방을 자극하는 나쁜 말인 트래시 토크Trash Talk도 경기의 일부가 된다. 정도가 심하면 테크니컬 파울을 받거나 벌금을 부과받기도 하지만, 그 선을 아슬아슬하게 지키며 상대방의 기를 죽이고 흥분을 도발하는 기술로 사용된다. 선후배 문화가 강한 한국에서는 흔하지 않지만 NBA에서는 자주 보이는 장면이다. 농구의 신 마이클 조던은 트래시 토크 실력도 최상급이라고 알려져 있다. 그러니 경기에서 이기고 있는 상대방 선수들이 우리를 조롱하는 듯 행동해도 실상 할 말이 없다. 우리가 그러지 못하는 것이 아쉬울 뿐. 시합이 끝나면 상대팀 단장을 마주하게 된다. 끓어오르는 마음을 억누르고 태연한 표정으로 "축하합니다" 인사하며 손을 잡는다. 선수들은 상대팀 선수와 코치진에게 인사하고 관중에게 손을 흔들며 경기장을 나선다. 얼굴은 웃고 있어도 가슴속은 시커멓게 타들어 갈 것이다. 그래도 감정을 숨기고 예의를 지키는 이유는, 시합은 져도 스포츠맨십까지 질 수는 없기 때문이다.

코트에서는 냉정하고 양보 없는 승부를 펼치고 경기가 끝나면 승자에게는 박수를, 패자에게는 위로를 보내야 한다. 겸손하며 정의롭고 선한 마음으로 올바르게 행동해야 한다는 것을 모르는 사람은 없다. 그렇다 해도 성인군자가 아닌 이상 때로는 분하고 억울한 감정에 분노가 치솟고, 상대방 멱살을 잡아 흔들고 싶은 욕구로 몸이 떨린다. 하지만 형식은 내용만큼이나 중요하다. 하얀 거짓말이 없으면 세상은 더욱 험해질 것이다. 스포츠맨십은 선한 도덕심에서 자연스럽게 나오는 순수한 언행도 있지만 감정을 억누르며 올바른 자세를 유지해야만 하는 것들도 있다. 자기 감정을 조절하지 못하고 흥분하는 모습은 어디서든 쉽게 볼 수 있는, 눈살 찌푸려지는 추태이다. 직장에서도 집에서도 모임에서도 자주 보이지만, 고수는 쉽게 흥분하거나 감정에 휘둘리지 않는다. 불편한 감정을 누르고 평상심을 유지하며 올바름을 유지하는 것도 프로가 힘써 갖추어야 할 기술이다.

친절의 힘

회사를 퇴사하고 작은 사업을 시작한 선배를 만난 적이 있다. 최고의 학력과 실력을 갖춘 마케팅 전략의 베테랑이었고 그 자신감으로 자기 사업을 시작한 사람이었다. 그러나 당당했던 예전과는 달리 풀죽은 모습의 그는 일이 전혀 들어오지 않는다며 어려움을 토로했다. 그는 실력은 좋지만 까칠하고 상대방을 무시하는 태도로 평판이 좋지 않았는데, 본인은 자신을 냉정한 비평가 정도로 생각했던 듯하다. 실력에는 평판도 포함된다는 사실을 늦게 깨달은 것이다. 사람에 대한 평판은 쉽게 바뀌지 않아서 그의 한탄에도 도움을 줄 방법이 없었다. 기술이 아무리 좋아도 평판은 그 위를 덮기 때문에 평판이 나쁘면 기술을 펼쳐 보일 기회마저 얻기 힘들다. 평판은 하루아침에 만들어지지 않는다. 작은 친절과 선행이 꾸준히 쌓여 좋은 평판을, 작은 불친절이 쌓여서 나쁜 평판이 형성된다.

국내 유명 회사의 디자인 디렉터와 미팅을 가진 적이 있다. 그가 도착하자 이미 등장에서부터 어떤 사람이며 어떤 마음인지 느낄 수 있었다. 개량 한복에 긴 머리를 뒤로 묶은 독특한 모습으로 고개를 젖히고 날선 표정을 지으며 성큼성큼 방으로 들어섰다. '당신이 누구든 나는 고개 숙이지 않겠다'는 강한 의지가 엿보였고 마치 "이리 오너라!" 하고 외치는 듯했다. 나는 그의 호령에 화답하듯 버선발로 뛰어나가 손님을 맞는 자세로 크게 환영하며 방문에 감사하고 명성은 익히 들었다며 고개 숙여 존경을 표했다. 젊은 사대부 어른은 약간 당황해했지만 금세 표정과 자세가 스르르 녹아내리는 듯했다. 조선 시대에서 대한민국의 동종업계 동료로 돌아온 우리는 금세 껄껄대며 솔직한 대화를 나눌 수 있었다. 친절은 바람을 이기고 나그네의 옷을 벗긴 따뜻한 태양이다. 친절은 갈등을 해소하고 긴장을 완화하며 좋은 사람들을 곁에 불러주고 그들을 든든한 지원군으로 만든다.

스포츠 구단의 감독은 누구나 장단점이 있다. 용장이면서 덕장이 될 수 없듯 완벽한 감독은 없다. 단장의 자리에 있으면 감독에 대한 이런저런 외부의 평가를 듣게 된다. 칭찬도 있고 부족한 점에 대한 지적도 있다. 틀린 말은 아니지만 일단 감독을 선임했으면 철저히 믿고 맡겨야 한다는 소신으로 마음에 크게 담아두지 않았다. 농구단에 부임한 첫해에 여자농구단의 성적은 중하위권이었지만 팀 분위기는 매우 좋았다. 연습장에서 땀

흘리며 힘들게 훈련을 마치면 늘 웃음소리가 끊이지 않았다. 성적은 안 좋아도 팀워크는 최고라는 말이 여기저기서 들렸다. 정규 리그가 끝나고 간신히 플레이오프에 오른 후 모두의 예상을 뒤엎고 기적같이 챔피언 자리에 올랐다. 승리가 확정된 순간 선수들은 서로 부둥켜안고 환호하며 껑충껑충 뛰었고 폭죽에서 터져 나온 오색종이들이 경기장을 가득 채웠다. 곧이어 선수단과 마주한 감독은 딸 같은 선수들에게 감사하다며 갑자기 큰절을 올렸고 당황한 선수들도 같이 맞절을 올렸다. 감동적인 장면이었다. 그 감독의 장단점에 대한 여러 말을 들었지만, 그가 챔피언 감독의 자격이 있다는 사실은 명백해 보였다.

그 모습을 보면서 코난 오브라이언의 졸업식 축사가 떠올랐다. 하버드 출신의 가방끈 길고 재치 넘치는 미국의 토크쇼 MC 코난 오브라이언이 어느 대학교 졸업식에서 우스갯소리를 잔뜩 뿜어낸 후 마지막에 진지하게 이야기한 내용이다. "열심히 일하라, 친절하라, 그러면 놀라운 일이 일어날 것이다Work hard, be kind, and amazing things will happen." 늘 마음속에 담아둔 이 명언이 현실이 되는 순간이었다.

친절은 가볍게 들리는 말이다. 대중교통에서 노약자에게 자리를 양보하거나 길을 묻는 사람에게 성의껏 알려주는 평범한 사람들의 흔한 모습으로 느껴진다. 그렇다, 친절은 작은 호의이다. 하지만 자신과 세상을 변화시키는 작은 파동이다. 내 안의 파동은 시간이 지날수록 더욱 커지면서 나를 더 큰 그릇으로 만들어준다. 개인들의 파동이 서로 중첩되어 기하급수적으로 커지면서 더 좋은 세상을 만드는 무한 에너지원이 된다.

〈원더Wonder〉라는 영화가 있다. 선천적 안면 기형 장애를 안고 있지만 밝고 사랑스러운 소년 '어기'의 이야기다. 제법 울림이 있는 할리우드식 가족 영화로, 시작 부분에 나오는 한 문장과 마지막에 나오는 한 문장이 이 영화의 주제를, 친절에 대한 울림을 뚜렷하게 전달한다.

"옳음과 친절함 중에 하나를 선택해야 하는 상황이라면, 친절함을 선택하라When given the choice between being right and being kind: choose being kind."

"힘겨운 싸움을 하는 모두에게 친절하라Be kind, for everyone is fighting a hard battle."

3

프로의 훈련

P R O I S M

세상에는 만만한 상대도 없지만

이기지 못할 상대도 없다.

잘 싸우려면 훈련이 필요하다.

프로의 훈련에는 당연히 전문성이 핵심이고

그 외 열정, 집중력, 승부욕 등이 있다.

여기서는 실전에서 큰 차이를 만들 수 있는

크고 작은 기술과 훈련법을 살펴보자.

언어를 확장하라

그 사람의 세상

언어는 인류의 가장 위대한 발명품이다. 원시사회에서 상호 의사소통을 위해 만들어졌다고 추측되는 초기 언어는 인류 문명의 발전과 더불어 끊임없이 발전해왔다. 세계 공용어인 영어는 영국뿐 아니라 수많은 국가들의 언어가 된 덕분에 쉼 없이 빠르게 확장되고 있다. 전 세계에서 사용되는 글로벌 영어는 지난 100년간 2배가 되어 100만 단어 정도이며 매년 수천 개의 새로운 단어가 생성된다고 한다. 그 정도는 아니지만 우리말도 수백 개의 새로운 용어가 매년 등장한다.

유년 시절 나는 추리소설과 SF소설에 크게 매료되었다. 지금도 가끔 이들 소설을 찾아 읽는다. 근래 SF 소설계에서 가장 유명한 작가는 테드 창이다. 언어에 대한 인상적인 SF 단편소설 《당신 인생의 이야기》는 2002년 출간되어 2016년 드니 빌뇌브 감독이 〈Arrival〉이라는 제목의 영화로 만들었다(국내에서는 〈컨택트〉라는 이해할 수 없는 제목으로 개봉되었다). 주인공인 언어학자가 갑자기 지구에 나타난 외계인과의 대화를 위해 투입되고 그들의 언어를 이해하면서 선형적인 시간을 뛰어넘는 새로운 세상을 만난다는 내용이다. 공상과학 소설이라 조금은 난해하고 비현실적인 느낌도 있지만, 언어가 새로운 세상을 열어준다는 작가의 의도는 공감이 크다.

어린아이들은 언어를 습득하면서 세상을 이해해 나간다. 한 사람의 생각은 자신과의 대화이다. 활용할 수 있는 언어가 늘어나면 생각의 폭이 넓어지고 자신과 더 심도 깊이 대화할 수 있다. 언어는 주로 상호 의사소통에 사용되지만 그 사람의 세상을 보여주기도 한다. 사람이 사용하는 언어는 단순히 그의 국적뿐 아니라 그가 이해하는 세상과 그의 주장, 가치관을 나타낸다. 언어는 자신이 속한 세상에 대한 이해와 통찰을 통해서 표출되는 주관적인 의견과 판단의 표현이다.

한국어를 알아야 한국인으로서의 정체성을 갖추듯, 특정 분야의 프로가 되려면 그 분야의 다양한 언어를 이해하고 자유롭게 활용할 수 있어야 한다. 마케팅 전문가는 마케팅 용어를, 금융전문가는 금융 용어를, 스포츠 해설가는 스포츠 전문 용어를 깊이 있게 이해하고 적재적소에 활용한다. 자신이 몸담은 분야의 언어를 깊이 있게 이해하는 사람이 전문가이며 이는 프로의 기본 역량이다. 자기 분야의 언어를 안다는 것은 이해를 넘어서서 타인에게 그것을 설명하고 가르칠 수 있는 수준을 말한다.

그러나 자신이 속한 분야의 언어를 잘 알지 못하는 사람이 의외로 많다. 피상적으로 이해해도 실무는 그럭저럭 해나갈 수 있으나 더 큰 지평을 내다보기는 어렵고 프로의 레벨로 올라가기 힘들다. 자기 분야의 언어를 확실히 습득하고 그 세상의 지평을 계속 확장하면서 새로운 영역의 전문 언어를 계속 습득해야 한다. 말만 요란한 사람이 되기 싫다고 고개를 젓기 전에 한번 시도해보라. 분명 놀라운 일들이 생길 것이다.

내 세상의 언어

광고대행사 입사 이후 나의 주요 담당업무는 공간 마케팅이었다. 공간을 메시지 전달을 위한 하나의 매체로 활용하는 일이다. 글로벌 전시회와 쇼케이스, 팝업스토어, 리테일 매장 내에서의 고객 경험 등을 기획하고 실행하는 것이 주 업무였다. 건축 전공이라 공간 관련 언어는 비교적 익숙했지만 마케팅 관련 언어들은 낯설게만 느껴졌다.

저연차 때는 주로 맡은 실행 업무에 집중했기 때문에 광고대행사의 본질인 마케팅이라는 언어 세상을 몰라도 일하는 데 큰 어려움은 없었다. 부끄럽지만 마케팅이라는 업무의 본질을 깊이 고민하기 시작한 시기는 중간 간부급이었을 때였다. 점점 까다로워지는 광고주의 요구에 대응하기 위해 더욱 전략적인 접근과 논리가 필요했기 때문이다. 그때부터 고객과 시장에 대한 마케팅 언어를 열심히 습득하기 시작했다(돌이켜보면 지독하게 까다로웠던 광고주들이야말로 나를 키워준 고마운 사람들이다). 당시 회사에서 제공한 미국 켈로그 경영대학원의 마케팅 연수도 큰 도움이 되었다. 공간과 마케팅이라는 두 분야의 언어를 이해하면서부터 담당업무에 관한 시야가 넓어지고 업무에 자신감이 커져갔다. 실무와 이론을 겸비하니 확신이 생기고 설득이 용이해져 일에 주도권을 잡은 느낌을 받았다.

갑작스럽게 프로농구단을 담당하게 되었을 때 예상대로 직원들이나 감독과의 대화가 쉽지 않았다. 그들이 사용하는 일상용어들이 대부분 생소했는데, 경기를 즐기는 일반인들이 통상적으로 아는 수준이 아닌, 어렵고 복잡한 개념들이 꽤 많았다. 단순한 취미도 직접 해보면 그 속에 깊은 세상이 있거늘, 100년이 훨씬 넘은 역사를 가진 농구라는 스포츠의 깊이는 결코 만만치 않았다. 몇 달에 걸쳐 인터넷과 구단에 갖춰진 다양한 도서들을 탐색하며, 점차 농구와 프로 스포츠 구단의 용어들에 익숙해졌다. 그제야 방향이 보이고 중요한 일과 그렇지 않은 일, 부족한 것과 채워야 할 것들이 분명해졌다. 물론 3년이 지난 지금도 아직 이해 못하는 언어들이 있으니 한 분야의 전문가가 되기란 결코 쉬운 일이 아니다.

오랜 세월 사적으로 공적으로 많은 사람을 만나고 이야기를 나눴다. 조금 심도 깊게 대화하면 상대방의 세상이 보인다. 사용하는 단어나 문장은 그 사람이 갖춘 지식과 경험의 필터를 통하여 나오며, 능력과 생각의 깊이를 알려준다. 물론 면접 같은 자리에서 심하게 긴장해 제대로 말하지 못하는 경우도 있겠지만, 생각이 깊으면 긴장감이 높아도 핵심 맥락에는 큰 영향을 끼치지 않는다. 질문의 요지를 파악하지 못해 잘못된 답변을 하는 이유도 언어의 깊이가 얕기 때문이다. 말귀가 밝은 사람, 소통을 잘하는 사람은 자신이 속한 세상의 언어를 깊이 있게 이해하는 사람이다. 이들은 조직 내에서 쉽게 주전 선수로 성장한다.

고객의 언어

광고대행사를 다니는 동안 나의 주요 고객은 삼성전자였다. 홍보팀, 마케팅팀이 주요 창구이지만 프로젝트에 본격 돌입하면 전문 기술팀과도 함께한다. 입사하고 얼마 안 되었을 때 그들과의 협의는 신기한 경험이었다. 우리에게 말할 때는 쉽게 설명해주지만, 내부 의견 조율을 위해 자기들끼리 이야기하면 도무지 이해할 수 없는 단어들 때문에 대화 내용을 전혀 파악할 수 없었다. 브라운관 TV와 VCR이 주요 제품이던 시절이었는데 NTSC 방식, PAL 방식, 인터레이스, 플리커 현상 등의 단어를 모르니 그들 대화의 문장 자체를 알아들을 수 없었다. 조심스럽게 물어보면 '설명이 어렵고 몰라도 되는 내용'이라며 답변을 피했다. 전혀 내용을 모르는 사람의 두루뭉술한 질문에 답하기는 쉽지 않았을 것이다.

고객의 언어를 좀 더 깊이 알아야 일을 더 잘할 거라는 생각으로(자존심이 상한 이유도 컸다) 전자공학의 기초를 공부하기로 마음먹었다. 주변에 가르쳐줄 사람도 없고 인터넷도 없던 시절이라 교보문고로 가서 무작정 관련 서적을 뒤졌다. 요즘처럼 과학과 기술을 쉽게 풀어서 알려주는 책은 없었고 대학 교재가 유일한 관련서였다. 두툼한 전공 서적을 몇 권 구매해 전자공학의 기초 편과 TV, VCR 같은 전자제품 내용을 살펴보았다. 구체적인 내용은 접근조차 어려웠지만 전자공학의 개요와 궁금한 주요 단어 정도는 알 수 있었다. 그다음 회의에서는 그들의 대화를 적당히 이해했고 더 구체적인 질문도 던질 수 있었다. 그들은 살짝 놀라면서 친절하고 꼼꼼하게 설명해주었는데 왠지 신나 보였다. 이후 그들과의 회의는 점점 더 깊이 있게 진행되었고 구체적인 아이디어 협의와 설득이 쉬워졌으며 커뮤니케이션 오류도 거의 사라졌다. 상호 신뢰와 친밀도가 높아진 것도 큰 부대 성과였다.

일단 기초적인 이해의 물꼬를 틀고 나면 생각보다 쉽게 지식과 이해가 확장된다. 매년 전자제품은 엄청난 변화와 발전을 거듭했지만 한번 기초를 닦은 후에는 새로운 기술의 기본 개념을 이해하고 업무에 적용하는 것이 어렵지 않았다. 지금도 사람들이 TV를 구매하면서 혼란스러워할 때 과거부터 현재까지 TV의 발전과 현재의 경쟁 기술들을 설명해주면서 적정 수준의 제품을 추천해준다. 이러한 경험은 이후 올림픽 스폰서십을 담당할 때도, 삼성전자의 글로벌 마케팅을 담당할 때도 그리고 프로농구단을 담당하면서도 반복되었다.

같이 일하던 호주 출신의 크리에이티브 디렉터는 우리의 진짜 고객은 '고객의 고객'이라는 표현을 즐겨 썼다. 진짜 고객은 광고주가 아니라 그들의 고객인 소비자라는 뜻이다. 광고주의 만족을 위한 서비스보다 소비자를 움직이는 마케팅 업무의 본질에 충실해야 한다고 자주 강조했다. 백번 맞는 말이다. 광고대행사 본연의 업무는 광고주의 제품이나 서비스의 혜택을 소비자가 직관적으로 이해하기 쉽게 '소비자 언어'로 표현하여 그들의 마음을 움직이는 것이다. 전문가의 용어를 소비자가 쉽게 이해할 수 있는 용어로 일종의 번역 작업을 하는 것이다. 번역을 하려면 두 세상의 언어를 모두 이해해야 한다. "우리 냉장고는 인버터 모터를 사용하여 소비전력을 시간당 50W 줄일 수 있다"라는 기술적 설명을 "우리 냉장고는 새로운 동력 기술을 적용해 한 달 전기료를 30% 이상 줄일 수 있다"라는 식으로 직관적으로 이해할 수 있도록 표현하는 것이 소비자 언어이다.

남자농구의 이규섭 해설위원은 삼성에서 전설적인 슈터로 오랜 기간 선수로 활약했고, 내가 단장일 때 코치를 맡고 있었다. 은퇴 이후 미국에서 코치 연수도 했는데 항상 뭔가 적고 자료를 수집하는 모습이었고 늘 공부하는 꼼꼼한 코치라고 평가받았다. 언젠가 면담을 하면서 선수 포지션 중 3번(스몰 포워드)과 4번(파워 포워드)의 역할을 명확하게 구별하기 어렵다는 내 질문에 "신체적이나 기술적으로는 비슷해 보일 수 있지만, 그들은 비행기 항로처럼 보이지 않는 서로 다른 길을 따라 움직여야 하는 완전히 다른 역할"이라고 설명했다. 간단한 질문과 답변으로 완벽하게 그 차이를 이해할 수는 없으리라 각오했지만, 그의 답변은 매우 인상적이었다. 당시 농알못이던 단장에게 친절하고 쉽게 비유를 들어 설명하던 그는 고객의 언어를 이해하는 사람이었다. 스포츠 방송에서 해설위원은 정신없이 펼쳐지는 경기 상황을 시청자에게 쉽고 편안하면서도 깊이 있게 설명하는 사람이다. 농구 방송의 해설위원으로 등장한 그를 보면서 틀림없이 잘할 거라고 생각했다. 처음에는 약간 긴장한 듯했지만 초반의 긴장이 풀리자 그는 수준 높은 해설위원으로 변신에 성공했다.

의료, 법률 분야는 전문성이 높아 일반인이 이해하기 어렵다. 진단서나 처방전을 손으로 쓰던 시절의 병원 서류에는 난해한 영어가 많이 보였는데, 생소한 의학용어의 어려움을 떠나서 스펠링 자체를 알아보기도 어려울 정도였다. 법률도 문장의 난해함과 각종 한자어로 접근이 어려운 분야이다. 마치 '애들은 가라' 같은 위압감이 느껴진다. 문학이나 예술 비평 등도 지나치게 현학적이거나 이해하기 어려운 한자나 비유, 조어 등을 사용하고 복잡한 만연체의 긴 문장이 많다. 학창 시절 접했던 건축 비평도 난해한 내용이 많았는데 내 지식이 부족하다고 생각해서 읽고 또 읽어 이해하려고 노력했다.

'내용을 깊이 있게 해석하고 설명하려면 어쩔 수 없다'라는 그럴듯한 이유를 대기보다는, 진정으로 고객을 생각하는 전문가라면 그 깊이 있는 해석을 쉽게 설명하고 이해시키려 노력해야 한다. 지적 우월의식과 고객을 무시하는 관행이 보이지 않게 스며 있는 것이다. 다행히 최근에는 알기 쉬운 법령 만들기 같은 고객 중심의 노력이 늘어나고 있다. 고객 언어에 대한 인식이 많이 개선되고 있는 반가운 현상이다.

인쇄나 출판, 건설 현장에서는 일본어가 많이 사용된다. 시간이 흐르면서 자연스레 개선되고 있지만, 경력이 오래된 현장 작업자들은 여전히 일본어 단어들이 익숙한 탓에 쉽게 사라지지 않는다. 도제식으로 현장에서 수십 년간 업무를 익힌 사람들의 오랜 관습을 탓하기는 어렵다. 나도 처음에는 속상한 마음으로 한글 용어를 사용해야 한다고 저항해봤지만, 산업 전반에 걸친 그들의 통일된 약속을 하루아침에 쉽게 고칠 수는 없는 일이었다. 원활한 업무를 위해서도, 또한 개선을 위해서도 현장 용어를 이해해야 한다. 그들도 고객이니까.

요즘은 같은 조직의 동료들도 선후배를 떠나 모두 내부 고객이라는 인식이 커졌다. 옳은 방향이고 좋은 변화이다. 서로가 서로를 고객으로 인식하면 존중과 협력이 원활해진다. 내부 고객에 관한 용어도 적절하게 사용되어야 한다. 본인이 갖춘 전문 언어를 존중과 감사의 표현으로 가다듬어야 한다. 상하 간 격식의 언어보다는 상호 간 신뢰와 배려의 언어를 사용해야 한다.

다른 세상의 언어

자신이 속한 세상의 언어뿐 아니라 전혀 관련 없어 보이는 새로운 세상의 언어도 꾸준히 습득해야 한다. 세상은 모두 연결되어 있고 그 연결이 강화될수록 새로운 창의가 나타나며 더욱 기발한 아이디어가 떠오른다. 회사에서 공간 마케팅 분야 팀장이었을 때 나는 가능한 한 다양한 전공자들을 포함시키려 노력했다. 그래서 공간디자인, 마케팅뿐 아니라 다양한 인문학 전공자들을 적극 불러 모았다. 다양한 언어가 교차할수록 각자의 생각이 넓어지고 조직 경쟁력은 강해질 거라고 생각했다. 내 의도는 잘 작동하여 팀은 시간이 지날수록 활성화되었고 업무 영역도 넓어졌으며 서비스 품질도 지속적으로 좋아졌다.

경력이 쌓이면서 담당 업무는 체험 마케팅 전반으로 확대되었고 프로젝트 규모도 점차 커져갔다. 체험 마케팅은 내가 말았던 공간 마케팅뿐 아니라 이벤트 마케팅, 스포츠 마케팅 등 다양한 형식과 전문직종으로 구성되어 있다. 나는 이전의 경험을 바탕으로 지속해서 직종을 확대하고 다양한 전공자들을 불러 모았다. 체험 마케팅 전략, 공간 디자인, 무대 디자인, 그래픽 디자인, 이벤트 기획, 영상 콘텐츠 제작, 제작 관리, 물류 관리 등 10여 개가 넘는 직종의 전문가들이 유기적으로 연결되어 일을 진행했다. 다들 배워야 할 언어가 점점 늘어났지만 그럴수록 개인과 조직의 역량이 강해지는 모습이 확연히 눈에 띄었다. 현장에는 목수, 전기와 조명 담당자, 무대 연출가, 음향 전문가, 디지털 인터랙션 담당자 등 더 많은 전문가가 함께했고 알아야 하는 언어는 더욱 늘어났다.

언어를 더 많이 알수록 더 많이 보이고 더 정확한 판단력이 생긴다. "아는 만큼 보인다"는 말은 명백한 사실이다. 일이 커지고 깊어질수록 익혀야 하는 언어들이 많지만 거꾸로 많은 언어를 익힐수록 더 큰일을 할 수 있다.

내가 이 책의 집필을 구체적, 적극적으로 마음먹은 계기는 갑자기 담당하게 된 농구단을 경험하고 나서이다. 전혀 다른 세상 같던 프로농구단에서 그들의 세상과 그들의 언어를 깨닫고 기존에 갖고 있던 프로에 대한 인식이 더 넓고 선명해졌다. 자기 분야의 언어는 더 깊게, 다른 분야의 언어는 더 넓게 확장해 보면 x, y 두 개의 축을 따라 새로운 인식의 평면이 쭉쭉 늘어난다. 다양한 언어가 새롭게 섞일수록 창의적인 개념이 솟아나고 더 넓은 세상이 펼쳐진다.

다른 형식의 언어

언어는 커뮤니케이션을 위해 구조화된 시스템이어서 말과 글 아닌 다른 형태로도 존재한다. 퓰리처상을 받은 종군기자의 사진 한 장은 많은 것을 이야기한다. 사진이나 그림, 그래픽 등은 시각적 요소를 통해 메시지를 전달하는 시각언어이다. 신호등처럼 단순한 색상이나 빛도 시각언어라고 할 수 있다. 좋은 음악은 가사가 없어도 우리에게 뭔가를 이야기한다. 하나의 악기에서 나오는 단순한 음악 언어가 사람을 우울하게도, 흥이 나게도 만들 수 있다. 몸짓이나 표정으로 이야기하는 보디랭귀지, 기계와의 대화를 위한 컴퓨터 프로그램도 언어의 다른 유형이다. 영화는 구도, 조명, 음악, 분장, 의상, 장소 등 미장센이라고 불리는 다양한 연출로 구사하는 종합언어이다. 광고는 이런 다양한 언어를 적극 활용하는 대표적인 산업이다.

공간도 대화를 한다. 잘 연출된 공간은 영화가 3차원으로 펼쳐지는 라이브쇼라고 할 수 있다. 영화의 미장센 요소에 질감과 냄새, 촉각 등의 감각을 더하면 훨씬 심도 깊은 이야기를 더욱 생생하게 전달한다. 애플의 성전으로 불리는 애플스토어는 공간 언어를 마케팅에 적극적으로 도입한 선도적 사례이다. 애플스토어는 그들의 브랜드와 제품들을 매력적으로 펼쳐 보이면서 방문객들에게 '충성을 다하라'고 은밀하게 속삭인다.

말과 글뿐만 아니라 자기 분야에서 활용할 수 있는 다른 형태의 언어를 수준 높게 사용하는 사람을 전문가라고 한다. 사진가, 화가, 디자이너, 작곡가, 영상 감독, 건축가, 프로그래머 등 자신만의 언어를 자유롭게 사용하는 사람들이 다양한 영역에서 활동한다.

프로는 자기 세상의 언어를 말과 글뿐만 아니라 그 세상에서 사용하는 다른 형태의 언어로도 자유로이 표출할 수 있어야 한다.

나만의 단어장

여러 세상의 언어가 익숙해지면 이제 나만의 단어장을 만들자. 내가 아는 특정 단어들에 대한 나만의 해석과 정의를 만들어 보는 것이다. 얼핏 들으면 무슨 소리인가 하겠지만 당신의 프로 레벨을 올려주는 데 꽤 유용한 방법이다. 기존의 세상을 자신의 세상으로 만드는 것이다.

단순한 것부터 시작하자. 일례로 당신이 속한 조직의 업종이나 조직의 명칭부터 정의해본다. 그럴싸하든 유치하든 상관없다. 단어를 정의하다 보면 늘 익숙하던 것이 의외로 생소하게 느껴지기도, 더 큰 의미로 나타나기도 한다. 요즘은 뜸하지만 한때 나는 주변의 모든 것을 나만의 사전으로 정의 내리고는 했다. 광고, 마케팅, 팀, 농구 등의 업무 관련 단어부터 세수, 양말, 출근 같은 일상적이고 사소한 단어까지 나만의 정의를 만들어보는 것이다. 처음에는 국어사전처럼 짧은 설명으로 시작해 점점 자신만의 위키 백과를 만들어가자.

자신만의 해석과 정의가 생긴 단어는 온전한 나의 것이다. 나만의 단어장 페이지가 늘어날수록 일과 세상에 대한 이해력이 커지고 당신의 프로 레벨은 더욱 높아진다.

도구를 활용하라

호모 파베르

인간과 동물의 차이를 '예지叡智'라고 파악하는 호모 사피엔스에 대립하여 그 차이를 '도구 사용'이라고 보는 호머 파베르가 있다. 도구가 없었다면 오늘날의 문명은 고사하고 인류는 이전에 사라졌을 것이다. 나약했던 초기 인류는 오래 달리는 능력과 도구를 사용하는 능력으로 냉혹한 생존경쟁에서 살아남았고 끊임없이 진화하여 오늘날의 문명을 이루었다.

방직기계와 자동차, 무전기, 비행기, 컴퓨터, 인터넷과 스마트폰은 문명의 경계선을 넘어서게 한 위대한 도구이다. 에베레스트산이 관광상품이 되어버린 것도, 도시에 세워지는 놀라운 건축물과 10km가 넘는 교량이나 터널 등을 만든 것도 과학의 발전과 더불어 도구의 힘이라고 할 수 있다. 침팬지나 앵무새 심지어 까마귀 등의 몇몇 동물들도 도구를 사용한다지만 인간의 능력과는 비교할 수 없다. 특히 인간의 투석 능력은 믿기 힘들 정도의 놀라운 기능이며 도구 사용의 최고점이다. 눈과 대뇌와 근육의 순간적인 협업이 만들어내는 이 경이로운 능력은 효과적인 사냥을 가능하게 했다. 오늘날의 각종 던지기 경기와 야구, 농구는 그 능력을 다투는 경쟁이다. 인간의 도구 사용 능력은 시간이 지날수록 끊임없이 고도화했고 지금도 여전히 도구의 우월함이 경쟁력의 차이를 만든다. 당연히 프로는 더 월등한 도구를 더 능숙하게 사용할 수 있어야 한다.

언제 어디서든 좋은 도구를 사용하는 것은 전쟁에서 좋은 무기를 쓰는 것과 같다. 최고의 무술 유단자도 작은 권총을 든 연약한 소녀를 이길 수 없다. 오늘날의 군사력과 전투력의 차이는 군사 수가 아니라 어떤 무기를 갖추었는지에 달려 있다. 사무직이든 현장직이든 운동선수이든 음악가이든, 특별한 도구는 당신을 더 빠르고 강하게 단련시킨다. 좋은 목수는 좋은 공구를 능숙하게 사용한다. 좋은 도구를 사용하지 않는 프로는 없다. 프로가 되려면 상황에 따라 다양한 도구, 더 좋은 도구를 익숙하게 활용해야 한다.

1980년대 말 첫 직장의 신입 교육에서 한 대학교수가 이렇게 말했다. "앞으로 직장인들은 3C를 갖추어야 경쟁력이 있다. 운전할 수 있고(Car), 컴퓨터를 다룰 줄 알아야 하며(Computer),

외국어 하나는 할 수 있어야 한다(Communication).” 지금은 이 정도는 거의 기본이지만 당시의 신입사원들은 셋 중 하나라도 제대로 하는 사람이 드물었다. 운 좋게도 나는 세 가지를 적당히 사용할 줄 알았던 터라 첫 직장에서의 좋은 출발에 매우 유리했다. 지난 세월 생산성이 비약적으로 성장한 데는 도구의 발전과 활용 능력이 큰 몫을 차지한다.

오늘날 대부분의 사람은 자기 직무에 필요한 소프트웨어와 하드웨어 기기들을 능숙하게 다룬다. 하지만 도구는 끊임없이 진화하며 새롭게 탄생한다. 어느 시대이든 남보다 우월한 무기를 지니고 출발 선상에 서면 출발에 유리하며, 그 격차는 좀처럼 좁힐 수 없다. 모두가 예상하듯이 AI는 프로가 갖추어야 할 또 하나의 신무기로 등장할 것이다. 세상이 발전할수록 무기도 강력해진다. 다들 칼과 창을 쓸 때 총은 강력한 무기지만 다들 총을 들면 경쟁력이 사라진다. 시대에 가장 앞선 첨단 무기를 장착해야 한다.

외인용병

1993년 대전엑스포가 열렸다. 88올림픽에 이어 국내에서 개최되는 국제적 행사의 흥행을 위해서 세계 각국의 국가관 유치뿐 아니라 국내 대기업들도 참여를 요구받았다. 거의 모든 대기업이 막대한 예산을 투입해 기업관을 만들어야 했다. 마지못해 시작했지만, 일단 불이 붙으니 치열한 기업 간의 경쟁 구도가 형성되었다. 놀라운 감동을 주는 '최고 인기관'이 되려는 참가자들의 경쟁이 시작된 것이다. 엑스포 전시관에서 전달하는 메시지는 대부분 공익적이고 범인류적이지만 형식은 테마파크의 실내형 어트랙션과 유사하다. 독특한 건축물 내부에 특수 영상과 특수 효과를 장치하여 관객에게 예상치 못한 놀라움을 주는 형식이다. 불편한 진실이지만 최고 인기관이 되려면 메시지보다 형식에 집중해야 했다.

당시 그런 특별한 형식을 위한 하드웨어와 소프트웨어는 미국 전문업체들이 세계시장을 주도했다. 선택의 여지 없이 랜드마크라는 회사와 협업했다. 계약하고 일 년이 넘도록 협의하며 기획과 설계를 마무리하는 시점에서 그쪽의 전문가 4명이 제작과 설치를 위해 한국에 장기 파견을 왔다. 낯선 나라에 오는 그들을 맞이하기 위해 공항에 마중을 나갔다. 김포공항 국제선(인천공항이 없던 시절)의 자동문이 열리면서 나오는 그들의 독특한 모습은 아직도 기억이 생생하다. 각자 이민 가방 같은 대형 캐리어와 빵빵한 대형 백팩에 큼직한 랩탑 가방까지 어깨에 걸치고 들어서는 모습이 마치 중무장한 용병 같았다.

현장에 도착한 그들은 다양한 '무기'들을 펼쳤다. 그들이 사전에 요구한 프린터, 복사기, 팩스가 준비된 사무실에 본인들이 직접 공수해온 고성능 랩탑을 자신들의 데스크에 설치했다.

김포공항 국제선에서 마주했던 전문가 4명의 이미지를 AI 이미지 생성기 미드저니로 과장되게 만들어보았다.

각자 가슴에 장착한 4채널의 고성능 무전기에서는 숫자들이 쉴 새 없이 쏟아져 나왔다(미국인은 무전기 사용 시 약속된 숫자를 많이 언급한다. 숫자 1은 “잠깐 기다려”, 숫자 88은 “할 말이 있어” 등인데 92개의 코드가 있다고 한다). 현장에서 협의할 때는 생전 처음 보는 레이저 포인터로 구석구석 붉은 광선을 찍으며 질문하거나 설명하고, 업무상의 대화는 모조리 실시간 녹음되어 몇 시간 후 회의록으로 작성되었다. 주요 제작물이 오면 고성능 소형 플래시를 주먹을 꺾어 쥔 형태로 들어 구석구석 꼼꼼히 검사했고 때로는 현장에 비치된 지게차까지 능숙하게 다루던 모습도 놀라웠다. 지금이야 별거 아닐 수 있지만, 당시 대기업 사무실에도 공용 PC 하나와 팩스 하나 정도 있는 수준이었고 수첩과 볼펜으로 일하던 시기였으니 여러모로 신기하기만 했다.

그들은 빠르고 정확하고 능숙하게 일했지만 특별한 사람들은 아니었다. 전문분야에 대해서는 당연히 우리보다 뛰어났지만 일에 대한 열정이나 판단력, 문제해결 능력은 크게 다르지 않았다. 그들과 우리의 업무역량 차이 원인은 절대적으로 도구 사용 능력이었다. 그들은 새로운 장비와 도구를 능숙하게 다루었고 그것이 업무 효율과 정확성에서 큰 차이를 만들었다.

매킨토시

처음 제일기획에 입사했을 때 내 사무실 책상은 제도판이었다. 낮게 기울어진 독서대처럼 책상 상판은 뒤가 높고 앞쪽이 낮은 형태로 비스듬히 기울어져 있고, 책상을 좌우로 가로지르면서 위아래로 움직일 수 있는 큰 플라스틱 자가 설치되어 있다. 큰 종이를 테이프로 고정하고 가로대와 그 위에 삼각형 자를 더하여 상하좌우로 움직이면서 수평선, 수직선, 사선들을 그릴 수 있다. 업무하다가 필요시에 설계와 디자인 작업을 같이 한다. 일할 때는 약간 불편하지만 책이나 문서를 읽기에는 오히려 좋은 점도 있다.

입사 후 1년쯤 지났을 때 CAD라는 것을 알게 되었다. 컴퓨터를 활용해 디자인하는 새로운 방식이 서서히 도래하던 시기였다. 같이 일하는 선배에게 활용하자고 건의했더니 큰 관심을 보이며 응했다. 컴퓨터 장비를 검토하다가 국내에 막 도입된 매킨토시(초기 애플에서 만든 개인용 컴퓨터. 1990년대 후반 아이맥으로 이름을 바꾸었다)를 알게 되었다. 당시 DOS라는 명령어 중심의 OS를 쓰던 PC와는 달리 그래픽 형태의 인터페이스를 갖추었고 공간 설계와 더불어 다양한 그래픽 작업이 가능해서 매킨토시 컴퓨터와 주변기기 도입을 추진했다. 대표이사도 새로운 시스템 도입에 흔쾌히 동의하여 매킨토시 컴퓨터 2대와 플로터(도면 출력기), 컬러프린터, 필름 제작기를 들여왔다. 구입비는 8천만 원 정도로 당시 서울의 웬만한 아파트 가격이었으니 회사에서는 나름 큰 투자였다.

하지만 그 과정에서 반대의 목소리도 컸다. 일본 대행사들도 디자인 업무에 컴퓨터를 사용하지 않는데 우리가 왜 검증되지 않은 위험한 시도를 하느냐는 논리였다. 당시에는 일본과 우리의 격차가 커서 그들을 따라 배우는 것이 일의 기준이었다. 특히 디자이너들이 많이 반대했는데, 특별한 수작업 기술을 가진 그들에게 컴퓨터는 큰 위협으로 느껴졌을 것이다. 그러나 일부 반대 의견에도 결국 도입되었고 컴퓨터를 활용한 업무는 놀라운 결과를 보여주었다. 작업 효율도 크게 올랐을 뿐 아니라, 특별한 출력물을 본 광고주들이 놀라워하며 높은 신뢰감을 보였다. 활자의 힘이 특별하듯 인쇄물처럼 출력된 결과물에는 보이지 않는 힘이 더해지는 법이다.

지금은 거의 모든 제작 담당 인력들의 책상에는 대형 모니터와 맥북이 놓여 있다. 컴퓨터와 네트워크 없이는 아예 작업이 불가능한 세상이다. 30여 년 전 제일기획에 처음으로 디자인 작업을 위한 컴퓨터 장비를 도입했다는 혼자만의 뿌듯함이 있다. 사회생활 초년기라 겁도 없었지만 호기심도 많았고 새로운 도구를 열심히 찾던 열정은 염치없이 스스로 칭찬해도 될 것 같다. 지금도 새로운 도구들이 끊임없이 등장하고 있고, 예전보다 찾기도 어렵지 않다. 새로운 도구 사용에 걸림돌이 되는 것은 관행과 오래된 습관이고 새로움에 대한 두려움이다.

준비된 프로

10여 년 전 점점 높아지는 광고주의 요구 수준에 대응하기 위해 독일 뮌헨에 별도의 디자인 사무실을 설립했다. 공간을 중심으로 한 경험 디자인 전문 사무실로, 시작은 독일 법인이 주도하여 만들었지만 업무 특성상 운영과 관할을 내가 맡았다. 독일뿐 아니라 인도, 이집트, 루마니아, 영국, 한국 등 10여 개

국적의 20여 명 디자이너가 높은 수준의 디자인 업무를 능숙하고 효율적으로 대응했다. 시간이 흘러 유능했던 리더급 CD가 퇴사하게 되어 새로운 CD를 뽑아야 했다. 급하게 독일로 가서 헤드헌터의 도움을 받아 후보 5명의 면접을 진행했다. 독일 디자이너들의 면접은 낯설고 당황스러웠다. 가장 혼란스러웠던 점은 면접자의 학력이 전문성 평가에 별 도움이 되지 않는다는 것이었다. 독일은 디자인 분야에서 특정 학교의 독보적인 우월성이 없으며 직업학교 출신도 많고 유럽 여러 지역에서 다양한 학력을 갖춘 경우가 많아 학력으로는 비교우위를 평가할 수 없었다. 당황해하는 나에게 헤드헌터 담당자는 '경력과 연봉을 보면 역량을 짐작할 수 있을 것'이라고 조언했다. 특히 독일에서의 연봉은 역량과 거의 정비례한다며 말이다.

가장 기억에 남는 면접자는 대학을 나오지 않은 고졸 출신의 독일인이었다. 당시 독일에서 가장 경쟁력 있는 디자인 회사를 이끌던 두 리더 중 한 명이었고 업계 지명도를 갖춘 사람이었다. 고교 졸업 후 음악 밴드 활동을 오래 했고 디자인은 독학으로 공부했다는 이력이 독특했다. 면접 시 그는 상의 안주머니에서 편지처럼 접은 A4 용지를 꺼내 내게 건넸다. 거기에는 요구사항이 번호 순으로 적혀 있었다. 처음 몇 줄은 연봉, 인센티브 등 익숙했지만 길게 이어진 이후의 내용은 상당히 독특했다. 사무실 면적과 거기 비치되어야 하는 장비, 컴퓨터의 상세 사양과 설치되어야 하는 소프트웨어, 모니터 등 주변기기 종류와 구체적 사양들이 정리되어 있었다. 또한 본인이 매달 구독해야 하는 디자인 잡지 리스트, 크리에이티브 영감을 높여주는 매월 2회 이상의 공연 관람 등 지나치다 싶을 정도의 상세한 요구사항이 나열되어 있었다. 까다롭고 피곤한 사람이라는 우려도 들었지만 그보다는 일 잘하는 진짜 프로라는 생각이 더 컸다.

준비된 프로는 사용하고 갖춰야 할 도구들을 머릿속에 정돈해놓는다. 어떤 도구를 어떤 상황에서 어떻게 펼쳐 사용할지 명확히 알고 있으며 그 도구 없이는 쉽사리 일하지 않는다. 결국 다른 후보가 최종 선택되어 그와는 같이 일하지 못했지만 유별난 그의 도구 사랑은 기억에 선명히 남았다.

삼성 트레이닝 센터

앞서 언급했듯 용인에 있는 삼성 트레이닝 센터는 삼성에서 운영하는 7개 실내 종목 선수들이 모여 훈련과 생활을 하는 곳이다. 농구, 배구, 레슬링, 배드민턴, 탁구, 태권도 선수들이 모여 있고 종목별 훈련장과 숙소, 식당, 체력단련장, 재활센터 등 다양한 부속시설이 동선에 따라 효율적으로 배치되어 있다. 나는 이곳을 사설 태릉 선수촌(국가대표 선수촌은 진천으로 이전되었지만 태릉 선수촌이 이해가 빠르다)이라고 비유한다. 각 선수단에는 감독과 코치 외에 선수들 체력과 컨디션 관리를 위한 트레이너들이 있다. 훈련장은 일반 경기장처럼 보이지만 그곳에는 훈련을 위한 다양한 도구들이 있다. 종목 특성별로 각종 기구들이 있는데 일반적인 체력훈련 도구들도 있지만, 농구장에는 혼자 슈팅 연습이 가능한 슈팅머신, 배구장에는 리시브 연습을 위한 서브머신 등 훈련장마다 특별한 도구들이 한자리를 차지한다.

모든 종목의 선수들이 공통으로 사용하는 체력단련장과 과학지원실에는 온갖 도구들이 가득하다. 특히 부상 선수들의 회복을 위한 과학지원실에는 낯선 기기들이 많다. 재활을 위한 특별 전문 장비들이 있고 전문 트레이너들이 선수별 데이터와 차트를 살펴보며 빠른 회복을 돕는다. 모든 산업이 그렇듯 현대 스포츠는 놀라울 정도로 발전해왔다. 수십 년 전의 올림픽과 요즘의 올림픽 기록 수준은 차이가 현격하다. 선수들의 신체 조건이 좋아진 것도 크지만, 스포츠 과학과 관련 장비 발전으로 예전보다 훨씬 체계적이고 효율적인 훈련이 가능하기 때문이다.

1980년대 농구대잔치에는 허재, 이상민, 문경은, 서장훈 등 유명 선수들이 화려한 개인기와 득점력을 뽐냈다. 당시를 기억하는 올드팬은 그들의 실력이 지금 농구선수보다 훌륭하다고 주장하기도 한다. 평균 득점이나 야투 성공률 기록들이 현재 에이스 선수들보다 높다며 말이다. 이에 대한 반론도 큰데, 일단 실제 데이터를 살펴보면 기록에는 큰 차이가 없다고 한다. 또한 모든 스포츠가 그렇듯 체력과 전술훈련 방식이 더 체계화되고 기술 수준이 높아져 더 빠르고 더 강한 창과 방패의 싸움이기에 절대적인 비교는 무의미하며 개인 기량은 더 높아졌다는 의견이다. 인간이 짧은 시간에 눈에 띄게 진화할 수는 없지만, 도구의 발전은 스포츠 분야에도 더 큰 생산성을 만들었기 때문에 후자의 의견이 더 타당해 보인다. 더 풍족한 시대에서 자란 선수들은 당연히 신체 능력이 더 우월하고 다양한 장비와 기기를 활용해 훨씬 체계적이고 과학적인 방식으로 훈련한다. 강압적인 산악훈련이나 헝그리 정신은 더는 통하지 않을뿐더러 오히려 비효율적이고 비과학적이라는 비판을 받는 시대이다.

이제는 운동과 건강, 재활 치료를 전담하는 전문 트레이너들이 다양한 장비를 활용해 선수들의 몸 상태를 관리한다. 비디오 분석이나 모션 트래킹, EPTS(전자 퍼포먼스 트래킹 시스템) 같은 전문 장비들을 사용해 공격과 수비 전술을 세밀하게 다듬고 발전시킨다. 새로운 도구와 기술이 끊임없이 발전하고 적용되는 한 스포츠뿐 아니라 모든 분야에서 과거와의 경쟁은 무의미하다.

얼리어댑터

애플이 촉발한 스마트폰이 상용화되기 전에 PDA(Personal Digital

Assistant)라는 모바일 기기가 있었다. 초기 전자수첩의 대표주자인 블랙베리와 팜Palm은 당시 뉴욕의 얼리어댑터와 전문 직업인들의 징표였다. 이런 기기들은 PIMS(개인정보 관리 시스템)라 불리는 소프트웨어를 통해 주소록, 일정, 메모, 업무 등을 통합 관리할 수 있었다. 수첩이나 다이어리보다 휴대성이 좋고 검색과 관리가 쉬워 높은 개인정보 관리 효율을 제공했다. 평소 디지털 기기에 관심이 많던 나는 당시 뉴욕 프로젝트를 담당하면서 자연스럽게 이들을 일찍 접할 수 있었다. 그 덕에 혜성처럼 등장한 스마트폰도 비교적 쉽게 이해하고 다양한 기능들을 어렵지 않게 사용했다.

훌륭한 농구선수는 가죽 농구공을 마치 자석처럼 손에 착착 붙듯 신체의 일부처럼 능숙하게 다룬다. 하지만 우월한 신체조건과 탁월한 운동신경을 갖추었는데도 공을 잘 다루지 못하는 선수들이 있는데 대부분 농구를 늦게 시작한 경우이다. 손의 감각을 담당하는 신경 체계 발달이 끝나기 전에 농구를 시작해야 손의 감각들이 그에 맞게 발달한다고 한다. 어떤 도구이든 일찍 사용해야 능숙하게 다루기 수월하다. 그래야 다음 도구를 발견하기도, 그 새로운 도구를 익히기도 훨씬 유리하다.

어느 곳이나 시니어급들은 경험 많고 문제해결 능력이 좋지만 상대적으로 새로운 도구 사용 능력이 부족한 경우가 많다. 도구 사용에 서툰 고참들은 점차 소통의 어려움을 겪고 후배들에게 억울하게 저평가되기도 한다. 사실 도구를 원활하게 다루지 못하면 상대적으로 효율이 떨어지니 억울함은 본인의 탄식일 가능성이 크다. 인터넷과 스마트폰 사용을 힘들어하는 어르신들을 보면 쉽게 짐작할 수 있다. 어디서든 조직의 수장 역할을 하려면 새로운 도구를 능숙하게 사용할 줄 알아야 한다. 알아야 적절히 지시할 수 있고 후배를 평가할 수 있다.

프로는 정체하면 안 된다. 끊임없이 발전하고 발견해야 한다. 자기 분야의 새로운 도구에 늘 관심을 갖고 사용성을 점검하라. 유용하다고 생각하면 일찍 시도해 자신의 무기로 삼으라. 도구를 사용하지 않고 일 잘하는 사람은 있어도(이런 특별한 사람도 있긴 하다) 도구를 잘 사용하면서 일에 서툰 사람은 본 적이 없다. 좋은 도구를 활용하면 당신의 일에 바퀴를 달고 날개를 달 수 있다.

시야를 넓히라

높이 오르기

언어를 넓히는 것이 지식과 이해의 영역이라면 시야를 넓히는 것은 관점과 목표의 영역이다. 세상을 넓게 보면 목표는 커지고 의지는 강해진다. 우물 안에서 나오면 자신이 있던 세상이 얼마나 작았는지 깨닫는다. 내가 속한 세상이 전부라고 생각하면 그곳이 그 사람의 우물이다. 높이 올라갈수록 시야는 넓어지고 더 큰 세상을 볼 수 있다. 하지만 불행하게도 보통 사람의 인생에는 케이블카가 없기 때문에 가쁜 숨을 내쉬며 꾸준히 걸어 올라가야 한다. 게다가 가파른 오르막길 곳곳에는 장애물이 깔려 있다. 힘들어도 하나하나 넘으며 나아가야 한다.

재능이 탁월한 국내 농구선수가 미국 NBA에 도전하는 경우가 있다. 세계 최고의 선수들이 할거하는 NBA 도전은 무모한 시간 낭비라고 우려하는 사람도 많다. 하지만 정상에 오르지 못해도, 고난의 오르막길을 도전하는 것만으로도 더 넓은 시야와 다른 수준의 경쟁력을 갖출 수 있다. 상대는 더 강하고 싸움은 훨씬 치열하지만 그럴수록 한층 강해지고 승리의 열매는 몇백 배 커진다. 강한 상대와 싸워야 지든 이기든 크게 성장할 수 있다.

자원도 기술도 없었던 우리가 선진국이 된 이유는 세계시장을 향해 시야를 넓히고 치열하게 싸웠기 때문이다. 세계시장의 경계가 사라져 어쩔 수 없는 선택이었지만 기죽지 않고 과감히 도전하고 치열하게 싸운 덕이다. 세계시장으로 관점을 전환하고 힘들게 승리하여 국력과 국격을 드높였다.

코트 비전

〈슬램덩크〉라는 유명한 농구 만화가 있다. 영화로도 만들어져 국내에서도 470만이 넘는 관객을 동원하며 큰 인기를 끌었다. 주인공 강백호는 엉뚱한 사고뭉치이지만 운동에 특별한 재능을 가졌다. 농구를 전혀 모르던 그가 고등학교 입학 후 짝사랑하는 여학생이 농구의 찐팬임을 알고 무작정 농구부에 입단하면서부터 이야기가 시작된다.

처음으로 공식 경기장에 들어서는 강백호의 모습은 시야가 극도로 협소해지는 장면으로 그려진다. 매사에 자신감이 충만했지만 첫 경기 출전은 긴장하지 않을 수 없고, 그래서 시야각이 최소화되는 상황을 맞은 것이다. 프로 농구 선수들에게 이 장면에 대해 물으면 다들 자기도 실제 경험했던 일이라고 말한다. 경기를 보는 관중은 대부분 위쪽에서 관람하니 경기장 전체를 넓게 조망할 수 있다(그래도 공을 가진 선수만 눈에 들어오긴 한다). 하지만 선수는 수평 위치에서, 그것도 쉴 새 없이 움직이며 상대 선수의 거친 방해를 받으면서 나머지 9명 선수의 위치와 움직임을 읽어내야 한다.

긴장감은 집중력을 높이지만 시야를 좁히고, 시야가 좁아지면 경기력이 크게 떨어진다. 협소한 시야는 잘못된 판단으로 이어져 실책을 야기하고 본인의 경기력뿐 아니라 팀 전체에 악영향을 미친다. 그런 점에서 농구선수에게는 넓은 시야가 매우 중요하다. 자기 팀원뿐 아니라 상대방 선수들의 움직임을 계속 확인하고 패스나 드리블, 슈팅이라는 옵션 중에서 가장 필요한 것을 선택해야 한다.

농구에서는 이런 능력을 코트 비전Court Vision이라고 하는데 보통 3단계로 구분된다. 1단계는 자신의 시각적 한계에서 앞을 정확하게 파악하고 판단하는 능력, 2단계는 시야를 좌우로 넓혀서 자신의 앞부분 전체를 읽는 능력, 3단계는 뒷부분까지 읽어내는 능력으로 소위 '머리 뒤에 눈이 달린 수준'을 의미한다.

오랜 경험, 높은 전술 이해, 경기를 읽어내는 능력이 향상되면 머리 뒤에서 일어나는 상황들을 예측할 수 있다. "농구를 알고 한다", "공의 길을 알고 있다" 등은 넓은 코트 비전으로 전체 경기의 흐름을 읽고 템포를 조절하며 수비와 공격의 균형을 만들어내는 능력이 있다는 칭찬이다. 화려한 덩크나 3점 슛보다도 이런 넓은 시야를 갖춰야 팀의 가장 중요한 핵심 선수가 될 수 있다.

A급 선수는 경기장에서뿐만 아니라 자신이 속한 곳의 전체 생태계를 이해하고 미래의 변화를 예측하는 사람이다. 경쟁자를 잘 알며 고객에게 가장 필요한 것은 무엇인지, 시장은 어떻게 흘러가는지, 앞으로 무엇이 상수이고 무엇이 변수가 될지를 남보다 먼저 고민하는 사람이다. 내가 오랫동안 몸담았던 광고대행사도 지난 수십 년간 많은 변화를 겪었다. 신문, 잡지로 시작했던 광고 산업은 방송이라는 거대한 변화를 타고 라디오와 TV를 새로운 주연으로 등장시켰다. 이후 인터넷과 디지털 미디어의 발달, 수많은 상품의 등장, 국경 없는 글로벌 시장의 확대, 점점 현명해지는 소비자의 영향 등으로 매체의 영역은 무제한 넓어졌고 마케팅 기법은 복잡해졌다.

메시지를 정교화하고 콘텐츠를 잘 만드는 능력도 중요하지만, 전체 산업의 생태계와 소비자의 변화를 예측해 새로운 비즈니스 모델을 고민하고 한발 빠르게 대비하는 일이 더욱 중요하다. 이는 회사의 경영진이나 특정 부서의 업무가 아니다. 모든 사람이 자기 분야에서 늘 꾸준히 해야 하는 일이다.

변화는 준비된 자에게는 기회를, 준비되지 않은 자에게는 위기를 안겨준다. 세상의 변화와 함께 과거의 능력들은 서서히 도태된다. 시야를 넓혀 세상의 변화를 읽고 자기 역량을 계속 업데이트해야 한다. 직업 영역에서뿐 아니라 사적인 영역에서도 세상을 넓게 이해하려는 노력은 삶을 더욱 풍성하고 깊이 있게 만들어준다.

EX-SIGHT 리포트

내가 한때 담당했던 제작그룹은 서로 다른 전문성을 갖춘 7개의 제작팀이었다. 때로는 그룹사운드처럼 이들을 섞어 폭넓은 프로젝트를 진행하고 때로는 개인 아티스트처럼 각 팀의 전문성에 부합하는 프로젝트를 별개로 담당하는, '따로 또 같이' 형식의 조직이었다. 담당업무와는 별도로 제작그룹에서는 한 달에 한 번 〈EX-SIGHT 리포트〉를 발간했다. 체험Experience과 통찰Insight을 결합하여 자극과 흥분Excite을 만든다는 조어造語 EX-SIGHT 리포트는 체험 마케팅 분야의 다양한 트렌드를 조사하고 그 안의 인사이트를 찾아내 정리한 것이다. 7개의 제작팀이 돌아가면서 자기 전문분야를 중심으로 제작했고 결과물을 전사에 공유했다.

안 해도 되는 일이고 오히려 추가 부담인 작업이었지만 정기적으로 자기 분야에 대한 새로운 추세를 점검함으로써 현재에 안주하지 않고 스스로 독려하며 자극을 주려는 의도였다. 또한 서로 다른 전문성을 가진 팀들 간의 상호 이해를 높여 더욱 효율적인 협업이 가능하도록 만들고 싶었다. 광고주에게도 제공해 은연중에 실력을 뽐내는 부가 효과까지 꾀했다. 바쁘게 돌아가는 담당업무를 처리하면서 전문가로서의 능숙도는 높아가지만, 한편으로는 자기 업무에만 매몰되어 시야가 좁아질 수 있다.

특히 팀을 이끄는 팀장은 본인에게 익숙한 업무의 관행과 타성, 기존 습관을 유지하려는 유혹을 떨치기 어렵다. 혁신과 변화는 불편을 동반하기 때문이다. 지금은 불가능한 일이겠지만 나의 대학 시절에는 몇십 년째 똑같은 강의 노트를 사용한다고 학생들이 뒷전에서 흉보던 교수들이 있었다.

스포츠 구단에도 본인이 추구하는 훈련 방식과 전술만 오랜 시간 고집하는 감독이 있다. 자신만의 전술 철학이 있는 것은 바람직하지만 세월에 따른 환경 변화와 스포츠 과학이 만드는 새로운 방법을 지속해서 감지하고 업데이트하지 않으면 적자생존의 법칙에 따라 밀려날 수밖에 없다. 정보가 부족하다는 핑계는 더는 통하지 않는다. 바쁘다는 이유로 시선을 한 곳에만 고정하면 시야는 점점 좁아진다. 일정 주기로 주변을 살피며 자신만의 익사이트 리포트를 만들어보는 방법을 권한다.

시야를 넓히는 4가지 훈련법

호기심은 인간의 문명을 발전시킨 큰 원동력이다. 하늘은 왜 파란색인지 사과는 왜 떨어지는지를 궁금해하던 사람들 덕분으로 과학과 기술이 발전하고 문명이 진보했다. 특히 아이들은 질문이 많으며, 호기심이 특히 많은 아이는 하루 평균 70개 정도의 질문을 한다고 한다.

나는 후배들에게 호기심을 강조할 때 2000년대 초 미국 시트콤 드라마 〈Lucky Louie〉 속 딸과 아버지의 대화 장면을 동영상으로 보여주고는 했다. 한때 꽤 인기를 끌었던 이 장면은 끊임없이 "왜?Why?"라고 묻는 어린 딸과 그에 대한 아버지의 대답을 담은 내용이다. 아침 식사를 하면서 나가 놀아도 되냐는 물음으로 시작되는 어린 딸의 끊임없는 질문은 결국 아버지의 진지한 신세 한탄으로 이어진다(못 봤다면 유튜브에서 검색해서 찾아보시길, 아주 재미있다). 큰 웃음을 자아내는 코믹한 장면이지만 질문이 만들어내는 특별함을 느낄 수 있는 인상적인 콘텐츠이다. 끊임없는 질문을 해대는 어린이가 어른이 되면 질문은 20개 정도로 줄어든다고 한다. 나이가 들면 근육이 줄어들듯 세상에 대한 호기심이 옅어진다. 거기에 본인의 무지를 드러내고 싶지 않은 자존심과 반박성 질문이 예의에 어긋난다는 배려심까지 더해지면 질문은 대폭 줄어든다.

세상은 3가지 영역으로 구분할 수 있다. 자신이 잘 알고 있는

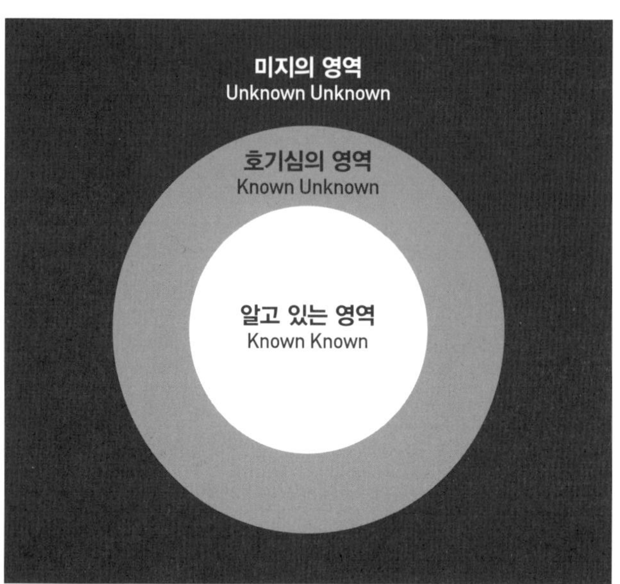

호기심은 회색 영역을 바깥으로 밀어내는 작업이다.

흰색의 동그라미 영역이 중앙에 있고 전혀 모르는 검은색 영역이 그 밖에 있으며 둘의 경계에 호기심의 영역인 회색 원이 있다. 미국 국방부 장관 도널드 럼즈펠드가 말해서 유명해진 '알고 있는 것Known Known', '모른다는 것을 알고 있는 것Known Unknown', '존재조차 알 수 없는 것Unknown Unknown'과 같은 맥락이다(부시 정부 때 이라크 전쟁을 합리화하는 용어로 사용해서 많은 비판을 받기는 했다).

호기심은 회색 영역을 바깥으로 밀어내는 작업이다. 회색 영역을 조금씩 밀어낼수록 자신이 알고 있는 세상은 복리의 마법처럼 기하급수적으로 커지고 넓어진다.

AI의 등장으로 이제 답을 찾는 일은 크게 어렵지 않다. 그 답은 점점 정확하고 정교해질 것이다. 답을 찾는 것보다 좋은 질문을 하는 것이 점점 중요해지는 시대이다. 근력을 유지하기 위해 매일 운동을 하듯 호기심을 유지하도록 매일 질문의 힘을 키우라. 호기심을 잃지 않는 한 당신의 정신은 녹슬지 않으며 발견의 기쁨이 커지고 시야는 넓혀질 것이다.

비일상적 경험은 가장 효과적인 시야 넓히기 훈련법이다. 비일상적인 체험은 상상력을 자극하고 활력을 불어넣어 준다. 그 중 여행은 시간과 비용이 들지만 온몸으로 느끼는 생생한 경험이다. 좋은 사람들과 새로운 곳, 새로운 경험을 찾아 떠나는 경험은 커다란 가치를 지닌다. 해외도 좋지만 여건이 허락하지 않는다면 멀리 떨어진 낯선 지역이나 가까운 도심의 핫플레이스도 좋은 여행지이다. 좋은 사람과 함께해도 좋고 혼자 하는 여행도 어떤 면에서는 효과가 더욱 좋다.

나의 첫 해외여행은 신입사원들을 배포 좋게 일본 연수를 보내준 대표이사의 통 큰 결정 덕분이었다. 요즘은 별것 아니겠지만 당시에는 매우 특별한 사건이었다. 일본과의 경제적, 문화적 수준 차이가 컸던 시기라 보고 듣는 모든 것이 진기한 경험이었다. 신입 2년 차에는 엉성한 영어 실력 덕분에 독일 프로젝트의 업무 보조를 맡아 독일 출장을 경험했다. 당시의 유럽 출장은 두꺼운 서류뭉치를 만들어 대표이사까지 결재 받아야 하는 대단한 일이었으니 막 신입 딱지를 뗀 직원에게는 매우 특별한 기회였다. 냉전 시대라 러시아(당시 소비에트 연방) 영공을 지나갈 수 없어 알래스카를 경유하는 19시간의 비행이었다. 독일은 일본보다 더 큰 문화 충격을 안겨주었다. 빈틈없고 단단해 보이는 도시와 사람들, 속도 제한 없이 달리는 아우토반, 나무가 빽빽해서 흑림黑林이라고 불리는 곳곳의 숲들, 치밀한 디테일의 공산품들, 차갑고 신선한 공기 속에서 느껴지는 기분 좋은 향에서 전혀 다른 세상을 접했다.

이후 독일 출장이 잦아졌고 그러다 독일에서 통일을 직접 경험하기도 했다. 이런 초기 해외 출장들로 신대륙을 발견한 콜럼버스처럼 새로운 세상이 있음을 깨달았고 여러 각오를 되새기는 계기가 되었다. 이후에도 여러 나라와 도시를 많이 다니면서 경험을 확장할 수 있는 단순하지만 효율적인 요령들이 생겼다.

출장지로 가는 긴 비행시간 동안 《먼 나라 이웃나라》 같은 책을 보면서 그 지역에 대해 짧게나마 학습한다. 목적지에 도착하기 전에 그곳의 역사나 문화, 사람들을 이해하면 방문 경험은 훨씬 더 강하게 체감된다. 다녀온 후에는 그곳에 관한 책이나 자료를 찾아 읽으면 더욱 좋다. 노르웨이 여행 후 요 네스뵈의 《스노우맨》을 다시 읽으니 긴박감이 넘치고 북유럽의 삶이 더욱 생생하게 느껴졌다. 단순한 예습과 복습도 여행에서는 효과가 매우 좋다.

간접경험은 힘들이지 않고 쉽게 거인의 어깨에 올라탈 수 있는, 가장 효율적이고 가성비 높은 체험방법이다. 도서, 영화, 다큐멘터리, 강좌 등 다양한 콘텐츠들이 극지나 심해, 저 머나먼 우주까지, 직접 경험하기 어려운 세상을 쉽게 알려준다. 직접 체감할 수는 없지만 시간과 장소의 한계가 없고 다양한 범주의 지력과 상상력을 키워준다. 다만 요즘의 콘텐츠를 무한 생산하는 세상에서는 옥석을 분별하는 지혜가 필요하다. 최고 수준의 대학에서도 듣기 힘든 훌륭한 내용이 있는 반면 시간 낭비 수준을 넘어 헛되고 거짓에 가까운 콘텐츠들도 무분별하게 쏟아져 나온다. 자신만의 필터를 통해 수준 높은 콘텐츠를 찾고 허접한 쓰레기 콘텐츠들을 걸러낼 수 있어야 한다.

그런 면에서 도서는 비교적 정제된 콘텐츠라고 할 수 있다. 현대 사회에서는 점차 외면받고 있지만, 인류 사회의 지혜는 오랜 역사에 걸쳐 활자에 담겨 전해지며 출판이라는 과정에서 자체 검열과 정제 시스템을 갖추고 있다. 나도 어릴 때는 '책벌레'라는 별명이 붙을 만큼 독서를 좋아했지만 나이가 들수록 책과 멀어져 갔다. 심신이 피로해지면 능동적인 독서보다는 수동적인 영화나 음악에 더 쉽게 손이 간다. 다시 책을 가까이하려 했을 때는 노안이라는 새로운 장애가 찾아왔다. 작은 활자를 읽기 힘들었고 평생 안경을 쓰지 않았던 터라 돋보기 착용이 불편했다. 다행히 이북e-book이 활성화되면서 노안의 불편을 해결하고 언제 어디서든 읽을 수 있다는 장점이 추가되어 다독은 아니어도 꾸준히 독서할 수 있다. 스마트폰이나 태블릿을 사용할 수도 있지만 e-잉크로 된 전용 이북 리더기를 사용하면 책장 하나를 통째로 늘 휴대할 수 있고 눈의 피로도 적어서 유용하다. 서점에서 느끼는 설렘이나 새 책의 냄새와 질감, 책장 넘기는 기분은 느낄 수 없지만 이북은 여러모로 매력적이다.

독서를 작은 습관으로 삼으면 좋다. 대중교통을 이용할 때나 자기 전 몇 페이지 정도 짧게 읽으면 적지 않은 독서를 할 수 있다. 독서를 가장 중심에 두고 그와 관련된 내용을 다양한 콘텐츠 분야로 확대하는 것이 간접경험을 가장 효과적으로 체득하는 방법이다.

어려운 일 도전하기가 시야 넓히기 훈련에 좋다고 하면 욕먹을 각오를 해야 할 것이다. 하지만 어쩌랴. 내 경험으로는 확실하다. 일의 종류와 본인의 역할에 따라 차이는 있겠지만 까다롭고 어려운 일을 하면 반드시 무언가를 배우고 시야가 더 넓어진다. 처음 초고층 빌딩을 지은 사람은 큰 용기가 필요했을 테고 수많은 어려움을 겪었겠지만 단 한 번의 경험으로 귀한 장인 대접을 받는다. 익숙한 일은 안전하고 편하지만 단지 능숙함만 얻을 뿐이다. 나는 쫄보라 아찔하고 위험해 보이는 익스트림 스포츠는 도전할 엄두조차 못 냈지만, 일에 있어서는 어려운 업무도 겁없이 맡아 기꺼이 하고자 했다. 약간의 영웅심도 있었겠지만 힘든 일을 마쳤을 때의 성취감이 무엇보다도 좋았고 더 넓은 세상을 볼 수 있었다.

프로 스포츠 선수들은 연봉 차이도 크고 주전과 후보의 역할이 분명하므로 주전들이 어렵고 힘든 것을 당연하게 여긴다. 주전들은 중요한 경기일수록 더 많이 출전하고 더 많은 어려움을 담당하는 듯 보이지만 오히려 그런 시간을 통하여 더욱 강해진다. 벤치에 앉아 있는 선수들은 상대적으로 편하겠지만 그런 편안함은 의미 없는 시간으로 흘러갈 뿐이다. 아무리 강도 높은 훈련도 실전을 따라잡지 못한다. 그걸 잘 아는 후보 선수들은 어떻게든 출전 기회를 잡으려고 부단히 노력하며 기회가 오면 온 힘을 다해 자신의 역량을 증명하려고 애쓴다.

누구는 편한 일을 맡아서 힘들이지 않고 정시에 퇴근하는데, 누구는 어렵고 힘들고 야근도 많고 휴일도 편히 쉬지 못한다면 부당하다고 생각할 것이다. 똑같은 업무의 양이 균등하지 않다면 부당하지만 일의 난이도가 달라서라면 꼭 그렇지만은 않다. 그 난이도 차이는 능력의 차이가 만든 것이며 시간이 지날수록 그 차이는 더욱 벌어질 것이다. 그 차이가 확연해지는 순간 확실한 주전으로 평가받으며 특별한 대우와 보상이 뒤따르고 더 높은 곳에서 더 넓은 세상을 볼 수 있다. 그러니 현실에 조급해하며 불평할 필요가 없다. 길게 보면 세상은 확률적 평형을 이루는 '큰 수의 법칙'을 따른다.

두려움을 떨치라

두려움의 스위치

두려움은 인간의 본성이다. 일찍이 찰스 다윈은 인간의 6가지 기본 감정 중 하나로 두려움을 꼽았다. 두려움은 포식자들에게서 살아남기 위해 본능에 심어진 감정이니 누구나 두려움을 느끼는 것은 당연하고 다행스러운 일이다. 하지만 포식자를 걱정할 필요가 없는 현대사회에서 두려움은 행동을 제약하고 틀린 결정을 하게 만드는 단점이 되기도 한다. 아침에 기상 알람을 듣고 침대에서 일어났는데도 계속 알람이 울리는 상황과 비슷하다.

통증도 비슷한 문제를 일으킨다. 그런 면에서 불안감은 정신적 통증이라고 할 수 있다. 공포와 불안이 심해지면 공황장애

같은 심각한 상태에 이르기도 한다. 증상이 심하면 전문 의료인의 진단을 받고 상담이나 약물 등으로 완화할 수 있지만, 정상적으로 일어나는 불안은 치료 대상도 아니고 억지로 치료하려 해도 안 되는 중요한 필수 감정이다.

원시 사회에서의 두려움은 포식자에 대한 경고의 메시지였지만 현대 사회에서는 경쟁이 치열할수록 내일에 대한 불안을 크게 느낀다. 독일에서 철학을 가르치는 한병철 교수의 《피로사회》는 능력과 성과 중심의 현대사회에서 우울증이 훨씬 심해진 이유를 냉철하게 분석해 베스트셀러가 되었다. 신분제 사회의 수동적인 삶에서 현대의 주체적이고 능동적인 삶으로 바뀌면서 파괴적 강박에 빠진다는 내용이다. 뭉크의 명화 〈절규〉는 오늘을 사는 우리 마음의 불안을 날것처럼 생생히 보여준다. 옛날 조상들은 삶은 고단해도 정신은 우리보다 건강했을 것이다. 하지만 어쩌랴, 우리는 지금을 살고 있는 것을.

현대 사회에서 인간을 움직이는 가장 강력한 동력은 두려움과 욕망일 것이다. CNN의 '공포탐욕지수Fear & Greed Index'는 이런 인간의 본능을 금융 시장의 방향타로 보여준다. 거꾸로 얘기하면 두려움과 욕망을 통제하고 조절할 수 있다면 우리 삶은 크게 달라질 수 있다. 필요에 따라 두려움의 스위치를 자유자재로 켜고 끌 수 있다면 중요한 순간에 실수하지 않고 언제 어디서든 자신감 있는 모습을 보여줄 수 있다. 프로가 되려면 본능에 두텁게 새겨진 두려움을 제어하고 조절할 수 있어야만 한다.

프리젠테이션의 기술

광고대행사는 광고주의 문제를 해결하는 마케팅 솔루션을 제시하고 실행하는 일을 업으로 한다. 그러기 위해 문제에 대응하는 적확한 전략을 개발하고 그 전략을 효율적으로 수행할 수 있는 기발한 아이디어와 품질 높은 제작물을 만들어내는 것이 핵심 업무이다. 이 과정에서 언제나 광고주 설득이라는 중요한 순간에 맞닥뜨린다. 기업이 소비자에게 제품을 팔듯이 대행사는 전략과 아이디어를 광고주에게 판다. PT라고 불리는 광고주 프리젠테이션은 절대 실패해서는 안 되는 '결정적 순간 MOT, Moment of Truth'이다(MOT는 투우 용어로 절대 실수해서는 안 되는 결정적 순간을 뜻하며, 마케팅에서는 소비자에게 기업의 제품이나 서비스의 첫 이미지를 만들어내는 순간을 말한다). 이처럼 광고회사에서 프리젠테이션은 개인 역량의 주요 요소이며 이를 위해 조직적, 개인적으로도 여러 노력을 기울인다.

나는 중간 간부 시절 1박 2일의 프레젠테이션 교육을 받았다. 몇 가지 강의를 들은 후 발표 내용을 정리하고 발표 장면을 비디오로 찍어 교정을 받는 과정이었다. 내성적이고 숫기 없는 성격이라 많은 사람 앞에서 발표할 때는 늘 심장이 쿵쾅대고 긴장했다. 마음을 다잡고 연습을 반복한 후 침착하게 별 실수 없이 발표했다고 생각했는데, 촬영된 비디오를 보니 바쁘게 눈을 깜박거리는 모습을 확인할 수 있었다. 나름 잘했다고 생각했는데 스스로도 의식하지 못한 불안이 소리 없이 새어나간 것이다. 이런 본능적인 불안감이 고작 1박 2일의 교육과 훈련으로 개선될 리 없었다. 다만 긍정적으로 얻은 것은 내부의 불안이 어떻게 밖으로 표출되는지 알았다는 점이고, 부정적으로 얻은 것은 불안에 대한 또 다른 불안이었다. 어떻게 해야 자신감 있는 프리젠테이션을 할 수 있는지 많이 고민했지만 뾰족한 방법이 떠오르지 않았다.

이후 별다른 훈련이나 고민 없이 일에 쫓기며 몇 년이 흐른 어느 날, 더는 프리젠테이션에서 불안이나 긴장을 느끼지 않는 나 자신을 발견했다. 대기업 사장이나 회장 앞에서 제안서를 설명할 때도, 대강당에 가득 찬 학생들 앞에서 취업 설명회를 할 때도, 신기할 정도로 전혀 긴장하거나 불안하지 않았다.

그동안 무슨 일이 일어난 걸까? 어떻게 내 본능에 새겨진 불안이 옅어졌을까? 스스로 진단한 이유는 두 가지이다. 하나는 어쩔 수 없이 계속 발표해왔기 때문이다. 반복은 익숙함을 만들고 익숙함은 자신감을 키운다. 일이니까 피할 수 없어 지속하면서 적응하고 익숙해진 것이다. 다른 하나는 프리젠테이션 내용에 대한 확신이다. 내용을 확신하고 있으면 자신감이 생기고 두려움이 사라진다. 프리젠테이션을 잘하는 사람들의 공통점은 유창한 웅변보다는 발표 내용에 대한 분명한 이해와 자신감이다. 내용도 없이 말만 유창하면 '약장사'라 폄하되어 불린다. 일에 능숙해지고 실력을 쌓으면 제안하려는 내용에 자신감이 붙고 설령 말이 어눌하다 해도 자기 생각을 차분하고 또렷하게 전달할 수 있다.

두려움의 정체

인간은 어두운 들판, 깊은 물 속, 높은 절벽 같은 낯설고 불안한 환경에서 두려움을 느낀다. 생존에 위협을 느끼기 때문이다. 하지만 오늘날 우리가 느끼는 대부분의 불안은 물리적 환경보다는 경쟁에 대한 부담감, 실패에 대한 걱정, 불확실한 미래 같은 심리적인 요인이 크다. 큰 실패를 겪은 적 없는 성실하고 책임감 강한 모범생이 오히려 작은 실패에 엄청나게 좌절하고 커다란 두려움에 휩싸인다.

제일기획과 농구단에서 심리상담을 담당했던 윤정순 박사는 주니어뿐 아니라 베테랑이나 시니어들도 적지 않은 불안을 느낀다고 한다. 주니어들은 경쟁에서의 탈락이나 성장에 대한 걱정이 많고 베테랑들은 미래에 대한 걱정으로 불안해한다. 스포츠 선수이든 일반 직장인이든 프로의 세계는 내외부적으로 경쟁이 끊이지 않으며 그로 인한 스트레스와 압박감은 누구도 예외일 수 없다.

대인관계도 만만치 않다. 어른이 되면서 역할은 점차 늘어난다. 자식과 후배에서 배우자, 부모, 선배 등 계속 추가되어 간다. 역할이 늘어나면서 관계도 복잡해진다. 게다가 학교와는 달리 사회에서는 자신의 의지와는 무관하게 던져진 존재, 피투성被投性의 존재로 관계가 맺어진다. 같은 업무의 협력자, 동반자로서 대부분 좋은 관계를 유지하지만 때로는 기질과 가치관이 전혀 다른 사람들과의 협업은 갈등을 일으키기도 한다. 드물지만 너무 관계가 좋아서 문제가 되는 경우도 있다. 함께 일하던 주니어급 후배는 가족처럼 친하게 지내던 선배가 이직하면서 심한 우울증을 겪었다.

대부분의 직장에서 매년 시행하는 개인 평가는 보상과 진급에 영향을 미친다. 평생직장이나 연공서열은 사라진 지 오래이다. 계속 좋지 않은 평가를 받으면 조바심이 생기고 앞날에 대한 불안감이 커진다. 프로 스포츠에서 주전과 후보 선수의 차이는 현격하다. 주전급 선수와 후보 선수의 연봉은 10배 넘게 차이가 난다. 게다가 일반 직장의 연봉은 공개되지 않지만 프로 선수들의 연봉은 순위와 금액이 공식적으로 세상에 공개된다. 프로 선수들의 직장생활은 평균 10년 정도이다. 몇 년 안에 주전급이 되지 않으면 기회는 점점 줄어든다. 후보 생활이 지속되면 퇴출에 대한 불안감은 갈수록 커진다. 프로 스포츠 선수들이 뛰는 리그는 국내에 하나뿐이니 한번 밀려나면 완전히 낯설고 새로운 길을 찾아야 한다.

주전 선수들도 구단과 팬들의 기대, 책임감, 추락에 대한 불안으로 마음 편치 못하기는 후보 선수 못지않다. 여자 프로 농구의 박지수 선수는 국보급 센터로 평가되는 세계 정상급 선수이다. 2m 가까운 신장과 뛰어난 운동능력, 좋은 기본기, 몸을 사리지 않는 허슬과 승부욕으로 상대팀으로 만날 때는 막강한 타노스가 되지만 농구 팬으로 보면 한국 여자농구의 대들보며 간판선수이기에 그녀를 아끼지 않을 수 없다. 그런 그녀가 한때 공황장애로 잠시 선수 생활의 공백기를 맞은 적이 있다. 지나치게 높은 기대와 작은 실책에 대한 악평들이 그녀의 정신을 잔뜩 흔들었을 것이다.

일부 스포츠 팬들의 삐뚤어진 팬덤은 경기 중 작은 실수에도 지나친 악담을 퍼붓는데 실력이 높은 선수들일수록 악담의 강도는 세진다(스포츠 뉴스의 댓글 기능이 없어진 이유이다). 프로 스포츠 선수들이 일반인보다 신체 조건은 특별해도 마음은 일반 10대, 20대와 다르지 않으니 덤덤하게 받아들이기 어려울 것이다.

두려움의 정체를 알면 효과적으로 두려움을 극복할 방법을 찾을 수 있다. 하지만 공포에 대한 뇌의 편두엽 설명이나 생물학적, 정신의학적 분석은 보통 사람이 이해하기 어렵다. 사실 그런 학문들도 인간의 심신을 정확히 분석하거나 기제하기는 어렵다. 우리는 단지 공포의 원인을 파악하고 현실적인 해결법을 찾을 뿐이다. 알람 시계의 복잡한 기계장치를 이해할 수는 없지만, 언제 알람이 켜지는지 알고 그것을 설정하고 해제하는 방법은 찾아낼 수 있다. 두려움의 원인은 개인에 따라 다양하다. 본인이 두려워하는 상황을 찬찬히 떠올리면 감이 잡힌다.

구체적인 상황도 있고 조금은 막연한 듯한 상황도 있다. 일단 그 상황들을 찾아내고 다음 단계를 준비하자.

두려움 속으로

불안은 개인차가 큰 영역이다. 기질이나 환경 등에 따라 더 해지거나 덜해진다. 불안감으로 일상 생활이 어려우면 병원을 찾아야 한다. 몸이 다치면 병원에 가듯 정신이 다치면 병원에 가는 것이 자연스럽고 현명한 대처법이다. 그 정도로 심각하진 않다 해도 프로로 가는 과정에서 맞닥뜨리는, 정상적이지만 불편한 불안들이 있다. 이런 불안감 해소법에 관한 의학적·종교적 정보들은 찾아보면 꽤 많이 나온다.

내가 터득한 처방은 약간 무식한 방법인데, 피하거나 살살 달래기보다는 쿵쾅거리는 심장을 부여잡고 정면으로 돌진하는 것이다. 앞서 언급했듯 익숙함과 자신감으로 불안을 무력화할 수 있다. 익숙해지고 자신감을 가지려면 몇 번이고 계속 부딪혀 보는 방법이 단순하면서도 가장 효과가 좋다.

사회 초년기부터 해외 출장이 잦아서 비행기를 많이 탔다. 항공기 탑승은 작은 긴장감을 불러일으킨다. 아무리 사고 확률이 적다 해도 대부분 사망에 이르는 치명적인 결과를 알기에 항상 작은 불안이 따른다. 난기류를 만나서 한 시간 가깝게 요란한 터뷸런스라도 겪으면 불길한 상상이 긴장감을 더욱 자극한다. 하지만 항공기를 자주 타면서 불안은 점차 줄어들었다. 대부분의 항공기 사고는 이착륙 시 발생한다는 것을 알게 되니 항로상의 터뷸런스는 크게 신경 쓰이지 않았다. 비행기가 요란하게 흔들리면 놀이동산의 범퍼카를 탄 듯 느긋한 마음으로 진동에 몸을 맡길 정도가 되었다.

대전엑스포의 시뮬레이터에서도 비슷한 경험을 했다. 당시 삼성관에 돔Dome 형상의 스크린에 앞뒤, 좌우, 위아래로 움직이는 시뮬레이터를 결합한 우주 탐험 어트랙션을 만들었다. 스크린의 영상과 동기화되어 움직이는 우주선 형상의 시뮬레이터는 3차원의 허공에서 정신없이 움직여서 관람객들에게 아찔한 경험을 선사한다. 이를 결정하기 전까지 해외 여러 테마파크를 조사하면서 다양한 어트랙션을 체험해야 했는데 겁 많은 내게는 힘든 일이었다. 바이킹이라는 기구를 타고 혼쭐 난 경험이 있었서 놀이동산의 아찔한 어트랙션은 멀리했는데, 업무가 되니 피할 길이 없었다. 그렇게 끔찍해 보이는 여러 기구들을 계속 타다 보니 더는 두려움의 대상이 아니라 말 그대로 놀이기구가 되었다. 또한 내부 메커니즘과 정교한 안전장치들을 이해하면서 웬만한 기구는 시시하게 느껴지기까지 했다.

아무리 긴장해도 구구단을 쉽게 잊어먹진 않는다. 몸에 체화된 익숙함은 불안감 속에서도 큰 실수를 방지하고 제 몫을 하게 돕는다. 자신감을 높이기 위한 세 가지 방법으로 첫째는 연습, 둘째도 연습, 셋째도 연습이라는 말이 있다. 앞서 디서플린을 설명하며 말했듯, 연습은 성장을 위해서도 필요하지만 무엇보다 가장 효율적인 불안 해소법이기도 하다. 프로농구 선수들은 매일 반복 연습을 지겹도록 지속한다. 오전과 오후에 연습하고 필요하면 새벽 훈련과 야간 훈련을 추가한다. 압박감 높은 경기에서 몇십 미터를 전력으로 달려서 악착같이 방해하는 상대 수비를 뚫고 슛을 성공시키려면 눈 감고 던져도 들어가는 수준이 되어야 한다. 남자농구의 김동욱 선수는 코트 옆 벤치에 앉아서 3점 슛을 넣는, 믿기지 않는 모습을 보여준 적이 있다. 오랜 시간의 반복 연습은 고통스럽고 지루하지만 불안을 잠재우고 성장을 북돋는 가장 기초적인 해결책이다.

제일기획에서 '프리젠테이션의 타짜'로 인정받는 프로들은 언변도 실력도 훌륭하지만 반복 연습을 빠뜨리는 경우가 없다. 방식은 각자 다르지만 원고를 만들어 연습하고 내용을 수정하며 보완해서 또 연습한다. 시간이 제한된 프리젠테이션은 초시계를 재면서 연습하기도 한다. 말투와 표정, 적당한 제스처도 연습에 더한다. 사용해야 할 기자재와 발표 장소를 사전 조사하여 최대한 유사한 환경을 만들어 최종 연습을 한다. 어찌 보면 별다르지 않는 누구라도 할 수 있는 방법이다.

《두려움 속으로》라는 책이 있다. 도쿄올림픽으로 떠나는 양궁 선수단에게 협회 회장이 선물했다는 짤막한 기사를 접하고 나도 읽어보았다. 스쿼시 종목에서 200승 이상을 기록한 대학 코치인 저자가 두려움을 극복하는 코칭을 이야기하는 책이다. 사자들은 집단으로 사냥을 하는데 가장 늙고 힘없는 사자가 한쪽에서 으르렁거리면 그 반대편에 젊은 사자들이 매복해 있다가 도망가는 사냥감을 잡는다고 한다. 그래서 가장 안전한 곳은 으르렁 소리가 나는 방향이니, 두려움을 정면으로 맞서야 한다는 내용이었다.

뉴욕에서 큰 실패를 맛본 나는 한동안 주눅 들고 자신감도 바닥을 쳤다. 이런 것이 트라우마구나 싶었다. 선수들이 겪는 슬럼프와 입스YIPS도 이런 실패의 공포가 마음 바닥에 깔려서일 테다. 프로젝트의 실패도 상처였지만 두려움에 짓눌려 도피했다는 사실이 더욱 부끄럽고 참담했다. 이후 어떤 어려움이 닥친다 해도 적어도 도망가지는 않겠다는 원칙을 세웠다. 맞서 쓰러지는 편이 회피보다는 내상이 덜할 것이라는 확신이 들었기 때문이다. 실패할 수 있고 그에 따른 비난과 책임도 당당하게 수용하리라 다짐했다. 여러 어려움을 만날 때마다 불안함은 가득했지만 최대한 눈을 부릅뜨고 맞서려 했다.

그런데 희한한 일이 생겼다. 대부분 그 어려움이 해결되는 것이다. 문제에 더욱 집중하고 노려볼수록 뾰족한 방안이 퍼뜩 떠오르기도 하고 내 노력과 상관없이 저절로 문제가 사라지기도 했다. 운이 좋다고 하기에는 예외가 거의 없었다. 그런 상황을 거치면서 뉴욕의 아픈 기억들이 지워져가고 불안이 사라지기 시작했다. 문제를 헤쳐 나갈수록 두려움에 대한 역치가 늘어나고 더욱 강해지는 자신을 느꼈다. 두려움은 지극히 정상적인 감정이다. 피하지 않고 당당하게 마주하면 두려움은 슬그머니 꼬리를 내리며 물러가고 자신감이 서서히 모습을 드러낸다.

기업이나 브랜드가 추구하는 가치나 신념, 목적 등을 성명서 형식으로 정리한 글을 매니페스토manifesto라고 한다. 삼성 농구단을 처음 맡을 때 남자농구단의 매니페스토를 만들었다. 불안감이 사라지고 자신감이 솟아오르라는 나만의 주술이었다. 이 글을 읽는 모든 사람에게도 이 주술이 조금이나마 통하길 바란다.

두려움 따위는 없다
물러서는 방법을 모른다.
코트를 두들기고
경기장을 울려댄다

승리의 영광과 환호 속에서
팬과 동료에 감사하며
땀과 노력의 결과를 기뻐한다.
고요한 침묵의 밤이 지나면,
우리는 내일 또다시 세상을 울릴 것이다

우리는 썬더스다.

시너지를 만들라

팀워크라는 기술

농구는 포인트가드, 슈팅가드, 스몰포워드, 파워포워드, 센터(통상 1번에서 5번으로 칭한다)가 각자 역할에 따라 유기적으로 협력하며 공격과 수비를 진행한다. 다른 팀 스포츠들도 대부분 역할을 나누고 협업하는 구조이다. 다양한 포지션을 소화하는 다재다능한 선수도 간혹 있지만 일반적으로 선수는 하나의 역할에서 특별함을 보인다.

회사의 일들도 마찬가지여서 한 사람이 모든 업무를 다 잘하는 경우는 별로 없다(가끔 있기는 하다). 재능과 학습, 경험에 따라 특정 업무에서 특별함을 발휘한다. 그 특별함을 각각의 역할로 나눠서 서로가 협업하여 최선의 결과를 내는 것이 팀워크이다. 한 팀 안에서도 각자의 역할을 나누어 맡아 일하면서 함께 최고의 결과를 내기 위해 유기적으로 협업한다. 팀워크는 단순한 분업과는 다르다. 각자가 합쳐져 더 큰 효과를 만들어 내야 한다. 오케스트라의 연주처럼 서로 다른 악기들이 조화를 이루어 훨씬 크고 웅장하며 화려한 음악을 만들어야 한다. 그래서 팀워크에는 시너지라는 말이 따라 다닌다. 1 더하기 1은 2가 아니라 그 이상이 나오도록 목표를 삼는 것이다.

'줄다리기 실험'이 있다. 혼자서 줄을 당기면 10을 끌 수 있는데 10명이 모여서 줄다리기를 하면 100이 아닌 50만 끌 수 있다는 것이다. 프랑스의 엔지니어 링겔만이 한 실험으로 '링겔만 효과'라고도 한다. 팀을 이루면 책임이 분산되고 무임승차의 유혹이 따른다. 혼자 열심히 해도 팀으로 평가받는 이상 손해 보는 느낌이 강해진다. 하지만 오늘날의 고도화된 업무나 팀 스포츠는 줄다리기와는 많이 다르다. 맡은 역할이 각기 달라서 어디서 병목현상이 생겼는지, 어디서 연결선이 끊겼는지 쉽게 파악할 수 있기 때문이다. 팀 스포츠도 실시간으로 개인별 기록이 정확하게 나오기 때문에 무임승차는 있을 수 없다.

하지만 팀워크의 중요성을 다들 안다 해도 시너지를 내기는 어렵다. 기질과 주장, 플레이 스타일이 다른 프로들이 모여서 한뜻으로 일사불란하게 움직이는 일은 쉽지 않다. 이해와 배려, 희생과 이타심이 있어야 하고 여기에 팀워크라는 가장 고도의 기술이 있어야 한다. 처음에는 태도나 자세 같은 마음가짐에서 좋은 팀워크가 나온다고 생각했지만, 여러 경험을 통해 내가 내린 결론은 팀워크야말로 프로의 가장 높은 기술이라는 점이었다. A급 선수들은 경기장 밖에서의 친밀도와는 관계없이, 시합을 시작하면 사적 관계를 전혀 고려하지 않고 필요한 팀플레이를 펼친다. 말이 잘 통하지 않는 외국인 선수와도 좋은 호흡으로 경기를 이끌어간다.

농구에서는 수비를 따돌리고 기회를 만드는 가장 대표적인 방식이 2대2 공격이다. 보통 가드와 빅맨이 짝을 이루어 상대팀 2명의 수비진을 교란해 공격기회를 만든다. 대부분 가드 역할은 국내 선수가, 빅맨은 시즌 계약을 한 외국인 선수가 맡는다. 같이 오래 훈련하지도 않았고 말이 잘 통하지도 않지만 실력 있는 선수들은 호흡이 척척 맞는다. 팀워크는 고도의 기술이기 때문이다. 서로 친하고 플레이 스타일을 잘 이해하는 관계라면 더욱 좋지만 진짜 고수는 그런 것에 큰 영향을 받지 않는다. 원수지간이 아닌 한 사적으로 불편한 관계라 해도 경기장 내에서는 상관하지 않는 것이 진짜 프로의 자세이다.

매년 바르셀로나에서는 MWC라는 세계적인 통신 관련 행사가 열린다. 전 세계 통신 관련 업계의 주요 관계자들이 모여 여러 회의와 신제품을 발표하고 주요 제품을 전시한다. 행사 관련한 삼성전자의 업무를 대행하면서 10여 년 넘게 매년 바르셀로나를 방문했다. 스페인 카탈루냐 지역에 있는 바르셀로나는 카바cava라고 불리는 화이트와인과 가우디의 건축으로 유명하

인간탑쌓기. 협업의 시너지는 마음가짐뿐 아니라 철저한 설계와 그것을 실행하는 다양한 기술과 훈련이 필요하다. © Tanaonte Dreamstime.com

다. 카탈루냐어라는 고유 언어가 있으며 스페인 내에서도 매우 독립성이 강한 지역이다. 이곳은 스페인의 대표 이벤트인 투우가 금지된 대신 유네스코 문화유산으로 지정된 '인간탑 쌓기

Castells'가 유명하다.

18세기 말부터 시작되었다는 이 특별한 이벤트의 탑 쌓는 영상은 아찔하고 놀랍다. 100명에서 200명 정도의 어른과 아이들이 모여 등과 어깨를 타고 오르며 5개 기단을 만드는 멋진 장관을 연출한다. 인간탑의 기술은 오늘날 응원이나 곡예에서 자주 활용된다. 농구 경기장에서 하프타임 이벤트 때 작은 규모의 인간탑을 가끔 볼 수 있는데 맨 위쪽에 올라가 있는 작고 여린 여성이 힘껏 뛰어올라 공중곡예를 하며 내려오는 모습을 보면 순간 가슴이 철렁할 정도이다.

인간탑을 쌓는 과정을 보면 협업의 시너지는 마음가짐뿐 아니라 철저한 설계와 그것을 실행하는 다양한 기술과 훈련이 필요하다는 사실을 알 수 있다. 인간탑이 오랜 역사와 전통을 지닐 수 있었던 것은 공동체 안에서 모두 함께하는 협업 정신이 독특하고 장대한 형식으로 표현되는 특별한 광경이기 때문이다.

인재영입의 기준

삼성 경영철학의 핵심은 인재제일이다. "한 명의 천재가 백만 명을 먹여 살린다"라는 이건희 회장의 유명한 말은 이를 단적으로 보여준다. 그래서 늘 우수한 인재의 영입에 심혈을 기울인다. 프로 스포츠에서도 우수 선수 영입은 구단 운영의 핵심 과제이다.

하지만 트레이드나 FA에서 뛰어난 선수를 영입했는데 생각보다 기대에 미치지 못하는 경우가 종종 발생한다. NBA에서 뛰었던 유명 선수가 국내 리그에 온다고 해서 잔뜩 기대했는데 크게 실망한 적도 있다. 2021-22시즌에 외국인 선수가 큰 부상을 입는 바람에 대체 선수를 찾아야 했다. 코로나가 한창일 때라 외국 선수가 국내에 들어올 때는 열흘간 의무 격리해야 했기에 한시가 급했다. NBA 드래프트 1라운드 5순위로 선발되어 5년간 NBA 선수로 활약했던 선수가 대상자로 올라왔다. 5년간 다섯 개 팀을 옮겨 다녔고 어린아이 같은 성향이 있다는 에이전시의 의견이 조금 찜찜했지만, NBA 드래프트 1라운드 5순위라는 놀라운 이력은 모든 단점을 상쇄하고도 남았고 무엇보다 시간이 촉박했다. 그 결과는 참담했다. 한국 농구를 몇 수 아래로 보던, 자만심 가득한 그는 팀플레이나 승패 따위는 안중에도 없었다. 혼자서 제멋대로 원맨쇼를 하던 황당한 그의 플레이를 보면서 그제야 왜 매년 팀을 옮겨다녔는지, 어린아이 같다는 말이 무슨 뜻인지 알게 되었다. 지금도 생각할수록 씁쓸한 기억이다. 팀이 아닌 선수만 봤던 큰 실책이었다. 프로의 세상에서 '실력은 좋은데 팀워크가 약하다'라는 말은 성립될 수 없는 문장인 것이다.

체험 마케팅을 담당하던 시절도 마찬가지였다. 수많은 노력과 꼼꼼한 검토를 통해 우수한 인재를 영입했다고 생각했는데 기대에 미치지 못할 때가 있었다. 특히 외국에서 선발한 경우 실패가 더 잦았는데 대부분 팀플레이의 문제였다. 그가 해외에서 큰 성과를 이룬 건 사실이지만 그건 그와 함께한 팀과 체계 안에서 가능한 일이었고 전혀 다른 사람들과 조직문화, 새로운 시스템에서는 그때 같은 성과를 보장할 수 없었다. 몇 번 시행착오를 겪으면서 팀플레이에 대한 생각이 넓어졌고 실수는 많이 줄어들었다.

멀티 디서플리너리

나는 체험 마케팅의 크리에이티브 그룹을 담당하면서 다양한 전문가들의 협업 시스템을 시도했다. 당시 외국 전문업체들에서는 이런 체제를 '멀티 디서플리너리Multi-Disciplinary'라는 용어로 칭했다. 한때 유행한 하이브리드나 융합, 크로스오버와 비슷하지만 전문성과 협업이 강조되는 면이 차이점이다. 단어가 길고 복잡하니 MD라고 줄여 부르자.

인터넷을 찾아보면 MD는 종합병원에서 많이 쓰인다. 한 명의 환자를 여러 전문 의사가 협동 치료하는 시스템을 가리킨다. 현대 의학은 매우 발전했고 전문화되었지만, 전문화된 만큼 폭이 줄어든다. 하나의 중증 질환 치료를 위해 다양한 의학 전문가들의 협업이 필요하다. 이런 시스템은 크리에이티브 영역에도 널리 퍼져갔다. 광고 크리에이티브 영역도 TV나 라디오, 신문, 잡지가 주요 매체였던 예전에는 텍스트 언어를 다루는 카피라이터와 이미지 언어를 다루는 아트 전문가의 협업 체계가 주를 이루었다. 하지만 세상의 모든 것이 매체가 된 오늘날 광고 메시지를 효과적으로 전파하려면 훨씬 더 많은 종류의 전문가들이 필요해졌다.

내가 오랫동안 같이 일했던 영국의 이미지네이션Imagination사는 20여 종의 전문직종이 있음을 큰 장점으로 강조하며 내세웠다. 각자 고유 영역의 전문성을 가진 직종으로, 전에는 협업한 전례가 별로 없었다. 팬타그램Pentagram이라는 영국 디자인 회사는 다양한 전문가 협업의 대표적인 회사로 꼽힌다. 몇 번 같이 일할 기회가 있어서 방문하고 협업을 추진했지만 구체적인 업무로 진전되지는 않았다. 보통 디자인 회사는 건축, 인테리어, 제품, 출판, 그래픽 등 전문 영역으로 특화되어 운영하는데 팬타그램은 모든 분야의 디자이너가 함께 모여 있다. 각자의 전문 영역에서도 일하지만, 이 회사의 진가는 다양한 디자인 영역이 합쳐져 진행하는 대형 프로젝트에서 발휘된다. 일례로 대형 항공사가 회사 로고와 슬로건을 바꿔서 소비자에게 새로운 브랜드로 다시 인식시키는 리브랜딩을 추진할 경우 이를 실행하는 업무 영역은 대단히 넓다. 새로운 로고와 슬로건에 부합하는 색채와 서체, 이미지 등을 개발하고 항공기의 외장과 내장, 수속 카운터, 라운지, 기내지, 승무원 유니폼, 홈페이지, 소셜미디어 등 고객과의 모든 접점에 일관성 있게 적용해야 한다. 하나의 디자인 영역으로는 불가능하며 다양한 디자이너의 협업으로만 가능한 일이다.

그들은 20여 명의 파트너라 불리는 리더들과 각 분야 디자이너들을 프로젝트 성격에 따라 팀을 조합하여 수행한다. 파트너들은 자기 분야에서 수십 년이 넘는 경력을 쌓은 베테랑이다. 다양한 디자이너를 큰 조직 안에 모아 놓고 필요에 따라 선택적으로 탄력 있게 조합하여 프로젝트를 진행한다. 이런 방식을 풀POOL제라고 하는데, 이론적으로는 매력적인 방법이지만 실제 운영에는 많은 걸림돌이 존재한다. 체계적으로 잘 준비하지 않으면 오히려 마이너스의 시너지가 발생할 수 있다.

광고계에서 세계적 에이전시로 명성을 떨치고 있는 시드 리Sid Lee는 1993년 캐나다 몬트리올에서 법과 디자인을 전공한 두 친구가 무일푼으로 시작한 회사이다. 그들은 일찍이 다양한 전문성을 통한 MD 방식을 통해 기존 광고업계의 서비스를 넘어선 신영역을 개척하고 새로운 솔루션을 제공함으로써 명성을 얻었다. 전통적인 광고 캠페인 외에 패키지와 CI 같은 브랜딩 디자인, 건축과 리테일 디자인, PR, 디지털 솔루션, 웹사이트, 전자상거래, 콘텐츠 제작, 이벤트 등 기존 광고대행사가 다루지 않는 새로운 영역의 서비스를 일찍부터 확장했다(요즘은 많은 대행사가 이런 영역으로 확장하고 있다). MD를 잘 활용하면 하나의 뿌리에서 가지를 넓게 확장하고 다양한 열매를 맺을 수 있다.

내가 담당했던 크리에이티브 그룹에서 진행한 MD 방식은 국내 어디에서도 쉽게 제공할 수 없는 특별한 결과물들을 내놓았다. 내가 경험한 프로 생활 중 가장 의욕과 자신감이 넘치던 시절이었다. 재료를 섞어 어떤 요리라도 내놓을 수 있을 것 같은 만능 요리사가 된 기분이었다. 하지만 이 방식을 운영하기란 결코 쉽지 않았다. 프로젝트에 따라 어떤 전문가는 주연을, 어떤 전문가는 조연을 맡아야 하기 때문이다. 조연의 역할을 맡은 프로들은 최선을 다할 의욕이 줄어든다. 중심 역할을 하고 싶은 것은 건강하고 당연한 욕심이다.

누구나 주전 공격수가 되고 싶어 한다. 하지만 최고의 프로 선수는 자신의 득점보다 더 좋은 기회가 있는 선수에게 어시스트를 할 줄 아는 사람이다. 그런 문화가 자리 잡으면 기회를 잡은 내게도 누군가가 어시스트를 해줄 것이다. 다행히 나와 같이했던 선수들은 감독의 요청에 따라 어시스트를 잘할 줄 알았고 내 어깨에 잔뜩 힘을 실어주었다.

허슬 플레이

농구에서는 허슬 플레이라는 말이 자주 사용된다. 라인 밖으로 나가는 공을 살리기 위해 위험을 무릅쓰고 몸을 던지거나 리바운드, 스틸 같은 어려운 역할에 열정적인 에너지를 쓰는 플레이를 말한다. 기록지에도 잘 나타나지 않고 육체적인 피로감이 몹시 커서 쉽게 내키지 않는 역할이지만, 허슬 플레이가 돋보이는 특정 선수들이 있다. 이들은 팀의 사기와 승리에 대한 의지를 높이며 결정적인 순간에 경기 흐름을 바꾸는 긍정 에너지를 내뿜는다.

기록과 상관없이 감독들은 이런 선수들을 높이 평가한다. 설령 실력이 출중하지 않아도 이들은 자주 코트에 등장한다. 팀 사기를 위해서도 다른 선수들의 동기부여를 위해서도 이런 선수에게 출전 기회를 더 부여한다. 경기장 밖에서 펼쳐지는 양 팀의 벤치 싸움도 선수들의 사기에 큰 영향을 미친다. 이들은 경기 내내 코트에서 뛰는 선수들을 열정적으로 응원하고 독려한다. 작전 시간 같은 잠깐의 휴식 시간에는 주인을 모시는 하인처럼 음료와 수건을 챙기며 숨을 헐떡이는 선수들의 빠른 회복을 돕는다. 리그에서 상위권 성적을 유지하는 팀들은 예외없이 벤치의 분위기가 좋다. 경기를 직접 관전한다면 양 팀의 벤치를 살펴보는 것도 좋은 구경일 것이다.

우리 주변에도 이런 허슬 플레이어나 헌신적인 벤치 멤버들이 있다. 자신의 손해를 감수하면서까지 다른 사람을 챙기고 위한다. 지인의 생일과 기념일을 먼저 축하하고, 인연이 있는 사람들의 모임을 준비하며 여러 수고를 마다하지 않는다. 주변 사람들의 좋은 소식에 자기 일처럼 기뻐하고 안 좋은 소식에는 위로하고 아픔을 같이한다. 힘들어도 늘 밝은 얼굴로 사람을 대하고 쉽게 푸념하고 투정 부리지 않는다.

조직에도 허슬 플레이어가 있다. 가장 먼저 나와서 자료를 정리하고 회의를 준비한다. 후배를 함부로 대하지 않고 형제처럼 챙겨준다. 다른 사람과 업무량을 비교하지 않고 어렵고 힘든 일을 기꺼이 맡아 한다. 항상 밝고 긍정적인 목소리로 조직의 사기를 높이고 팀의 결속을 다진다. 소리 없이 널리 퍼지는 향기처럼 남들을 즐겁게 하고 활력을 더해주는 고마운 사람들이다. 높게 평가하지 않을 수 없다. 스스로도 늘 그런 사람이 되고자 하지만 욕심과 경쟁심, 본능적인 이기심이 불쑥불쑥 솟아나 허슬 플레이를 방해한다.

다녀오면 에너지가 충전되는 모임이 있는가 하면 힘 빠지는 느낌이 드는 모임도 있다. 유독 대화하면 말이 잘 통하고 뜻이 잘 맞는 사람도 있다. 영어권 사람들이 "케미스트리Chemistry가 잘 맞는다"는 표현을 사용하는데 요즘은 일상에서도 '케미가 좋다'는 말이 자주 들린다. 서로 잘 통하면 몸속에서 어떤 화학적 반응이 일어나 기분이 좋아지고 활력이 올라간다는 의미일 거다. 사람마다 기운이 달라서 서로 주기도 하고 뺏기도 한다는 동양철학적 설명도 있고, MBTI로 성격에 따른 해석을 하기도 한다. 파동의 간섭이라는 심오한 양자역학적 설명도 들어봤다.

무엇이 작용하는지는 정확히 알 수 없어도 만능 케미 능력을 갖추고 주변에게 긍정 에너지를 전해주는 사람은 분명 있다. 이런 사람과 같이 하면 모두 에너지 레벨이 올라간다. 사기가 오르고 의욕에 불이 지펴진다. 사회 초년기 시절 나는 조용히 있으면 어디 아프냐, 화났냐 같은 소리를 종종 들었다. 성격도 딱딱한 편이고 세상에 호의적이지 않았으니 어두운 에너지가 새어 나왔을 것이다. 안 좋다는 걸 알아서 고치려 노력했지만 기질이 쉽게 바뀌진 않는다. 다행히 시간이 지나면서 세상에 대한 이해도 늘고 좋은 사람들을 많이 만나면서 점차 좋아진 듯하다.

허슬 플레이는 긍정 에너지와 같은 뜻이다. 최상급 프로는 자기 플레이뿐 아니라 팀의 다른 선수 플레이에 긍정적 영향을 미치고 팀의 사기와 의욕을 고취시킨다. 스포츠 구단에서의 주장이나 팀의 고참은 이런 기질, 아니 기술이 매우 중요하다. 나쁜 에너지는 전염병처럼 금방 번지고 조직을 병들게 만든다. 감독이나 팀장이 아버지의 역할이라면 주장과 팀 내 고참들은 큰형의 역할을 맡아 긍정적 에너지를 채우는 허슬 플레이를 해야 한다. 어린 선수들을 다독이고 상처받은 선수들을 끌어 안아준다. 파이팅을 외치고 솔선수범하며 적진에 먼저 뛰어든다. 조직에는 강한 신뢰감이 형성되고 사기가 오르며 긍정 에너지가 전파된다. 그러면 좋은 에너지 순환이 일어난다.

프로젝트 관리

루틴과 프로젝트

프로의 훈련에 프로젝트 관리라니, 뜬금없게 느낄 수도 있다. 프로젝트는 특정 업종에서 진행하는 특정 업무 같지만, 우리가 하는 일을 자세히 뜯어보면 대부분 프로젝트인 경우가 많다. 프로젝트는 목표가 명확하고 완료해야 하는 시점이 정해져 있다. 반면 매일 같은 형식으로 기한 없이 진행되는 일을 루틴이라고 한다. 신도시를 만들고 첨단제품을 개발하는 것처럼 오랜 시간과 막대한 예산이 투입되는 프로젝트도 있지만, 집안의 인테리어나 포스터 제작 같은 단순하고 짧은 일정으로 진행되는 프로젝트도 있다.

우리 일의 대부분은 루틴과 프로젝트로 이루어져 있다. 매일

반복적으로 진행해야 하는 루틴의 업무들이 있고, 목표와 기한을 두고 진행해야 하는 프로젝트들이 있다. 실상 우리의 삶 자체가 프로젝트와 루틴이 결합한 형태라고 할 수 있다. 루틴에는 식사, 수면 같은 본능적 행위와 건강 및 재산 관리 같은 좋은 습관의 훈련이 필요한 것들이 있다. 거기에 이사, 결혼, 여행처럼 목표와 기한, 예산이 필요한 프로젝트들이 루틴 사이로 매듭처럼 자리한다.

광고대행사에서 주로 하는 프로젝트는 캠페인이라 불린다. 캠페인은 군사 작전이라는 의미이지만, 오늘날에는 사회적·정치적 변화를 목적으로 일정 기간 진행하는 일련의 활동을 뜻한다. 캠페인의 주 활동은 대부분 특정 메시지를 계획하고 특정 시간 동안 널리 알리는 것이다. 그래서 광고와 선거에서 캠페인이라는 말을 자주 사용한다. 광고 캠페인은 넓은 대상에게 전달력이 큰 다양한 매체를 폭넓게 활용하기 때문에 그 안에 여러 프로젝트로 분화되어 집행한다.

고객과 직접 대면하는 체험 마케팅의 경우 매체가 다양하기보다는 대규모 단일 프로젝트로 진행된다. 그래서 캠페인보다는 프로젝트라는 용어가 자주 사용되었다. 농구단에서의 업무도 대부분 프로젝트이다. 매년 목표와 예산을 설정하고 시점에 맞추어 선수단을 구성하고 훈련을 지원하며 홍보와 경기장 운영을 준비한다.

어떤 일을 하든, 나아가 일상생활에도 프로젝트 관리 능력은 매우 요긴하고 필요한 기술이다. 동료들 중에는 결혼이나 출산, 다른 개인 사유로 직장을 떠난 사람들이 있다. 프로젝트를 잘 진행하던 사람들은 일을 하지 않아도 자기 삶을 잘 관리해 나간다. 장기간 여행을 하든, 새로운 공부를 시작하든, 목표를 세우고 일정을 관리하는 기술은 언제 어디에서나 꼭 필요하다.

프로젝트 관리는 역사적으로도 오랫동안 발전해온 학문으로, 전문 자격증 제도도 있고 관련 소프트웨어나 솔루션도 다양하다. 규모가 큰 건설 프로젝트 관리는 하나의 산업군을 이룰 정도이며 프로젝트 관리를 전문으로 하는 PM이 조직 내 별도로 운영되는 경우도 적지 않다.

여기서는 프로젝트 관리의 원론적이고 학문적인 내용을 논하지는 않을 것이다 (고백하자면 그 내용을 체계적으로 학습한 적이 없다. 원론에 관심 있다면 관련 도서도 많고 인터넷에도 관련 정보가 꽤 많으니 학습해 보시길…). 그 대신 다양한 프로젝트를 경험하면서 느끼고 알게 된, 보편적이며 실전적으로 사용 가능한 여러 방법과 조언들을 순서 없이 이야기하려 한다.

뚜렷한 목표

모든 프로젝트에는 목표가 있다는 사실을 모르는 사람은 없다. 하지만 일에 열중하다 보면 정작 목표가 희미해지는 경우가 많다. 촉박한 시간과 예산을 다투는 실제 업무에서 목표는 뜬구름같이 느껴지기도 한다. 처음 기획 단계부터 목표는 형식적으로 적당히 세워 놓고 구체적인 실행 계획에 시간을 더 써야 깊이 있고 단단한 프로젝트가 된다고 생각하는 사람들도 많다. 목표는 자기가 더 알고 있으니 설명할 필요없다는 광고주도 있다.

하지만 나는 후배들의 기획서를 검토할 때 늘 목표Goal, 대상Target, 메시지를 구체적으로 특정하라고 부단히 요구했다(나중에 내 별명이 '골타깃메시지'였다는 얘기를 들었다). 목표 없이 가는 길은 의미가 없다. 프로젝트에 큰 비용과 시간을 투입하는 이유는 특정 목표를 이루기 위해서이다. 목표가 있어야 일의 기준과 선택의 잣대를 세울 수 있다. 아이디어에 확신을 부여하고 클라이언트와 동료를 설득하는 논리가 뚜렷해진다. 그러니 목표 설정에 많은 고민과 노력을 기울여야 한다. 목표는 구체적이고 명료하며 도전적이어야 한다. 계량화하면 좋다고 하지만 정성적으로도 충분히 구체화할 수 있다.

체험 마케팅은 '집객'이라는 말을 자주 사용한다. 요즘은 현장과 디지털을 접목해 온라인과 오프라인 체험을 연동하는 옴니채널이라는 개념이 대세이지만 체험 마케팅은 현장에서의 고객 경험이 여전히 중요한 마케팅 도구이다. 현장에서의 체험 마케팅은 많은 고객에게 특별한 경험을 제공해 브랜드와 소비자 간에 감성적인 연계를 이끌어낸다. 그래서 체험 마케팅에서는 많은 사람을 브랜드 공간으로 유인하는 다양한 방법을 사용하는데, 이런 집객 과정에서 실수가 자주 발생한다. 집객에는 이벤트와 경품 등을 많이 활용하는데 단순히 집객에만 몰두하다가 브랜드 성격이나 목표와는 전혀 관련 없는, 집객을 위한 집객이 되는 것이다. 집객을 위해 화려한 공연과 값비싼 경품을 제공하지만 정작 브랜드 메시지나 상품, 서비스의 효용은 그 집객 장치에 묻혀버리고 만다.

TV 광고에서도 단순히 이슈를 만드려는 욕심으로 정작 제품과 서비스보다는 출연자나 특정 상황, 유행어만 기억되는 사례들도 많다. 나의 이 직업병은 결혼식 같은 단순한 일상 행사에서도 발현되어, 어떤 의도로 준비했는지 살펴보게 된다. 마음속으로 크게 환호하는 경우도 있지만 실망한 적도 많다. 여행이든 결혼이든 돌잔치이든 의미 있는 목표를 가지고 치러내면 그 이벤트는 훨씬 값지고 소중한 추억이 된다.

목표가 뚜렷해야 프로젝트 결과의 평가도 객관적으로 냉정하게 이루어진다. 프로젝트의 성패를 광고주나 상사의 주관적인 평가에만 의존한다면 깊은 내공을 키우기 어렵다. 진짜 평가는 스스로 내려야 하며 그 기준은 자신이 수립한 목표에서 출발한다. 명심하자. 프로젝트의 시작은 명확한 목표이며 진행 과정에서 이를 끊임없이 상기해야 한다.

전략적 접근

전략은 전쟁의 승리를 위한 군사용어이지만 지금은 여러 분야에서 다양하게 사용된다. 일상적으로 사용하다 보니 이해할 수 없는 결정을 설명하면서 전략적 결정이었다는 근거 없는 방어수단으로 쓰기도 한다. 목표를 위한 계획과 조직구성 등을 뜻하는 전략은 모든 프로젝트에 반드시 필요한 요소이다. 광고대행사에서도 전략은 크리에이티브와 더불어 조직 역량을 평가하는 핵심 속성이다. 스포츠에서도 공격과 수비를 위한 여러 전략을 준비한다. 팀이 시즌 내내 운영하는 큰 전략, 경기별로 상대 팀에 따라 준비하는 세부 전략 등이 있다.

누구나 전략을 준비하지만 상투적이고 형식적인 경우가 많다. 그러는 원인은 게으름 때문이다. 훌륭하고 잘 짜여진 전략 덕에 성공할 때도 있지만 그렇지 않을 때도 있다. 세상일이 다 그런 것이니 최선을 다한 전략이 실패해도 어쩔 수 없다. 그러나 정답은 없다고 해도 잘 준비한 전략이 있으면 성공 가능성은 훨씬 커진다. 사실 내가 강조하고 싶은 것은 전략보다는 전략적 접근Strategic Approach이라는 개념이다. 전략적 접근은 일의 설계 과정이라고 할 수 있다. 전략을 만드는 상황에서뿐만 아니라 프로젝트 시작부터 끝까지 늘 필요한 과정이다. 전략적 접근은 내가 가진 자원을 파악하고 상대와 상황을 냉정하게 분석해 일을 설계하고 업데이트를 지속하는 과정이다.

일 잘하는 사람과 그렇지 않은 사람의 차이는 대부분 여기서 나온다. 일단 삽부터 들고 땅을 파는 것이 아니라 파야 할 땅의 크기와 깊이, 지형, 지질들을 확인하고 일하는 순서와 방법을 그려본 후에 삽을 드는 것이다. 집안일을 하든 대형 프로젝트를 진행하든 기본 기술은 다르지 않다. 전략적 접근은 일하는 방식의 습관이 되어야 한다.

프레임워크

프레임워크는 주로 소프트웨어 개발 분야에서 사용하는 용어이다. 소프트웨어 개발의 체계를 만들고 지원하는 구조인데, 그 분야는 문외한이라 자세히는 모르지만 그 필요성은 충분히 이해할 수 있다. 복잡한 소프트웨어 개발에서 일종의 기술적인 템플레이트를 제공함으로써 작업 속도를 올리고 실수를 줄여주는 것일 테다. 나는 복잡한 프로젝트를 진행할 때 이런 개념을 활용한다. 프로젝트 이해 관계자가 많고 요구사항이 서로 다를 때, 프레임워크를 통한 접근은 매우 요긴하다. 삼성전자의 해외 전시회 준비를 사례로 알아보자.

여러 사업부의 의견을 모두 반영하여 전시장을 만들기란 여간 어려운 일이 아니다. 각 사업부의 제품과 서비스를 돋보이게 하면서 사업부 간의 서사를 연계하고 사업부 전체가 모여

하나의 브랜드 가치를 통일감 있게 보여주는 일은 복잡한 퍼즐을 맞추기보다 힘들다. 이때 몇 번의 시행착오를 거쳐 활용한 방식이 프레임워크이다.

나는 이 방법을 설명할 때 주방 싱크대에 수저와 젓가락, 포크 등이 들어 있는 서랍 통을 예로 든다. 영역별 프레임으로 나누어진 서랍 통에 숟가락과 젓가락, 포크 등이 자기 영역에 널브러져 있지만 전체적으로는 조화를 이루어 잘 정리되어 있다. 전체적으로 설득력 있는 논리를 갖춘 프레임을 만들어 일차적인 전체 합의를 이끌고 각 영역 안에서 사업부의 의견을 충분히 소화하는 형식이었다. 사업부 간의 작은 디테일의 차이는 전체 구조에 영향을 미치지 않고 큰 브랜드 메시지와 작은 사업부 메시지들이 균형을 이루며 업무도 매우 효율적으로 진행되었다. 아파트를 세대별로 구분한 후 다시 벽체로 나눠 각자의 집을 마음껏 꾸미는 것과 비슷하다.

이런 프레임워크 방식은 다양한 프로젝트에서 물리적으로나 개념적으로 폭넓게 사용할 수 있다. 큰 뼈대와 규칙을 먼저 만든 후 거기에 살을 붙이고 디테일을 만들어가는 것이다. 프로젝트 진행, 조직 구성, 스포츠 경기의 전술을 만들 때도 매우 유용한 방식이다. 어찌 보면 당연한 이야기지만 이 방법을 체계적으로 적용하는 사례를 많이 접하지는 못했다. 프레임 만들기는 생각보다 쉽지 않기 때문이다. 프로젝트를 깊이 있게 이해할 수 있어야 하고 이후 프레임에 어떤 디테일들을 접목할 수 있는지 그 윤곽을 미리 그릴 수 있어야 가능한 일이다.

승부를 가르는 한 끗, 디테일

오래전 스타트업이 한창 화두였던 시절, 임원 대상으로 외부 강사를 초빙해 강연을 열었다. 다양한 스타트업에 투자하면서 2~3개의 스타트업 회사를 직접 운영하는 CEO였는데 '광고의 미래' 비슷한 내용으로 광고쟁이들의 불안을 자극하는 강좌였다. 강의 말미의 질의 시간에 한 임원이 '제일기획을 위한 신사업 아이디어 같은 것은 없냐'고 물었다. 대단한 아이디어를 기대하기보다는 어떤 답변을 할지 궁금해 가볍게 던진 질문이었을 것이다. 그런데 강연자의 답변은 매우 인상적이었고 공감이 컸다. "여기 계신 임원분들 2~30명이 2시간만 회의하면 아이디어가 수십 개는 나올 겁니다. 하지만 신사업은 아이디어가 아니라 타이밍과 디테일이 핵심입니다." 경험에서 나오는 정확한 대답이었다. 누구나 특별한 아이디어를 낼 수 있지만 승부는 디테일에서 나온다. 진짜 프로들과 아마추어의 차이점은 실행 가능한 디테일의 유무이다.

명품과 짝퉁은 언뜻 보면 크게 차이 나지 않는다. 몇십만 원짜리 식탁과 천만 원 가까운 식탁도 비슷한 재료와 형태를 갖추고 있다. 차이를 만드는 것은 재료도 있지만 디테일의 힘이 크다. 디테일을 만드는 것은 풍부한 경험과 높은 품질을 위한 섬세하고 열정적인 장인정신이다. 명품을 만드는 디테일은 와인을 숙성하거나 위스키를 증류하는 것과 유사하다. 같이 일하던 한 후배의 남편은 스코틀랜드 사람으로 위스키 제조의 장인이다. 원료가 같아도 섬세하고 정성스러운 발효와 증류 공정에 따라 완연히 다른 품질의 위스키가 탄생한다고 한다. 세상의 모든 품질은 디테일의 싸움이다.

나는 여러 나라의 목수들과 많이 일했지만 최고를 꼽으라면 독일 목수들이다. 독일의 목수는 일회용 박스도 가구처럼 만든다는 말이 있을 정도로 완벽한 제작을 추구한다. 자기 기준이 높아서 디테일이 없는 품질 낮은 제작물은 스스로 용납하지 못하기 때문이다. 성공적인 프로젝트는 좋은 기획에서 시작하지만 최종 승패는 디테일에서 갈리고, 디테일은 프로젝트를 최고로 만들기 위한 열정과 헌신에서 나온다. 독일의 유명 건축가 미스 반 데어 로에의 명언대로 "신은 디테일에 있다God is in the detail."

기대 관리

프로젝트에서의 관리는 주로 시간과 예산 그리고 품질에 대한 것이다. 기대 관리라는 말은 얼핏 들으면 사람들을 현혹하는 생소한 용어 같다. 프로젝트를 둘러싼 이해 관계자들에게 프로젝트 결과에 대한 기대 수준을 관리하는 것을 말한다. 어떤 일의 결과를 평가할 때 평가자들은 주로 주관적인 자신의 기준을 따른다. 그 주관적인 기준은 프로젝트에 대한 각자의 기대치이다. 사례가 많은 프로젝트의 경우에는 평가자들의 기대 수준이 비슷하지만, 전례가 없거나 결과를 예측하기 어려운 일의 경우 평가는 각자 극명하게 갈린다.

체험 마케팅을 의뢰하는 광고주들은 한 번도 한 적도, 본 적도 없는 특별한 경험을 종종 요청한다. 어려운 일이지만 체험 마케팅에서 특별함을 통해 화제를 불러일으키고 싶은 요구는 지당하다. 광고주의 제품이나 서비스에 따라, 타깃의 범위나 속성에 따라, 지역과 예산과 일정에 따라 천차만별의 아이디어가 나오고 프로젝트로 실행된다. 정확한 결과는 미지수이지만 오랜 경험을 쌓다 보면 프로젝트 결과를 어느 정도는 예상할 수 있다. 이를 프로젝트의 이해 관계자들과 공유해야 한다.

결과에 대한 과도한 자화자찬식 평가나 수동적이고 방어적인 업무 태도는 피해야 하지만, 어렵게 진행한 프로젝트가 저평가되는 억울함을 사전에 차단할 필요도 있다. 실제로 업무를 진행하는 내부 관계자들에게는 목표 수준을 조금 더 높이고 외부 평가자들에게는 기대 수준을 조금 더 낮추는 것은 비겁한 일이 아니라 비즈니스의 기본 기술이다.

내 아내는 자주 “소금을 너무 넣었다”, “너무 오래 끓였다” 등 음식을 망쳤다고 투덜대면서 식사를 준비한다. 그런데 먹어 보면 기대보다 훨씬 양호하다. "괜찮은데? 맛있는데?"라는 말이 절로 나오는 동시에 머리 한쪽에는 기대 관리의 선수급이라는 생각이 떠오른다.

삼성그룹의 오너(상장회사에는 맞지 않는 용어이고 개인적으로 싫어하지만 대부분 이렇게 부른다)라고 할 수 있는 이서현 사장이 제일기획에서 근무한 적이 있다. 좋은 집안에서 자랐고 뉴욕에서 디자인을 전공한 그녀는 프로젝트 품질 수준에 높은 기대치를 가지고 있다. 한번은 출장 중에 대화를 나누었는데 얼마 전 완료된 정부 발주의 특정 프로젝트 결과에 크게 아쉬움을 토로했다. 내가 담당한 프로젝트는 아니었지만 상황을 잘 알고 있어서 조심스럽게 현실의 한계를 설명했다. "모든 프로젝트 결과에 대한 광고주의 기대 수준은 다르다. 예산과 일정이 부족한 공공 프로젝트는 사기업이 진행하는 프로젝트와는 태생적으로 차이가 날 수밖에 없다. 대행사의 프로젝트 성공 기준은 광고주 만족도인데 해당 광고주는 크게 만족했다." 뒤이은 그녀의 답변은 명쾌했다. "그럼 그런 프로젝트는 하지 마세요." 현실의 비즈니스를 외면하는 거 아닌가 하는 생각이 들면서도 딱히 반박할 수 없었다. 사실 그 말이 정답이다. 결과가 일정 수준 이하라고 확실히 예측되는 프로젝트라면 하지 않는 것이 맞다.

프로는 수준 낮은 품질을 참지 말아야 한다. 그래야 내공과 평판을 제대로 쌓아갈 수 있다. 현실의 한계 때문에 어쩔 수 없는 상황들은 있겠지만, 쉽고 만만한 일만 찾아다녀서는 안 된다. 기대 관리는 결과에 대한 공정한 평가를 위해서도 필요하지만 나의 평판과 장기적인 성장을 위해서도 늘 고려해야 한다. 사족이지만 가족이나 친구 등 인간관계의 문제도 기대치에 대한 인식의 차이로 발생하는 경우가 많다. 타인에 대한 기대는 조금 낮게, 자신에 대한 기대는 좀 더 높게 설정하면 인간관계에서도 다양한 문제를 피할 수 있다.

철의 삼각형

기대 관리라는, 약간은 비즈니스 기술 내용을 말한 김에 하나 더 살펴보자. 앞에서도 언급했던 경험 디자인 전문업체인 영국의 이미지네이션은 이 분야에서는 꽤 유명하고 규모 있는 회사이다. 디자인만 제공하기도 하지만 구체적인 실행 작업도 진행한다. 우리는 이를 '턴키'라고 하는데 그들은 '디자인빌드'라는 용어를 사용했다. 상당히 많은 전문직종을 보유한 이미지네이션은 디자인빌드를 위해서 특화된 PM 조직도 갖추고 있었다. 그들은 노련하고 경험이 풍부하며 위기관리에 능한 사람들이다. 특히 나와 오랜 인연을 맺은 데이비드 제임스는 여러 프로젝트를 같이 진행했고 나이도 비슷해서 제법 친하게 지냈다.

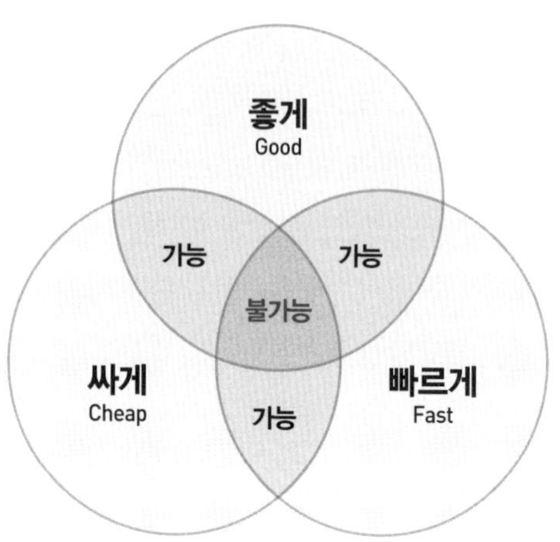

프로젝트 관리에서의 철의 삼각형.
진정한 프로는 철의 삼각형을 모두 가능하게 만들어야 한다.

그는 미국과 유럽의 기업별 특성이나 자신만의 클라이언트별 대응 방법 등을 알려주곤 했다. 그중 인상 깊었던 것은 철의 삼각형Iron Triangle에 대한 이야기이다.

본래 철의 삼각형은 의회와 관료, 군수업체와 같은 이익집단의 짬짜미식 유착 구조를 의미했다고 한다. 이후 철의 삼각형은 다양한 분야에서 다양한 형식으로 사용되었다. 데이비드가 말하는 프로젝트 관리에서의 철의 삼각형은 빠르게Fast, 싸게Cheap, 좋게Good로 구성된 삼각형이다. 모든 프로젝트에서 모든 클라이언트는 이 셋을 다 원한다.

그럴 때 데이비드는 철의 삼각형 그림을 보여주며, 셋 다 들어줄 수는 없지만 두 가지를 고른다면 그것은 반드시 해주겠다고 한다는 것이다. 이 삼각형 그림을 보여주며 설명하면 누구나 셋을 동시에 이루기란 불가능하다는 점을 이해하고 상황에 맞춰 두 가지를 선택한다고 했다. 그래서 나도 필요에 따라 이 그림을 적절히 사용했다.

그런데 문제는 시간이 지날수록 이 방법이 잘 먹히지 않게 되었다는 점이다. 호시탐탐 우리 땅을 노리는 경쟁 상대들은 이 세 가지를 다 맞춰줄 수 있다며 호언장담한다. 일단 뺏고 보자는 식의 위험한 제안이지만 그런 결사항전의 태도는 철의 삼각형을 이용한 현실적인 두 가지 선택 제안을 소극적이고 수동적인 태도로 전락시킨다. 산업이 발전할수록 경쟁은 더 치열해지고 고도화되어서 상식적이고 정상적인 논리는 때때로 역풍을 맞는다. 이제는 철의 삼각형을 적절한 상황에서 조심스레 사용해야 한다.

나는 프로젝트 진행에 어려움을 호소하는 후배들에게 "시간이 부족하고 예산이 부족하고 광고주는 끊임없이 어려운 요구를 하고 스태프들은 내 뜻에 잘 따라오지 못하는 것을 전문용어로 '프로젝트'라고 부른다"라며 어려움을 헤쳐나가는 사람이 프로라고 농담 섞인 설득을 하고는 했다. 모든 여건이 잘 갖춰져 있고 상황을 늘 배려해주는 광고주의 프로젝트는 누구나 잘할 수 있다. 어렵기 때문에 프로가 필요하고, 프로는 어려운 일을 해결하는 사람이다. 어려운 수학 문제나 복잡한 퍼즐을 풀

듯 이제는 철의 삼각형을 모두 가능하게 하는 문제를 풀어야 할 때이다.

예산과 일정 관리

예산과 일정은 프로젝트 관리의 가장 기초적인 내용이다. 나는 프로젝트 관리는 한쪽 주머니에는 일정표, 다른 주머니에는 예산표를 넣고 다니며 수시로 들여다봐야 하는 일이라고 강조했다. 외국 제작업체들은 예산에 맞게on budget, 시간에 맞게on time를 회사 슬로건처럼 표방하며 강점으로 내세우는 경우가 많다.

예산 관리는 누구에게나 익숙한 개념이다. 보통 조직에서는 재무나 회계를 다루는 전문 직종이 있지만, 프로젝트 단위에서는 누구나 예산 관리를 진행할 수 있어야 한다. 단순하게 생각하면 어렸을 때 쓰던 용돈 기입장, 일상의 가계부 관리와 비슷하다. 돈이 들어오는 시점과 나가는 시점을 잘 살펴보며 수입과 지출의 균형을 유지하고 항목별 목표 예산을 적절히 통제하고 관리하는 일이다. 예산 관리에서 중요한 점은 프로젝트 단계별로 필요 항목을 설정하고 각각에 목표 예산을 설정하는 것이다. 경험치가 중요하고 필요하면 전문가의 도움을 받아야 한다. 예산을 상세하게 세분화할수록 관리가 쉬워진다. 예산을 두루뭉술하게 설정하고 필요할 때 적당히 쓰는 것은 관리라고 할 수 없다.

외국 업체의 제작비 항목에는 대부분 컨틴전시Contingency라는 것이 있다. 우리말로는 '예비비'라고 표현하지만 내용은 사뭇 다르다. 예비비는 계획 범주 밖에서 벌어지는 예상치 못한 상황을 대비해 확보해놓는 일종의 비상금 개념이지만, 컨틴전시는 계획 진행에 꼭 필요한 예산이지만 예산 수립 시점에서는 그 명칭과 정확한 금액을 표기할 수 없는 항목들을 하나로 합쳐놓은 개념이다. 이러한 인식의 차이로 계획 변경이 있을 때 우리는 예비비를 사용하지만 그들은 추가 예산을 요구한다. 컨틴전시 예산은 당초 계획에 필요한 것이기 때문에 변경 사항을 위해서는 사용할 수 없다는 이유이다.

결혼식을 준비한다고 가정하자. 당신은 결혼식에 필요한 여러 내용을 검토하고 필요한 예산을 내용별로 설정한다. 예식장 대관, 미용실, 촬영, 예물, 예복, 청첩장, 하객 식대 등을 꼼꼼히 챙기고 비용을 조사한 후 항목별로 목표 예산을 정하고 그 금액들의 합계를 결혼식 비용으로 준비할 것이다. 이미 결혼한 지인들의 조언도 듣고 인터넷을 누비면서 열심히 준비했다고 치자. 과연 아무것도 놓치지 않고 완벽하게 준비했다고 100% 확신할 수 있을까? 내 경우도 그랬다. 철저히 준비했다고 생각했지만 현실은 아니었다. 상세히 언급하긴 힘들지만 직접 겪지 않는 이상 전혀 예상할 수 없는 일들이 발생했다. 그래서 필요한 것이 컨틴전시다. 결혼식 날짜나 장소가 바뀌어서 발생하는 것이 아니라, 원래 계획대로 진행되었지만 애당초 예상할 수 없던 일로 발생한 금액이다. 예상한 상황이 진행되지 않는 경우는 거의 없지만 필요 항목을 누락하는 것은 처음 하는 결혼식에서 어쩌면 당연한 일이다. 결혼식을 짧은 시간 내에 서너 번 하지 않는 이상(쉬운 일이 아니다!) 모든 것을 사전에 완벽하게 예상하기는 어렵다. 사실 똑같은 결혼식을 다시 한다 해도 시간이 지나고 상황이 바뀌면 예상치 못한 상황들이 또 발생한다.

항목별로 조금 여유 있게 예산을 잡고, 그 여유치를 필요에 따라 전용할 수도 있지만 좋은 방법은 아니다. 항목별 목표 예산은 빈틈 없게 설정하고 반드시 컨틴전시 항목을 만들라. 많은 프로젝트 경험상 전례 없이 리스크 높은 프로젝트는 전체 금액의 약 20%, 익숙한 프로젝트라도 최소한 10%는 컨틴전시 예산을 설정하는 것이 좋다.

일정 관리도 익숙한 개념이다. 방학 때 하루 생활 계획표를 짜거나 여행 일정표를 짠 경험은 누구나 있을 것이다. 대부분의 전문 프로젝트 관리 프로그램은 일정 관리를 기준으로 구성되어 있다. 실무적인 관점에서의 프로젝트 관리는 일정 관리가 가장 중요하다. '납기를 맞추는 것'이 프로젝트 성패를 가르는 최우선순위가 되는 경우가 지배적이다. 이를 위해 전체 프로젝트를 항목별 단계별로 필요 시간을 설정하고 진척도를 계속 확인하고 진행 업무의 속도를 관리한다. 단기 프로젝트는 일별로 일정을 짜기도 하지만 주별 일정 관리가 가장 보편적이다.

'간트 차트Gantt Chart'를 일정 관리에 사용하는 것을 추천한다. 건설업 같은 복잡한 공정 관리에 사용하는 전문 솔루션이지만 크고 작은 모든 프로젝트에서 유용하다. 마이크로소프트사의 'Project'처럼 전문 프로젝트 관리 프로그램을 사용하면 자연스럽게 간트 차트를 접할 수 있지만, 그런 전문 도구 없이 엑셀만 잘 활용해도 충분히 사용 가능하다(MS의 워드, 엑셀, 파워포인트와 더불어 해외에서는 Project도 꽤 사용률이 높은 소프트웨어이다. 1984년 출시되었으니 역사도 깊다). 인터넷에서 엑셀을 활용한 간트 차트의 범용 서식을 무료로 제공하는 곳을 쉽게 찾을 수 있다.

헨리 간트Henry Gantt라는 미국 엔지니어가 1910년 만든 간트 차트는 항목에 따라 기다란 막대Bar로 일정을 보여주는, 매우 익숙한 형태이다. 하지만 일반 막대 차트와는 달리 항목별 시작과 종료 시점, 기간, 항목 간의 연계성을 쉽게 설정할 수 있고 진척상황을 확인할 수 있으며 담당자, 소요 비용 같은 리소스도 관리할 수 있다. 그래서 일정을 효율적으로 관리하고 진척상황을 모니터링하는 데 요긴하다. 잘 짜인 일정표는 실행에서도 중요하지만, 그 일정표를 만드는 과정에서 이미 계획을 정교하

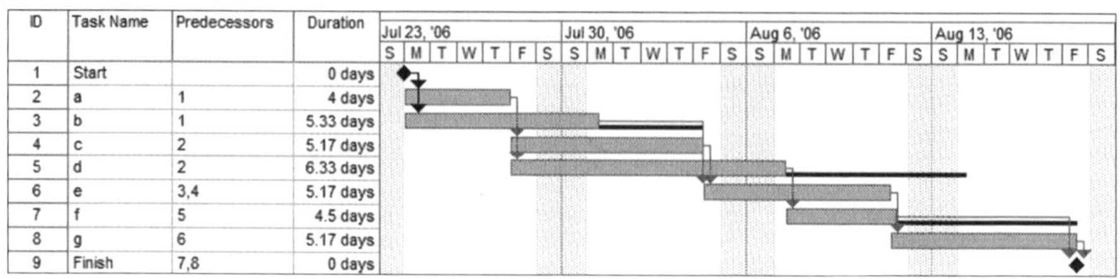

ID	Task Name	Predecessors	Duration
1	Start		0 days
2	a	1	4 days
3	b	1	5.33 days
4	c	2	5.17 days
5	d	2	6.33 days
6	e	3,4	5.17 days
7	f	5	4.5 days
8	g	6	5.17 days
9	Finish	7,8	0 days

초기 MS Project의 이미지, 현재는 훨씬 정교하고 복잡하다

게 다듬을 수 있다. 여기에 익숙해지면 업무 프로젝트뿐만 아니라 개인 이벤트 같은 일상에서도 유용하게 사용할 수 있다.

베타 테스트

하드웨어나 소프트웨어를 만드는 회사들은 출시 전에 베타 테스트를 실시한다. 제품이 제대로 작동되고 운영되는지 사전에 시범 검사하는 것이다. 베타 테스트를 통해 오류를 찾아내고 수정하여 완성도를 올린다.

체험 마케팅 업무에는 이벤트형 프로젝트가 많다. 글로벌 미디어나 소비자를 대상으로 한 신제품 발표회, 포럼 등 다양한 행사들이다. 이때 가장 핵심인 세 가지는 첫째 리허설, 둘째도 리허설, 마지막은 리허설이라고 자주 이야기한다. 그만큼 사전 테스트가 중요하다. 완벽한 준비는 세상에 없다. 매장이나 식당을 오픈할 때 아무리 철저히 준비해도 손님을 맞는 실전에서는 오류가 없을 수 없다.

뉴욕의 삼성 쇼케이스를 제작할 때 바로 옆에 방송사 CNN의 쇼케이스가 있었다. 우리보다 훨씬 먼저 시작하고 완성해 이미 운영 중이었는데 정식 오픈 행사는 몇 달 지나서 한다는 사실을 나중에야 알았다. 반면 우리는 제작 완료 시점에 맞춰 오픈 행사를 준비했는데 문제가 한둘이 아니었다. 작업을 가까스로 마치고 사전 테스트도 못한 채 행사를 해야 했으니 제대로 진행될 리 만무했다. 초청객들을 대상으로 한 오프닝 행사는 가까스로 치렀지만 더 큰 문제는 일반인에게 정식으로 오픈한 다음 날부터였다. 한번 오픈한 이상 다시 문을 닫을 수는 없었고 매일 밤 효율 낮고 고단한 수정과 보완 작업을 계속해야만 했다. 그 쓰라린 경험을 통해 홍보관뿐 아니라 매장이나 식당처럼 많은 고객을 대상으로 할 때는 소프트 오픈을 통해서 사전 테스트를 충분히 거쳐야 한다는 사실을 절실히 깨달았다. 소프트 오픈 기간에는 운영 시간과 수용 인원을 낮게 설정하고 순차적으로 높여가며 수정과 보완을 지속한 후, 정상 운영이 문제없다고 판단되면 공식적인 그랜드 오픈을 하는 것이다.

소프트웨어에는 늘 버그가 있고 공사를 마친 현장에는 늘 수정 사항이 뒤따른다. 프로젝트를 성공적으로 완료하려면 테스트나 리허설 등의 사전 점검과 보완작업을 비중 있는 항목으로 설정하고 충분한 시간을 투여하는 것이 현명한 방법이다.

큰 차이를 만드는 작은 기술

단순하고 대담하게

프로 스포츠 선수들은 특별하다. 자기 분야에서는 국내 최고 정점에 오른 사람들이다. 그런 그들도 레벨이 있다. 구단에서는 선수를 A급, B급, C급으로 구분하고 그 위의 특별한 선수를 S급으로 부른다. 한 구단에 한두 명 정도 있는 에이스들로 각자 특별한 능력을 갖추고 있다. 2m가 넘는 장신이지만 빠르고 탄력 있는 운동 능력, 번개처럼 빠른 스피드, 던졌다 하면 들어가는 슈팅 능력, 자기 팀 선수도 속을 만큼 신통방통한 패스 감각 등 남들과는 다른 능력을 보유한 히어로들이다.

각기 다른 능력을 갖추었지만 이런 선수들의 공통점이 있다. 뛰어난 체력, 엄청난 노력, 강한 승부욕 등 여러 가지가 있지만 그중 가장 인상적인 것은 불필요한 동작이 없다는 점이다. 신묘한 드리블과 통쾌한 덩크 같은 화려함이 대단해 보이지만, S급 선수일수록 화려함보다는 정확한 판단력과 절제된 동작이 더욱 돋보인다. 이는 농구뿐 아니라 모든 스포츠에, 아니 스포츠뿐 아니라 모든 일에 동일하게 적용된다. 고수일수록 정확하고 간결하며 묵직하게 움직인다.

나는 일에 대한 기준으로 'Simple and Bold'를 늘 마음속에 둔다. 기획서 작성, 아이디어 구상, 디자인 작업, 콘텐츠 제작, 프로젝트 실행 등 업무 전반에 걸쳐 관통하는 굵직한 기준선이다. 실제 일을 해보면 단순하고 대담하게 진행하기란 쉽지 않다. 깊게 고민한 내용들을 설명하자면 해야 할 말이 많아진다. 하지만 고수일수록 설명이 간결하고 내용은 명확하며 울림이 크다. 확신이 강할수록 핵심이 뚜렷하고 논리가 명료하며 부연 설명이 필요 없다.

나의 인생 영화 리스트에는 〈흐르는 강물처럼〉이라는 고전이 있다. 30년 전 영화인데 로버트 레드포드가 감독, 브래드 피트가 처음 주연을 맡았다. 잔잔한 가족사를 소재로 한 자전적 소설을 영화화했는데 아름다운 강가의 루어 낚시 장면은 지금도 기억에 선명하다. 낚시 장면과 함께 특별히 기억에 남는 장면이 또 있다. 목사인 아버지가 글쓰기를 좋아하는 10대 초반의 첫째 아들 노먼에게 작문 훈련을 시키는 장면이다. 노먼은 작문한 글을 서재에 있는 아버지에게 내밀고, 아버지는 빨간

펜으로 이것저것 교정한 후 돌려주며 "절반으로 줄여와라"고 말한다. 내용을 수정하고 줄여가면 아버지는 교정 작업을 반복하고 다시 "절반으로 줄여"라고 말한다. 다시 가져온 내용을 들여다본 아버지는 "됐다, 이제 버려라"는 말로 훈련을 마무리한다. 영화 초반에 짧게 등장한 장면이지만 매우 인상 깊게 남아 있다. 글쓰기의 핵심은 절제라는 점을 절제된 구성으로 조용하게 전해준다. 후배들과 기획서를 검토하고 협의할 때 이 영화의 글쓰기 장면을 많이 인용했다.

생각을 길게 쓰기란 어렵지 않다. 간결하고 명료하게 핵심을 전달하기는 어려운 일이다. 크게 보면 광고대행사의 핵심 업무도 다르지 않다. 아이디어를 광고주에게 설득할 때도, 광고주의 제품이나 서비스의 장점을 소비자에게 전달할 때도 간결하고 명료하게 핵심을 찔러야 한다. 명심하자. 일류 선수들은 불필요한 동작을 하지 않는다.

메시지에 힘을 더하는 유머

좋은 배우자의 조건으로 건강과 경제력, 좋은 성격과 함께 유머 감각을 드는 경우가 많다. 유머 감각은 생각보다 큰 대접을 받는다. 유머는 코미디나 개그와 달리 단순히 웃기는 데서 그치지 않는다. 저속함과 경솔함은 더욱 아니다. 유머는 상황에 즐거움과 활력을 주는 자극제이다. 웃음으로 끝나지 않고 건강한 에너지를 교류하며 긍정적 분위기를 자아낸다. 유머가 긴장을 풀고 신뢰와 사기를 높이며 생산성과 창의성을 증진시킨다는 증거자료는 꽤 많다. 나는 내성적인 편이며 인기인이 되고 싶은 생각은 전혀 없지만 적극적인 유머 예찬론자이다. 유머는 사석뿐 아니라 공석에서도, 언제 어디서든 백익무해百益無害하다. 탁월한 유머 감각은 좋은 인간관계를 형성하고 소통을 원활하게 만드는 프로의 중요한 기술이다.

지금은 바뀌었지만, 우리 사회는 전통적으로 엄격한 예의범절을 높이 사고 금욕과 겸손을 중시하여 유머를 경시하는 경향이 약간은 남아 있다. 반면 서양의 문화에서 유머는 찬사의 대상이다. "유머는 인류에게 가장 큰 축복Humor is mankind's greatest blessing"이라는 미국 작가 마크 트웨인의 말은 유머에 대한 그들의 태도를 명징하게 보여준다. 할리우드 영화를 보면 생사가 오가는 전쟁터에서조차 유머를 즐기는 장면들이 자주 등장한다. 아일랜드 작가 조지 버나드 쇼의 묘비에는 '우물쭈물하다가 내 이럴 줄 알았지I knew if I stayed around long enough, something like this would happen'라고 적혀 있다고 한다(오역 이슈가 있기는 하지만 묘비에 새겨진 해학임에는 분명하다). 죽음에서조차 유머를 담는 그들의 모습이 지나치다고 느껴질 정도이다.

대표적인 국내 영화제 진행을 담당한 적이 있다. 원래는 영화인들이 주체로 진행했는데 삼성이 후원하면서 제일기획이 진행을 맡게 된 행사였다. 당시 영화업계는 약간 폐쇄적이고 배타적이어서 쉽지 않았지만 큰 문제 없이 생방송 진행까지 이르렀다.

영화제 행사는 콘텐츠 측면으로만 보면 연출이나 대본보다는 수상자의 연설이 핵심이다. 아카데미 수상식을 즐겨 보는데 수상작에 대한 기대와 함께 수상자들의 매력적인 소감 발표가 시청의 즐거움을 선사한다. 수상자는 감사 인사와 함께 의미 있는 메시지를 전달하거나, 상황에 맞는 재치 있는 유머를 넉살 좋게 펼쳐내기도 한다. 하지만 내가 담당했던 국내 영화제는 수상자 대부분 미리 준비한 메모를 보며 감사를 표하고 그 대상자들을 일일이 호명하는 경우가 많았다. 감사 대상이 너무 많아 시청자들이 전혀 모르는 미지의 인물들까지 거론되면 지루함에 빨리 끝나기만 기다리게 된다.

신인 선수를 선발하는 드래프트에서 지명된 선수들이 소감을 발표할 때도 크게 다르지 않다. 대부분 매우 예의 바르고 격앙된 태도로 감사와 향후 각오를 진지하게 다짐한다. 시즌 중에는 매 경기 이후 MVP 선수를 선정해 인터뷰하는데, 다들 정석에 가까운 반듯한 답변만 해서 조금은 고루한 느낌이다. 재치 있는 입담으로 기분 좋게 마무리하는 선수는 만나보기 어렵다. 인터뷰도 경기의 일부이고 팬서비스임을 인식해야 한다.

예의와 겸손은 당연히 필요하지만 거기에 재치와 유머를 더한다고 좋은 태도가 손상되는 것은 결코 아니다. 오히려 재치와 유머가 메시지 전달력을 강화하고 무엇보다 관중과 시청자들에게 즐거움을 더해주어 더욱 좋은 이미지를 각인시킨다. 그래도 요즘 배우나 선수들 인터뷰를 보면 감사 인사와 함께 간간이 멋진 유머를 섞어 자신만의 소신을 당당하게 보여주는 경우가 늘고 있어 반갑다. 수상 소감, 인터뷰뿐 아니라 강의, 주례, 연설, 설교, 강연 등에서 적절한 유머와 위트는 청중에게 즐거움을 선사하고 집중력을 높여주어 전달하려는 메시지의 힘을 더욱 강화한다.

나는 첫 직장을 일 년 만에 그만두었다. 1980년대 말 처음 접한 회사는 시간적, 공간적으로 매우 경직된 조직이었다. 상하 구분이 엄격하고 진지한 분위기가 가득했다. 두 번째 직장으로 선택한 제일기획에 입사하면서도 첫 회사에서 경험한 선입견 때문에 조직 적응에 대한 불안감이 컸다. 쉽게 포기하는 나 자신이 나약해 보여서 최소한 3년은 버티기로 했는데 웬걸, 35년이 넘었다. 상대적으로 자율적이고 개방적인 분위기, 항상 도전적인 프로젝트의 매력도 컸지만, 여기서 오랜 시간을 보낼 수 있는 가장 큰 이유는 유머와 위트가 넘치는 매력적인 사람들이 많았기 때문이다. 조직문화는 하나의 학문이 될 정도로 심도 깊은 분야이지만, 내게 있어서 조직문화는 웃음과 열정 두 단어로 축약된다. 건강하고 창의적인 조직에는 늘 웃음이 있다. 조직에서 들리는 밝은 웃음소리는 수평적인 문화와 긍정적 에너지, 좋은 팀워크와 활발한 소통의 증거이다.

미국 스탠퍼드 경영대학원에는 유머를 주제로 한 '유머: 심각한 비즈니스Humor: Serious Business'라는 강좌가 있다. 세계 각국의 조사와 분석을 통해 유머가 비즈니스에 미치는 영향력을 가르친다. 책과 TED 강연을 통해 강좌의 일부를 접할 수 있다. 유머는 개인에게도 조직에도 매우 유용하고 강력한 기술이며, 타고나는 측면도 있지만 학습할 수도 있다.

젊은 시절 고故 김태길 교수의 수필을 즐겨 읽었다. 그중 유머에 관한 글이 있었는데 본인에게 유머는 종교와 같다는 내용이었다. 마음이 불안하고 걱정이 많을 때 특정 종교가 없는 본인에게는 유머가 불안을 진정시키고 삶의 활력을 준다고 했다. '웃으면 복이 온다'는 옛말은 적어도 건강 면에서는 사실로 증명되었다. 웃음은 열량을 적지 않게 소모하고 혈압을 낮추며 심장병을 예방하고 면역력과 행복감을 높여준다고 하니 과히 만병통치약이다. 요가를 배울 때도 마지막 정리단계에서 크게 웃는 시간이 있다. 웃으면 정신도 몸도 건강해진다. 웃으면 일에도 사생활에도 활력이 더해진다.

유머 감각이 없다고 걱정할 필요는 없다. 센스 있는 웃긴 말을 잘하지 못해도 유머 감각이 좋다는 평가를 받는 사람이 많다. 유머를 좋아하고 잘 받아들이고 맞장구치고 즐기면 된다. 얼마나 쉬운가. 유머를 종교로 삼진 않아도 최고의 친구로 받아들이면 일에도 삶에도 언제나 든든한 동지가 함께한다.

어깨에 힘 빼기

스포츠에서 클러치는 승부를 결정짓는 중요한 기회나 경기 상황을 뜻한다. 절대 실수해서는 안 되는 스포츠 경기의 '결정적 순간(MOT, Moment Of Truth)'이라 할 수 있다. 야구에서 안타 하나면 역전 가능한 9회 말 투아웃 상황, 축구에서 승패를 가르는 마지막 승부차기, 농구에서 한 점 차 승부에서 몇 초를 남기고 던지는 마지막 슛 등이 대표적인 클러치 순간이다. 특히 박빙의 승부가 잦은 농구에서는 이런 결정적인 순간이 자주 발생한다. 경기 종료를 알리는 신호음과 함께 터지는 '버저 비터' 역전 슛은 한순간에 두 팀을 절망과 환희의 극단으로 갈라버린다.

성공하면 영웅, 실패하면 역적이 되는 클러치 순간마다 특별한 능력을 발휘하는 선수들이 있다. 처음 농구단에 왔을 때는 이들의 존재를 믿지 않았다. 중요한 순간에 가급적 성공률이 높은 선수에게 임무를 맡기다 보니 그가 클러치에 강하다고 느끼는 거라 여겼다. 하지만 몇 년 동안 다양한 경기를 접하면서 클러치 순간에 평소보다 성공률이 높은 선수와 반대로 평소보다 성공률이 낮아지는 선수가 분명히 있음을 깨달았다. 물론 경륜 높고 실력 좋은 선수가 전자일 확률이 크지만 그것만은 아닌 듯했다. 평소에는 그다지 눈에 띄는 모습을 보이지 못하다가 결정적 순간에는 중요한 '한방'을 해내는 선수가 있는 반면, 분명 실력 좋고 경험 많은데 결정적인 순간에는 평소보다

위축되어 제몫을 못하는 선수가 있었다. 무엇이 그 차이를 만드는지 궁금했다. 데이터나 자료에 기반한 과학적 근거는 없지만 선수들의 개인 성향과 관찰을 통해 얻은 나만의 결론은 '집중과 이완'이다.

모든 선수는 당연히 클러치 순간에서 최고의 집중력을 발휘한다. 집중하면 긴장감과 압박감에 짓눌리는 선수가 있고, 마치 그 순간을 즐기는 듯 오히려 더 자신감 넘치는 선수가 있다. 클러치 순간이라는 압박감과 두려움에 슛보다는 패스를 선택하는 선수가 있는가 하면, 자신에게 맡겨달라고 강하게 요구하는 선수가 있다. 자신감과 승부욕이 넘치는 농구의 신 마이클 조던이나 갤러리가 많을수록 멋진 샷을 쳐내는 타이거 우즈가 그런 대표적인 선수일 것이다. 야구에서 마지막 역전 홈런을 친 타자가 인터뷰에서 '힘을 빼고 편안하게 스윙했다'라는 말을 종종 하는데 이들을 클러치 히터라고 한다.

어떤 운동을 배우든지 공통으로 듣는 흔한 주문이 '힘을 빼라'이다. 집중은 자칫 정신을 긴장시키고 근육을 위축시켜 자유로운 움직임을 방해한다. 많은 연습과 실전 경험으로 집중하면서도 힘을 빼는 능력을 키우지만, 결정적인 상황에서는 본능적으로 온몸에 힘이 들어간다. '농구는 신장이 아니라 심장으로 한다'라는 격언이 있다. 결정적 상황에서는 배짱과 자신감을 뿜어내는 강한 심장이 필요하다. 아쉽게도 우월한 신체 능력이나 연습만으로는 강한 심장을 가질 수 없다. 이런 강

심장은 특별한 기질로 타고나는 것이다. 하지만 낙담할 필요는 없다. 타고나는 것은 어쩔 도리가 없지만 다행히 기질은 후천적 DNA에도 심을 수 있다는 것이 과학계의 정설이다. 정신훈련으로 강한 심장을 만들 수 있다.

나는 어떤 스포츠 종목도 프로 근처에는 얼씬할 수 없지만, 취미로 운동이나 게임을 할 때 심호흡을 하면서 마음속으로 '집중과 이완'을 되뇐다. 그러면 어느 정도는 분명 효과가 있다. 중요한 회의나 결정을 해야 할 때도 통한다. 주술처럼 되뇌는 것의 효과는 내 경우 실험으로 어느 정도 증명되었다. 집중과 이완의 대명사인 명상이나 심리상담, 이미지 트레이닝도 도움이 될 테니 각자 실험해보길 바란다.

요즘 나의 좌우명은 '어깨에 힘 빼기'이다. 신체인 어깨에서도, 정신의 어깨에서도 힘을 뺄 수 있다면 중요한 순간에 실수가 줄고 겸손한 마음으로 세상과 평안하게 교류할 수 있다.

리듬 타기

리듬은 주로 음악과 관련된 용어이다. 음악에서의 리듬은 소리의 시간적 질서라고 할 수 있다. 음악이 어떻게 사람의 기분을 바꿀 수 있는지 궁금해서 오래전 관련 도서를 찾아 읽었다. 《음악의 비밀》이라는 책인데 작곡자이자 물리학자인 작가가 음악을 과학적으로 분석하는 내용이다. 진폭이 잘 맞아떨어질 때, 즉 소리의 파장이 잘 조화를 이룰 때 화음이 되고 듣기 좋은 음악이 된다고 한다. 아기 때부터 자장가와 요람의 진동을 편안하게 느끼는 것을 보면 뭔가 우리 본능에 새겨진 특별한 것이 있을 듯하다. 섣부른 내 뇌피셜로는 심장박동처럼 우리 신체도 일종의 리듬을 가지고 있고 바이오 리듬처럼 계절과 시간에 따른 생리적 리듬이 있으니 이와 관련된 것이 아닐까 싶다. 조금 더 나아가면 세상의 모든 물질을 이루고 있는 전자가 파장으로 이루어진 것과 관련 있지 않을까.

리듬은 스포츠에서도 자주 사용된다. 음악과 관련 깊은 댄스 스포츠에서는 당연히 중요하고 골프를 배울 때도 리듬과 템포를 강조한다. 농구에서도 실력 있는 선수들은 자기만의 좋은 리듬을 가지고 있다. 몇몇 남자 농구 선수들은 훈련 기간 리듬감을 키우기 위해 댄스 학원에 다니기도 했다. 흑인선수들이 농구를 잘하는 이유는 힘이 좋고 탄력이 뛰어나서이지만 선천적인 특유의 리듬감도 분명 한몫하는 듯하다. 경기 전 몸을 풀 때도 외국인 선수들은 헤드폰을 끼고 음악을 들으면서 슛 연습을 많이 하는데 정신 집중의 목표도 있겠지만 리듬감을 살리려는 목적도 있을 것이다. 여자농구에 교포 선수로 영입한 키아나 스미스의 드리블을 보면 그 리듬감에 보는 사람까지 흥겹다. 정박과 엇박의 리듬이 섞여 바닥을 치는 공의 소리는 마치 드럼 소리 같다. 그런 독특한 리듬은 상대방을 혼란시켜 예측을 어렵게 만들고 다음 동작을 부드럽게 연결한다.

음악뿐 아니라 삶의 많은 부분이 리듬과 연결되어 있다. 호흡과 걷기 모두 리듬을 따른다. 좋은 리듬은 등산이나 사이클 같은 운동 효율도 높여준다. 대화나 스피치도 일종의 리듬이다. 좋은 스피치를 들으면 그 속에 있는 좋은 리듬을 느낄 수 있다. 내용뿐 아니라 목소리, 표정과 몸짓이 부드러운 리듬을 타면 청중은 쉽게 동화同化, Synchronize된다. 좋은 리듬으로 움직이면 일상생활도 직장 업무도 더욱 편해진다. 리듬은 긴장 속에서도 안정감을 주고 실수를 줄여준다. 요즘은 리듬에 흥을 더하여 그루브라는 말을 많이 사용한다. 음악이나 춤 외에 어떤 훈련이 필요한지는 모르겠지만 삶과 일 어디서나 리듬과 그루브를 갖추면 활력과 효율이 커질 것은 분명하다.

컨디셔닝

컨디셔닝 훈련

프로 스포츠 선수들이 비시즌에 하는 훈련 중 컨디셔닝이라는 것이 있다. 경기에 최적화된 몸과 마음을 준비하는 훈련이다. 프로 농구 선수들의 컨디셔닝 훈련은 주로 근력, 순발력, 지구력, 민첩성 등의 몸을 만드는 훈련에 중점을 둔다. 면담, 심리상담, 식단 관리도 병행하지만 스포츠 특성상 신체 훈련에 집중한다.

컨디셔닝 훈련은 트레이너들이 담당하는데 내가 맡았던 여자농구팀에는 경험이 풍부하고 전문성이 깊은 컨디셔닝 코치가 따로 있어서 선수 개개인의 몸과 마음을 세세하게 관리했다. 돌이켜보면 내가 부임한 첫 시즌 여자농구단이 모두의 예상을 깨고 챔피언에 오를 수 있었던 것은 선수들을 이렇게 특별히 관리한 이유도 컸던 듯하다. 수많은 시합을 치르고 올라와 지친 몸으로 뛰어야 하는 플레이오프 경기는 체력이 승패에 결정적인 영향을 끼친다. 플레이오프를 치르면서 상대 팀은 점점 지쳐갔지만 우리 팀은 전혀 그런 모습이 보이지 않았고 오히려 경기를 거듭할수록 활력이 더 오르는 모습을 보여주었다.

프로로 산다는 것은 늘 좋은 퍼포먼스를 내기 위한 심신의 준비를 해야 하는 것이다. 하지만 모든 것이 귀찮고 의욕이 떨어질 때가 있다. 몸은 무겁고 새로운 하루도 버겁기만 하다. 이럴 때 우리는 흔히 '컨디션이 나쁘다'라고 말한다. '컨디션이 좋다'는 말은 신체 에너지가 높고 자신감이 넘치는 상태를 의미한다. 건강하다는 말과 비슷하지만 구체적인 느낌은 다르다.

한때 건강이 무엇인지 고민한 적이 있었다. 일반적으로 건강하다는 말은 질병이나 부상이 없고 신체 에너지가 높은 상태를 의미한다. 그래서 건강을 위해서는 운동과 식사 관리에 집중한다. 하지만 의아했던 점은, 그런 정의의 건강은 생활에 필요한 의욕과 효율과는 밀접한 상관이 없다는 것이었다. 신체나 정신에 아무 문제가 없지만 모든 일이 귀찮고 부정적인 생각이 많을 때가 있고, 약간의 감기 기운으로 몸은 힘들지만 자신감과 긍정적 에너지는 넘칠 때가 있다. 대부분의 사람들이 건강을 관리하는 이유는 근육을 키우고 오래 살기 위해서라기보다는 활력과 자신감 넘치는 삶을 살기 위해서일 것이다. 그렇다면 단순히 운동과 식사 관리보다는 매일 좋은 컨디션을 유지하는 것이 더 중요하다는 생각이 들었다. 운동도 식이관리도 활력과 자신감이 없으면 꾸준히 유지하기 어렵다. 아침에 눈을 뜨면 오늘 하루가 기대되고 어떤 일이든 잘해낼 수 있다는 자신감이 충만한 상태로 만드는 것, 나는 이를 컨디셔닝이라고 정의했다. 공교롭게도 농구단에 와서 컨디셔닝이라는 용어가 훈련에 중요하게 사용된다는 사실을 알게 되었다.

프로 스포츠 선수들이 경기에 최적화된 심신을 준비하듯이, 각자 자기 영역에 최적화된 컨디셔닝 방법을 찾아 활용하는 것은 모든 사람에게 꼭 필요한 훈련이다. 모발의 스타일과 광택, 좋은 질감을 위해 사용하는 헤어 컨디셔너처럼 내 몸과 마음에 반짝이는 광택과 싱싱한 활력을 불어넣자.

존Zone으로 들어가기

프로 스포츠 경기에서 가끔 특정 선수가 전혀 예상치 못한 수준의 놀라운 퍼포먼스를 보여주는 경우가 있다. 그러면 다음 경기에서도 크게 기대하지만 그런 활약이 계속되지는 않는다. 반대로 대단히 뛰어난 선수라도 어떤 경기에서는 전혀 맥을 못 추기도 한다. 보통 3~4일간 진행되는 골프 경기를 보면 하루하루 선수들의 컨디션이 다르다는 사실을 확인시키는 다큐멘터리를 보는 듯하다. 한편으로는 그런 기복이 승부의 비예측성을 높이고 스포츠의 매력을 높인다.

어떤 선수가 평소보다 훌륭히 활약할 때 그를 잘 아는 사람들은 "그분이 오셨다"라며 놀라워한다. 영미권에서는 그런 상황에서 'get in the Zone'이라는 표현을 많이 사용한다. 여기서 Zone은 개인 역량이 최고치에 달하는 상황을 의미한다(초자연적 상황을 다루었던 1960년대 미국 TV드라마 〈Twilight Zone〉에서 유래했다는 설도 있고, 미식축구나 아이스하키, 테니스의 'end zone, attack zone'처럼 특정 구역의 의미에서 시작했다는 설도 있다). 정작 본인도 이런 상황을 맞으면 놀란다. 몸도 가볍게 느껴지고 45cm의 농구 골대Rim가 훨씬 더 크게 보이며 자신감이 가득 차오른다고 한다. 선수들만큼 큰 차이는 아니지만 누구나 매일 컨디션의 수준이 조금씩 다르다는 점을 경험한다. 하루 중에도 시간대에 따라 다른 컨디션을 느끼기도 한다. 어떤 이유로 사람들이 Zone에 들어서는지 정확히 알려지면 인류사의 놀라운 발견이 될 것이다.

다이어트 프로그램 중 식이를 통해 Zone에 들어갈 수 있다고 주장하는 '존 다이어트Zone Diet'가 있다. 탄수화물과 단백질, 지방의 비율을 일정하게 유지하고 개인 체력과 활동량에 따라 식사량과 시간을 조절하면 항상 Zone에 머무를 수 있다고 주장한다. 국내에도 잘 알려져 있으며 관련 도서도 번역 출간되었고 한때 관련 강좌도 활발했다. 내가 생각하는 컨디셔닝과 일맥상

통한다고 생각하여 반 년 정도 시도했지만 큰 변화를 경험하지는 못했다. 대부분의 다이어트가 그렇듯, 사회생활을 하면서 다이어트 식이법을 꾸준히 유지하기 어려워 정확하게 지키지 못했으니 이론이 틀렸는지 내게 안 맞는지 알 수는 없었다.

개인 맞춤형 처방

삼성 농구단을 담당하면서 인체에 대한 관심이 커져 여러 관련 도서를 찾아보았다. 그중 글맛 좋기로 유명한 빌 브라이슨의 《바디: 우리 몸 안내서》는 쉽고 흥미 있게 우리 몸을 알려준다. 알면 알수록 사람의 몸은 놀라움 그 자체이다. 과학은 생물과 의학 분야에서도 엄청난 성과를 이루었고 그 덕에 인체에 대해 많은 것을 알게 되었지만 아직도 갈 길은 멀어 보인다.

어머니가 돌아가신 지 10년이 넘었다. 어머니는 돌아가시기 6년 전에 혈액암 판정을 받았고 담당 의사는 6개월을 선고했다. 하지만 어머니는 돌아가시기 몇 달 전까지 6년 동안 건강한 삶을 사셨다. 비정상 백혈구가 문제를 일으키는 다발성 골수종은 치명적 질환이고 완치가 어렵지만 전문 약제들로 어느 정도는 관리가 가능하다. 치료 초기부터 어머니는 여러 증상이 빠르게 개선되었고 일상생활이 가능해졌으며 그 상태를 잘 유지하며 지내셨다. 처음 6개월을 언급해 우리를 걱정시켰던 담당

의사는 어머니가 소위 말하는 '약발'이 매우 잘 듣는 환자라고 호전의 이유를 밝혔다. 형편없는 설명 같지만 그 정도로 사람 몸을 정확히 알기 어렵고 개인적인 차이가 크다는 사실을 말해준다. '약발이 잘 듣는다'라는 것은 '약발이 잘 안 듣는' 사람도 있다는 뜻이다.

집단 멸종을 피하기 위한 다양성의 진화는 모든 사람을 저마다 다른 개체로 만들었다. 사람의 지문과 홍채, DNA는 모두 다르다. 정확히 따지면 모두 다른 몸을 가지고 있다는 뜻이다. 그렇기 때문에 매년 새로운 운동법과 영양제, 건강 식단이 끊임없이 등장하지만 모든 사람을 위한 것일 수는 없다. 자신만의 방법을 잘 찾아야 하는 이유이다. 앞으로 의학이 더욱 발전하면 개인 맞춤형 건강 처방을 받을 수도 있겠지만 그때까지는 스스로 찾는 수밖에 없다. 사람마다 좋아하는 운동도, 취미도 다양하다. 신체적, 정신적으로 활력을 느끼는 분야도 사람마다 각자 다르다. 땀 흘리는 격렬한 운동 후 큰 쾌감을 느끼는 사람도 있고 조용한 산책을 즐기는 사람도 있다. 신체 활동보다는 사색과 음악감상 같은 정신적 활동에서 좋은 기분을 느끼는 사람도 있다. 아무것도 하지 않고 잠을 실컷 자는 것이 최고라는 사람도 있다. 신체적, 정신적 활동과 식습관에 대한 다양한 방법을 시도하면서 자신에게 맞는 조합을 찾아야 한다.

이때 장기적으로 건강을 해치는 특정 물질에 의존하지 않도록 매우 주의해야 한다. 도핑으로 인해 선수들이 한순간 모든 것을 잃고 나락에 떨어지듯이, 어떤 물질은 컨디션을 일순간 올려주지만 결과적으로 인생을 망가뜨리는 치명적인 위험이다. 중독과 집착은 건강한 삶을 위해서는 피해야 할 최악의 유혹이다. 잠깐의 쾌락과 일시적인 스트레스 해소를 선사하지만 결국은 스스로 통제하지 못하는 노예로 전락시킨다(중독을 뜻하는 영어 addiction의 어원은 '노예가 되다'라는 의미라고 한다).

지속가능성

자신만의 좋은 컨디션을 유지하는 방법을 찾을 때 가장 중요한 기준은 지속가능성이다. 특정한 장소와 시간대에만 가능하거나 특별한 도구와 장비가 필요한 것들은 지속성이 결여된다. 매일 자신의 의지를 시험하며 특정 식사법을 유지하는 것도 한계가 있다. 보통 사람의 의지는 본능을 이길 수 없으며, 좋은 컨디션을 위해 정신적 스트레스를 받는다는 것은 논리적으로도 옳지 않다.

컨디셔닝의 목적은 매일 좋은 활력을 꾸준히 유지하는 것이라는 점에서 프로젝트라기보다는 루틴이어야 한다. 등산이나 좋아하는 스포츠를 취미로 즐기는 것은 건강과 생활 활력을 위한 좋은 방법이다. 원하는 신체의 형태를 유지하기 위해 단기적으로 특별한 운동이나 식단을 관리하는 것도 좋은 결심이다. 하지만 이들은 지속성이 어려운 이벤트, 즉 프로젝트라고 할 수 있다. 우리가 목표로 하는 컨디셔닝은 언제 어디서나 실행할 수 있고 평생에 걸쳐 무리 없이, 부담 없이 매일 진행할 수 있는 '루틴'이어야 한다. 집에서나 사무실에서나, 출장에서나 여행에서나, 평일에나 휴일에나, 혼자이거나 동행이 있거나 상관없이, 특정 장비나 누군가의 도움 없이 할 수 있어야 한다.

다음은 여러 가지를 시도하면서 스스로 찾아낸 내 몸에 대한 컨디셔닝 처방이다. 특별한 것은 없다. 다들 아는 단순한 것들이지만 내게는 유용하고 언제 어디서든 매일 실천 가능하다. 게다가 모두 무료이다.

걷기는 특별한 장비나 별도의 훈련 없이 할 수 있는 가장 기초 운동이다. 걷는 방법에 대한 정보가 차고 넘치지만 자세만 잘 유지하면 큰 차이는 없어 보인다. 장소와 시간 제약, 부상 위험이 적어 모든 건강 관리 프로그램에서 일순위를 차지한다. 스마트폰의 기본 기능으로 탑재되어 쉽게 걸음 수 목표를 세우고 관리할 수 있다. 어플을 통해 걸음 수에 따른 보상을 주는 기업 마케팅도 많다. 칸트, 니체, 사르트르 같은 걷기 예찬론자도 많고 관련 도서도 많다.

단순 운동인 걷기가 건강에 매우 유익하다는 사실은 상식이다. 하루 30분 이상 꾸준히 걸으면 근육과 뼈를 강화하고 심혈관 질환 예방이나 지방을 줄일 수 있다고 한다. 걷기는 신체 운동뿐 아니라 시각과 청각의 즐거움도 더할 수 있고 학습의 시간으로 만들 수도 있다. 하지만 내게 있어 걷기의 가장 큰 효용은 컨디션 관리이다. 몸도 가뿐해지는 느낌이지만 무엇보다도 한 시간 이상 걸은 후에는 마음이 진정되고 차분해지며 생각들도 정리된다.

걷기는 여행이 된다. 산이나 하천의 자연 친화적 길도 좋지만 도심 상점가나 시장길에서 보는 즐거움도 있다. 혼자 걷는 여유도 좋고 같이 걷는 친교의 즐거움도 좋다. 걷는 것은 에너지 방전보다는 충전의 느낌이 크다. 이어폰을 끼고 음악을 들으면 더 평안해지고 뉴스나 외국어 학습, 팟캐스트 강좌를 들으면 시간을 더 값지게 사용하는 기분이 든다. 출장지나 여행지에서도 걷기는 어렵지 않으며 낯선 곳의 매력을 더 와 닿게 해준다. 온화하거나 선선한 날씨면 걷기에 더할 나위 없이 좋고, 조금 덥거나 추워도 괜찮다. 보슬비나 가랑눈이 오면 우산을 쓰고 걷는데 그 호젓한 운치가 좋다.

아침잠이 많은 나는 주로 저녁에 천변을 즐겨 걷는다. 자외선 걱정도 없고 어둑어둑한 저녁에 부는 바람이 펄떡거리던 하루를 차분히 가라앉혀준다. 달콤한 휴식이 고단한 심신을 유혹하지만 일단 문밖으로 나서면 유혹은 곧장 꼬리를 내린다. 장마나 폭설, 폭염, 한파일 때는 실내 기구로 대체하지만 컨디셔닝 효과는 절반이 안 되는 듯하다.

찬물 샤워를 한 지는 몇 년 되었다. 온탕에 들어가 있는 호랑이는 야성을 잃는다는 글을 어디선가 읽은 후, 안락함에 길들어지지 않았으면 하는 단순한 생각에서 시작했다. 일반적으로 추운 지방 사람들이 신체나 의지가 더 강인하다. 열악한 환경을 이겨내기 위한 생존 법칙이 만든 차이라고 생각했지만, 추위 노출에 대한 다양한 장점이 드러나면서 좀 더 과학적으로 증명되는 형국이다.

추위에 노출되면 회복력이 커지고 정신도 강해지며 높은 집중력과 안정감을 느낀다고 한다. 탈모에 도움이 된다는 의견도 있다(점점 머리숱이 줄어드는 탈모 우려인으로서 매우 솔깃하다). 도파민 생성과 기초대사량이 늘어나고 면역력이 좋아진다는 최근의 과학적 발견들도 고무적이다. 좋은 지방인 갈색지방을 활성화하여 나쁜 지방인 백색지방을 줄여준다는 내용은 많이 알려져 있다.

북극고래는 200년 이상을 사는데 차가운 바닷물과 관련 있다고 추정된다. 아이스맨으로 알려진 네덜란드의 윔 호프는 얼음물에서 수영하고 눈 덮인 산을 맨몸으로 오르며 추위 노출에 대한 다양한 장점을 전파하는 사람으로 유명하다. 영상을 보면 혀를 내두를 수준인데 일반인은 찬물 샤워 정도면 족하다 싶다. 개인적으로도 온수보다 냉수로 샤워하면 훨씬 개운하고 잠도 잘 온다. 정신적으로도 의욕이 더 생기고 자신감에도 도움이 되는 듯하다.

처음이라 익숙하지 않거나 추운 날에는 따뜻한 물로 시작해 먼저 몸을 덥히고 마지막에 찬물로 마무리하면 크게 힘들지 않다. 생각보다 큰 의지와 용기가 필요하지 않으며 몇 번 반복하면 금세 익숙해지고 오히려 편해진다. 수영장에 들어갈 때는 추워도 금세 익숙해지듯 찬물 샤워는 처음에는 잠깐 소름이 느껴져도 곧 시원함을 느낄 수 있다. 나는 추위를 많이 타는 편이었는데 찬물 샤워를 습관화한 후에는 추위도 덜 타게 되었다. 한파가 아니라면 찬바람을 맞으며 적당히 추위를 느끼는 것도 같은 효과가 있다고 한다. 찬물과 추위는 정신에도 몸에도, 좋은 컨디션을 만들어주는 듯하다.

기상 후 스트레칭은 요가를 하면서 얻은 루틴이다. 20여 년 전쯤 프로젝트 때문에 자주 방문한 뉴욕에서 요가가 한창 유행이었다. 젊은 여성들이 요가 매트를 메고 다니는 모습을 자주 보았다. 요가가 운동 트렌드가 된 데는 신체 건강뿐 아니라 정신 건강도 중요하다는 의식이 커졌기 때문인 듯하다. 세계보건기구는 건강을 '단순히 질병이나 허약함이 없는 상태가 아니라 육체적, 정신적, 사회적으로 건전한 상태well-being'라고 정의한다. 웰빙 개념이 넓게 확산되면서 육체적 건강뿐 아니라 정신적, 사회적으로도 건강한 상태를 추구하고 나아가 웰에이징well-aging, 웰다잉well-dying으로까지 확대되었다. 스트레칭, 코어 운동, 호흡 명상으로 구성된 요가는 그런 측면에서 웰빙 개념에 잘 부합하는 운동으로 인식되었을 것이다.

뉴욕 업무를 마치고 돌아오니 국내에도 웰빙 붐과 함께 요가가 주목을 받았고 마침 사내 동호회가 생겨 호기심에 가입했다. 근원지인 인도에서 요가를 수행하는 요기는 주로 남성인데 현대의 요가는 여성들이 주류여서, 처음에는 어색함이라는 진입장벽이 있었지만 나름 선택한 이유가 뚜렷했기에 초반에는 열심히 참석했다. 업무량이 꽤 큰 부담이었던 시기라 사내에서 진행되는 요가는 시간적으로도 효율이 높았고 좋은 컨디션을 유지하는 데 큰 도움이 되었다. 서서히 참석률은 떨어졌지만 요가 기본기를 익힌 탓에 여러모로 요긴하게 활용한다.

아침에 일어나면 큰 기지개라 생각하고 20여 분 정도를 요가와 재활센터에서 배운 동작들을 섞어서 몸을 풀어준다. 유튜브 등에는 스트레칭, 요가, 필라테스(요가의 파생상품이라 할 수 있다) 관련 정보가 넘쳐나서 혼자서도 얼마든지 독학이 가능하다. 최고의 운동 폼을 지닌 고양이처럼 자주 스트레칭하고 크게 호흡하는 것은 직립보행과 컴퓨터, 스마트폰으로 서서히 무너지는 우리 몸의 기초를 버텨주는 비타민이다.

절식은 점점 늘어나는 허리둘레에 대한 걱정에서 시작되었다. 음식은 우리 몸에 필요한 에너지와 여러 영양소를 제공하는 생존 필수품이지만, 현대인은 못 먹어서가 아니라 너무 먹어서 여러 건강상의 문제를 겪는다. 소식이 건강에 좋다는 사실을 모르는 사람은 없다. 운동과 절식은 모든 사람에게 부작용 없이 건강을 유지할 수 있다는, 확실히 증명된 몇 안 되는 방법이다. 건강을 위해서, 보기 좋은 몸을 위해 음식을 조절하려는 다양한 노력을 하지만 쉬운 일은 아니다. 뇌 깊숙이 자리한 우리의 본능은 식사를 조절하려는 우리의 의지를 가차 없이 꺾어버린다.

시기별로 유행했던 존 다이어트나 저탄수 고지방 다이어트도 해봤고 몸에 좋다는 지중해식 식단 등을 좇기도 했지만 지속하기는 어려웠다. 누구나 좋아하는 음식을 애써 외면하며 익숙지 않은 식단을 계속 유지하기란 힘든 일이다. 몸이 만족하지 못하는 적은 양만 섭취하는 일도 오래 하기에는 고달프다. 심신이 힘든 일은 컨디션에 전혀 도움이 안 된다. 좋은 사람들과 같이하는 저녁 식사에서 음식을 가리고 일일이 제한하는 것도 즐거움을 퇴색시킨다. 좋은 영양소 섭취를 위한 음식 재료들은 알아도 균형 있게 꾸준히 먹는 일에는 특별한 노력과 의지가 필요하다.

삼성 트레이닝 센터에는 선수들이 이용하는 식당이 있다. 스포츠 종목마다 특성이 다르고 프로팀에는 외국 선수들도 있어서 다양하고 풍성한 음식을 뷔페식으로 제공한다. 엄청난 체력훈련을 하는 선수들을 위한 식단이 주된 구성이라 주로 사무 업무에 시간을 보내는 구단 직원들은 대부분 체중이 늘고 나도 예외가 아니었다. 이래저래 절식 방해꾼은 곳곳에 잠복해 있다.

요즘 내가 사용하는 효과적인 절식법은 하루 세끼를 골고루 관리하는 것이 아니라 끼니마다 다르게 칼로리와 양을 제한하는 것이다. 아침은 거르고 점심과 저녁 중 한 끼는 푸짐하게, 나머지 한 끼는 간단한 호텔 조식처럼 즐기는 방식이다. 활동 없는 잠에서 깨어 아침을 거르는 것은 습관만 고치면 별로 어렵지 않고 간헐적 단식 효과도 기대할 수 있다. 점심과 저녁 중 약속이 있는 한 끼는 제대로 만끽한다. 약속이 없으면 저녁 식사를 조금 이른 시간에 거나하게 즐긴다. 나머지 한 끼는 깨끗하고 품질 높은 부티크 호텔에서 포아로 형사가 즐기는 브런치처럼 가볍게 먹는다. 포만감과 칼로리도 적지 않지만 적어도 과식은 피할 수 있다. 체중 관리도 잘되고 만족도도 좋아서 어렵지 않게 유지 중이다. 다양한 영양소 섭취를 위한 식단 관리는 포기하고 필요한 영양제를 꾸준히 섭취한다.

프로 스포츠 선수들은 자신의 컨디션을 퍼센트로 자주 이야기한다. 몸 상태가 어떠냐는 질문에 "50% 정도밖에 안 된다", "80% 정도 올라왔다"라고 답한다. 본인이 느끼는 최적의 컨디션에 대한 상대적인 표현일 것이다. 80%가 넘지 못하는 선수들은 경기장에 들어서기 어렵다. 프로는 늘 최소한 80% 이상의 컨디션을 유지해야 한다. 자신만의 적절한 방식을 찾아 80% 이상의 충전 상태를 유지하자. 활력이 넘치면 자신감도 커지고 일도 삶도 만만하게 느껴진다.

4

프로의 자기 경영

P R O I S M

자기 분야에서 역사상 최고로 인정받아
염소GOAT라 불리는 스포츠 선수들은
단지 뛰어난 실력만으로 그 영광스러운 칭호를
받은 것이 아니다.

자신의 세계에서 누구도 부정할 수 없는
놀라운 성과를 이룩함으로써 실력을 증명하고
세상의 인정을 받게 된 것이다.
모두에게 인정받는 최고의 기업가들 역시
성과로 자신을 증명한 사람들이다.
아무리 뛰어난 생각과 특별한 능력을 갖추었더라도
성과를 내놓지 않으면 세상은 그를
최고의 프로로 인정하지 않는다.

프로는 성과로 증명한다

스티브 잡스의 교훈

애플과 스티브 잡스는 삼성의 스마트폰 마케팅을 주요 업무로 하던 우리에게 늘 숙적이자 벤치마킹의 대상이었다. 가이 가와사키Guy Kawasaki는 애플 초창기에 스티브 잡스와 함께 일했고 테크와 비즈니스 분야에서 작가와 강연가, 투자가로 유명한 인물이다. 10여 년 전 그는 잡스와 일하기는 쉽지 않았지만 인생 최고의 경험이었다며 "스티브 잡스에게 배운 12가지 교훈"이라는 내용을 여러 강연에서 발표했다(유튜브에서볼 수 있다). 그중 11번째 이야기는 '진정한 기업은 출시한다Real entrepreneurship'이다. 아무리 특별한 개념과 아이디어가 있어도 그것을 제품 또는 서비스로 세상에 내놓아야 진정한 기업이라는 것이다.

아이디어가 완벽하게 숙성될 때까지 세상은 기다려주지 않는다. 기회의 문이 항상 열려 있는 것은 아니다. 애플은 제품이 완벽하지 않아도 혁신을 무기로 먼저 출시한 후 제품을 계속 가다듬어 나갔다. 아는 사람들은 알지만 애플 초기 제품들은 그다지 완벽하지 않았다. 아이팟은 음질 수준이 높지는 않았지만 혁신적인 디자인과 인터페이스로 사람들을 열광시켰다. 초기 아이폰도 통신 기술에서는 약점이 있었지만 스마트폰이라는 새로운 혁신을 앞세워 등장했다. 완벽한 제품으로 완성해서 출시하겠다는 꿈은 이루기 어려운 욕심이다. 절친한 후배가 경영에 참여하던 한 테크 기업은 좋은 기술과 천재적인 엔지니어가 있었지만 완벽한 제품을 위하여 끊임없이 개발에만 매진하다가 시간과 비용을 과도하게 소진하고 적절한 출시 타이밍을 놓치는 바람에 깊은 수렁에 빠지고 말았다.

애자일Agile 방법론은 이런 세상의 변화를 고려한 새로운 업무 추진 방식이다. 변화를 당연한 것으로 전제하고 모든 과정에서 변화를 수용하여 유연하게 대응한다. 소프트웨어 개발 분야에서 시작되었지만 이제는 조직구성, 제품 개발 등 다양한 분야에 도입되었다. 모든 것이 쉼 없이 변화하는 환경에서 완벽한 제품을 출시할 수는 없다. 조금은 부족해도 결과를 보여준 후 계속 보완해서 또 다른 결과를 만들어야 한다. 프로의 방점은 결과에 찍혀 있다.

두 명의 감독

삼성 프로농구단에는 남녀 각각 2팀이 있다. 내가 구단을 처음 맡았을 때 남자팀은 유명한 스타 선수 출신이자 비교적 젊은 이상민 감독이었고, 여자팀은 프로농구가 시작되기 이전에 실업 선수였던 노장급의 임근배 감독이었다. 활약한 시절도 다르고 선수 시절 포지션도 다르며 나이 차도 커서 두 감독은 많이 달라 보이지만 생각보다 공통점이 많았다.

이상민 감독은 아직도 팬들이 쫓아다닐 만큼 오랜 세월 변치 않는 스타성을 갖추고 있지만, 방송 출연은 일절 사양하고 농구 외에는 주로 조용한 사생활을 누린다. 독실한 크리스천인 임근배 감독은 술담배는 일절 하지 않고 가정을 중시하는 전형적인 모범 가장이다. 두 감독은 선수들의 인격을 존중하고 실력과 상관없이 형처럼 아버지처럼 대하는 따뜻한 리더십을 갖추었다. 선수들의 문제점을 강한 압박과 훈육을 사용해 교정하기보다는 문제점을 알려주면서 스스로 해결책을 찾도록 유도하고 내적 동기를 촉발하는 방법을 선호한다. 그렇다고 선수를 방치하거나 훈련과 교육을 게을리하지 않으며 필요하면 따끔하고 강한 질책을 마다하지 않는다. 개인의 인격을 존중하며 내적 동기를 중요시하는 훈련 방식은 요즘 시대에 잘 부합하고 나도 선호하기에 감독들과 나의 호흡도 좋았다.

하지만 주변의 곱지 않은 시선도 있었다. 팀 스포츠의 특성상 엄격한 통제를 통해서 긴장감을 높이고 강한 압박으로 훈련의 강도를 높여야 한다는 반론들이었다. 자율적 훈련은 말은 그럴듯하지만 실제로 성과를 내기는 어렵다며 말이다. 요즘은 거의 없어졌지만 과거 스포츠계에서 강제적인 훈련법으로 사용되던 체벌과 괴롭힘의 수준을 들어보면 상식을 뛰어넘는다. 그런 극단적인 방법이 아니라도, 최소한의 인격을 지키는 선에서 강한 압박과 높은 강도의 훈련이 효과적이라는 주장이었다. 결과만 보면 틀린 말은 아닐지 몰라도, 나는 그런 방식은 지도자 입장에서 쉬운 방법일 뿐, 자기 삶을 스스로 책임지는 프로선수에게는 적합하지 않다고 믿었기 때문에 두 감독의 훈련 방식을 지지하는 편이었다.

그해 시즌에서 여자팀은 모두의 예상을 뒤엎고 언더독의 반란이라는 화려한 스포트라이트를 받으며 챔피언의 자리를 차지했다. 덕분에 나도 여자팀 우승 이야기만 나오면 '바뀐 것은 단장뿐'이라고 너스레를 떨며 잔뜩 허세를 부렸다. 하지만 남자팀은 10개 팀 중 7위를 하면서 플레이오프 진출에 실패했다. 두 감독에 대한 평가는 극과 극을 달렸다. 언론은 여자팀에 대해서는 '자율 농구의 승리'라는 찬사를 보냈지만 남자팀에 대해서는 '도련님 농구'라는 비난과 함께 감독의 나약한 리더십을 문제 삼았다.

내가 본 두 감독의 훈련 스타일은 큰 차이가 없다. 두 사람에 대한 극단적인 평가는 단지 결과의 차이에서 나온 것이다. 프로 스포츠 구단의 감독은 각자 자신이 추구하는 훈련 방식과 플레이 스타일이 있다. 팀의 훈련과 전략은 감독의 성향과 스타일에 따라 크게 달라진다. 하지만 자신이 추구하는 리더십으로 완벽한 팀을 이룰 때까지 세상은 기다려주지 않는다. 일단 성과를 내야 본인이 추구하는 리더십의 방식이 의미를 얻고 지속할 수 있는 동력이 붙는다. 프로의 세상에서 과정과 결과는 순차적 관계가 아니라 동시에 진행해야 하는 타임슬립의 관계이다.

두 마리 토끼

세계적인 화제가 되었던 삼성의 신경영은 다양한 화두가 많지만 핵심은 질質경영이다. 양적 성장을 중요시하던 시절, 이건희 회장은 양보다 질을 강조하며 제품과 경영의 질적 성장을 최우선 목표로 내세웠다. 조직의 평가도 매출의 성장보다는 좋은 제품을 좋은 가격에 판매해 얻는 이익의 성장을 더 중요시하는 방향으로 바뀌었다. 하지만 질적 성장이 우선되었을 뿐 외적 성장을 외면했다는 말은 아니다. 오히려 이익 성장과 매출 성장이라는 두 가지 잣대를 필요에 따라 적용했다. 제품만 좋으면 매출도, 이익도 모두 잡는 거 아니냐고 할 수 있지만 현실은 그렇게 간단하지 않다. 어디에 초점을 맞추냐에 따라 일하는 방식이나 중요한 의사결정도 달라진다. 나 같은 실무 담당자들은 도대체 '뭣이 중한지' 기준을 정확히 해달라고 불만을 토로했지만 사실 둘 다 '중한' 것을 모르지 않았다. 이익이 줄어도 매출이 줄어도 기업은 성장을 멈추고 시장에서 밀려난다. 그래서 프로는 내면과 외연 모두 성장해야 한다. 프로에게는 과정도 중요하고 결과도 중요하다. 나는 후배들에게 결과보다 과정이 중요하다고 강조했지만 이 말에서조차 방점은 결과에 찍혀 있다. 좋은 과정을 거쳐야 지속적 성장을 담보하는 좋은 결과를 맺는다는 뜻이다.

프로 스포츠 구단의 감독들은 선수들이 학창 시절 기본기를 갖추는 데 소홀하다는 불만을 자주 표현한다. 프로가 되기 전에 기본기를 충실히 다져놓아야 하는데, 대회 성적에만 지나치게 집중한 나머지 기본기가 약하다는 것이다. 누구나 인정하는 문제점이지만 대회 성적이 진학과 밀접하게 연관된 사회 구조상 학교 지도자들만 탓할 수도 없다. 기본기가 좋아야 대회에서도 좋은 성적을 낼 수 있는 것 아니냐는 말은 당연해 보이지만 현실은 많이 다르다. 기본기를 목표로 하느냐 경기에서 승리를 우선 목표로 하느냐에 따라 조직 운영과 훈련 방식이 달라진다. 이익과 매출에 대한 이야기와 다르지 않다. 어려운 일이지만 이익을 중시하면서도 매출을 키워야 하고, 기본기를 키우면서도 좋은 성적을 유지해야 한다. 성과가 없으면 과정은 의미를 잃어버린다. 프로는 이중잣대 속에서 두 마리의 토끼를 모두 잡아야 한다.

내가 일했던 조직은 연말마다 개인 평가를 시행한다. 개인의 능력과 잠재력을 살펴보는 역량 평가와 일 년간의 성과를 따지는 업적 평가, 이 둘을 평가한다. 주니어 사원들은 역량 평가에 더 무게를 두지만 주전급이라 할 수 있는 실무 담당자들은 업적 평가 비중이 더 높다. 스포츠 선수들도 신인 선발은 잠재력과 개인 기술을 주로 따지지만 FA나 트레이드를 통해 영입하는 주전급은 경기를 승리로 이끌 수 있는 승부사 능력이 중요한 판단 기준이다. 몸값이라고 할 수 있는 선수들의 연봉은 신입을 제외하면 모두 직전 연도의 성과표가 가장 큰 잣대이다.

스티브 잡스의 방식이 큰 교훈으로 회자되는 이유는 그가 대단한 성과를 이루었기 때문이다. 애플에서 쫓겨난 후 복귀하지 못하고 별다른 성과를 보이지 않았다면 그에 관한 평가는 괴짜 천재 정도에 그쳤을지 모른다. GE의 회장 잭 웰치가 경영의 신으로 추앙받았다가 GE 몰락의 책임자로 엇갈리는 평가를 받게 된 것은 기업의 성과와 관련 깊다. 성과 없이 레전드가 된 스포츠 스타는 없듯, 자기 분야에서 분명한 성과를 내지 못하면 프로로 인정받기 어렵다. 프로는 결과가 모든 것을 설명해주는 귀납법을 따른다.

프로의 보상

프로 스포츠 선수들은 계약 기간이 끝나면 자유계약 선수FA, Free Agent가 되어 시장에 나가 평가를 받는다. 특별한 능력자들은 미술품 경매처럼 경쟁적으로 몸값이 불어난다. 그런 이유로 시즌이 끝나고 FA를 맞는 선수들은 그 시즌에 더 큰 노력을 기울이는 경향이 있다. 누구나 몸값을 평가받는 중요한 시기에 최상의 성적표를 받으려 애쓰는 것은 인지상정이다.

하지만 스포츠계에서 최상급으로 인정받는 선수들은 비교적 성적의 기복이 크지 않다. FA 여부에 따라 노력이나 성과가 들쑥날쑥하지 않으며 언제나 자신이 받는 보상 이상의 능력을 발휘하기 위해 노력한다. 프로에게 보상은 당연히 중요하다. 경제적 가치로도, 자신의 가치 평가를 위해서도 프로는 정당한 보상을 받을 권리가 있다. 다만 보상만 좇는 것이 아니라 정당한 보상이 따라오게 만들어야 한다. 보상에 맞는 역할만 하면 당신의 능력은 그 수준에 정체될 것이다. 보상보다 더 큰 역량을 발휘하면 더 큰 보상이 계속 따라오고 역량과 보상은 서로를 밀어 올리는 관계가 된다. 영화 〈꿈의 구장〉에 나오는 명대사 "당신이 만들어놓으면, 그들이 올 것이다If you build it, they will come"는 그래서 더욱 의미 있게 들린다.

조직도 마찬가지이다. 10명이 있는 팀에서 10명이 적절하게 할 수 있는 성과만 낸다면 그 팀은 계속 10명에 머무르고 10명이 할 수 있는 일만 할 것이다. 하지만 10명의 팀이 11명, 12명의 성과를 만들면 팀은 점점 커지고 더 큰일을 해낼 것이다. 내가 가진 능력보다, 내가 받는 보상보다, 우리 팀 인원보다 10%는 과하다고 생각되는 성과에 도전하자. 그러면 능력과 조직과 보상이 서로를 밀어 올리는 선순환이 시작된다.

프로의 재활 훈련

피할 수 없는 부상

우리의 인생길이 항상 평탄하지는 않다. 때로는 자갈길이나 가파른 산길을 걸어야 하고 깊은 정글처럼 길 없는 곳을 헤매기도 한다. 그러다 넘어지거나 다치기도 한다. 최고의 프로들도 상처를 받는다. 나는 전에도 지금도 어떻게 그 상처를 치료해야 하는지 잘 모른다. 정신 분석이나 정신 의학에 대해서는 아는 것이 별로 없고 내가 받은 상처에서 벗어나기도 어려웠다. 자존심도 센 편이고 약한 모습을 보이기 싫어서 타인에게 도움을 요청한 적도 별로 없다.

농구단 단장직을 떠날 때 나는 선수들에게 작별 인사를 하면서 많이 배웠다며 감사를 전했다. 진심이었다. 그들의 열정적이고 성실한 훈련 모습과 모범생 같은 생활 태도도 감동적이었지만, 재활하는 모습을 보면서 더욱 큰 울림을 받았다. 육체적, 정신적으로 완전히 바닥까지 내려앉았다가 꿋꿋하게 다시 일어서는 선수들의 모습은 작은 상처에도 쩔쩔매던 내게 큰 교훈을 주었다.

농구단에 있을 때 선수들의 심한 부상을 몇 차례 목격했다. 농구는 몸싸움이 치열한 스포츠이다. 코피가 터지거나 근육 타박 정도는 부상 취급도 못 받는다. 코뼈가 부러져도 큰 부상으로 여기지 않는다. 발목, 무릎, 허리, 어깨의 인대 파열이나 탈구처럼 장기간의 치료와 재활이 필요한 상황이어야 비교적 심각한 부상으로 취급된다. 끔찍한 경험이지만 선수의 발목 인대가 끊어지고, 무릎의 십자인대가 끊어지고, 어깨와 무릎이 탈구되는 장면을 현장에서 직접 보았다. 그중 최악은 한 경기에서 주전 선수 2명이 심한 부상으로 연속해서 쓰러진 일이었다.

연말의 설렘이 가득하던 2022년 12월 26일 저녁, 용인 실내체육관에서는 여자농구 정규 리그 경기가 있었다. 정규 리그의 중간 휴식기가 시작되기 직전 마지막 경기였다. 1쿼터에 주전 가드 이주연 선수가 공중볼을 다투다가 비명을 지르며 무릎을 부여잡고 쓰러져 들것에 실려 나갔다. 십자인대 파열이라는 큰 부상이었다.

3쿼터에는 시즌 내내 큰 활약을 보이며 신인상이 확실하던 키아나 스미스 선수가 돌파를 시도하다 상대 선수와 심하게 부딪히며 쓰러졌다. 체육관은 순식간에 정적이 흘렀고 고통에 울부짖는 그녀의 비명만 울려 퍼졌다. 무릎 슬개건 파열과 탈골. 경험 많은 트레이너도 경기장에서 처음 보는 큰 부상이었다. 키아나는 경기 다음 날 휴식기를 이용해 하와이에서 가족들과 휴가를 보내기 위해 출국 예정이었고, 나도 경기 전 그녀의 어머니와 외할머니를 위해 준비한 작은 선물을 전달하고 잘 다녀오라는 인사까지 미리 했던 상황이었다. 가족과 떨어져 혈혈단신 한국에 있던 터라 나는 구급차를 따라 응급실까지 동행했다. 무릎 탈구는 근육과 혈관, 신경이 얽혀 극심한 고통이 수반되는 부상이라 무엇보다도 빠르게 무릎뼈를 복구시켜야 했지만 밤 9시경 근처 응급실에는 정형외과 의사를 쉽게 찾을 수 없었다. 구급차 안에서 트레이너들은 주치의들과 계속 연락을 취하면서 전문의를 수소문했고 3개의 병원 응급실을 전전한 끝에 밤 11시가 넘어서야 복구 조치가 겨우 끝났다. 2시간 넘게 비명을 지르던 그녀의 날카로운 목소리는 아직도 잊히지 않는다. 다행히 두 선수는 빠르게 수술을 받을 수 있었고 재활도 순조롭게 진행되었다.

같은 해 여름 국가대표 가드로 활약하던 윤예빈 선수는 시드니에서 벌어진 농구 월드컵 마지막 경기에서 십자인대가 파열되었다. 그녀는 조용하고 겸손하며 소심한 듯하지만 코트에 들어서면 한 마리 표범처럼 돌변하는 젊은 기대주여서 모든 농구 팬의 안타까움을 자아냈다. 그녀는 부상 다음 날 휠체어를 타고 홀로 귀국해 무릎 수술을 받고 기나긴 재활을 다시 시작했다. 그녀의 세 번째 십자인대 수술과 재활이었다.

작은 부상은 몇 주로 끝나기도 하지만 십자인대나 아킬레스건, 연골 손상 등의 심한 부상은 몇 년이 걸리기도 한다. 큰 부상을 입으면 상처 부위를 회복하고 근력과 관절의 가동성을 복원한 후 잃어버린 경기 감각을 찾는 데 오랜 시간이 걸린다. 회복에 대한 불안감과 갑자기 닥친 불운에 대한 상실감도 이겨내야 한다. 특히 예전 경기력을 회복하기 위해 마지막에 넘어야 하는 큰 걸림돌은 부상에 대한 트라우마이다. 무의식 저 아래에 자리 잡은 부상의 기억과 공포는 오랜 기간 쉽게 치료되지 않는 마음의 상처이다. 재활실에서 다시 일어서려고 애쓰는 선수들의 모습을 보면 안쓰럽고 대견하다. 재활실에서의 유일한 좋은 소식은 가끔 커플이 탄생한다는 것이다. 여러 구단의 남녀 부상 선수들이 같이 재활하면서 서로 위로하다 관계가 발전하기도 한다.

코트에서 큰 부상을 당해 쓰러진 선수들은 큰 비명을 지르며 울부짖는 경우가 많다. 나중에 직접 들어보면 다친 통증보다는 더 이상 경기를 뛸 수 없고 장기간 외롭고 혹독한 재활을 해야 한다는 참담함에 자신도 모르게 터져나오는 울부짖음이라고 한다. 오랜 시절 운동해온 선수들은 재활이라는 길고 어두운 터널을 잘 알고 있다. 절대 들어가고 싶지 않은 캄캄한 터널로 떠밀려지는 순간, 억울하고 분한 마음이 터져나오는 것이다.

선수들처럼 육체적인 부상은 별로 없지만 사무실에서 같이 일하던 프로들도 크고 작은 마음의 부상을 입는다. 일 때문에, 일터에서의 사람 때문에, 가정사 때문에 이런저런 상처를 받는다. 해결하기 어려운 과중한 업무, 선배나 동료와의 갈등, 클라이언트의 과도한 압박, 연인과의 이별이나 가족의 중병 등 다양한 어둠의 무리가 숲속 곳곳에 매복해 있다가 지나가는 우리의 발을 걸어 넘어뜨린다. 시간이 지날수록 일의 난도가 높아지고 인간관계는 복잡해진다. 개인적인 삶에서도 맡아야 하는 역할과 책임이 늘어나서 부상의 위험은 점점 커진다. 부상은 도전과 성장의 의지를 꺾고 포기와 도피라는 유혹을 불러일으킨다. 하지만 안타깝게도 부상은 사춘기 짝사랑처럼 누구도 쉽게 피해갈 수 없다.

위로와 응원

앞에서도 언급했지만 나는 타인의 상처를 치료하는 방법을 잘 모른다. 여러 후배와 상담을 하고 때로는 진심으로 아픔에 공감하고 돕고 싶었지만 뾰족한 방법을 알려주진 못했다. 요즘 많이 언급되는 명상 등을 통한 힐링 프로그램 등은 내게 큰 도움이 되지 못했다. 사람마다 상처의 크기가 다르고 통증에 대한 역치나 반응 정도가 다르니 모두를 위한 만병통치약은 없을 것이다. 하지만 그나마 모두에게 처방할 수 있는 나만의 민간요법은 '위로'이다. 감기에 특효약은 없어도 따뜻한 차가 안정감을 주고 증상을 완화하듯 위로는 마음의 상처를 덧나지 않게 하고 진정시키는 효과가 확실하다. 부작용도 전혀 없다.

30대 중반 한창 왕성한 프로 일꾼을 자부하던 시절, 6살 위의 형이 위암 진단을 받고 몇 년을 투병하다 유명을 달리했다. 대학 4학년 때 부친이 돌아가실 때는 그저 마냥 슬퍼하고 지났는데 형의 사망은 그 슬픔에 어린 조카들에 대한 책임감까지 더해져서 어쩔 줄 모르는 공황이 몰려왔다. 당시 같이 근무하던 직장 선배의 진심 어린 위로와 조언은 마음을 다잡는 데 큰 도움이 되었다. 슬픔과 막막함이 가시지는 않았지만 차분하고 냉정하게 생각하고 대처할 수 있는 마음의 동아줄이 되었다. 뉴욕에서 큰 실패를 맛보고 돌아와 실의에 빠져 있을 때도 다시 일어서게 도와준 것은 같이 일하던 선배의 위로와 조언이었다.

심각한 부상으로 한 시즌을 재활로 보내야 했던 윤예빈 선수를 위해 동료 선수들이 유니폼에 그녀를 향한 응원 메시지를 넣어달라고 요청했다. 새로운 시즌 유니폼을 막 준비할 때라 윤예빈 선수의 등 번호 4번을 활용하여 'with NO. 4'라는 태그를 모든 선수의 유니폼 상의 옆에 추가로 인쇄했다. 출정식 때 이 사실을 알고 감격해 펑펑 울던 윤예빈 선수에게 동료들의 격려와 위로는 재활 의지에 큰 도움이 되었으리라. 외롭고 고단한 재활의 시간을 보내고 코트를 떠난 지 611일, 부상당한 지

동료 선수들이 윤예빈 선수를 응원하기 위해 유니폼에 'with No. 4'를 인쇄해 넣었다.

425일 만에 코트에 다시 들어선 윤예빈 선수를 보면서 눈시울이 뜨거워졌다.

같이 눈물 흘려주고 따뜻하게 안아주는 사람을 찾는 것이 내가 경험한 유일한 재활의 현실적 시작 방법이다. 그렇게 되면 그다음 방법은 스스로 찾아낼 수 있을 것이다.

가짜 상처

치명적인 질병인 암에도 유사암이 있다. 암과 증상은 유사하지만 악성이 아니라서 전이 가능성이 낮고 재발률도 적다고 한다. 그런 이유로 보험에서도 보장 범위가 낮고 특약으로 별도 가입해야 한다. 암을 진단받는 끔찍한 상황이 닥쳐도 그것이 유사암이란 것을 알면 마음은 훨씬 편해질 것이다. 우리는 여러 가지 이유로 상처를 받지만 그중에는 가짜 상처들도 있다. 문제의 원인을 명확히 알고 진짜가 아니라는 사실을 알게 되면 그 상처는 순식간에 치료될지도 모른다.

사람은 고쳐 쓰지 못한다는 말이 있다. 하지만 나는 자신의 내적 동기와 의지에 따라 사람은 바뀔 수 있다고 믿고, 그런 사람들을 경험해 보았다.

함께 일하던 한 후배는 업무 실수가 잦았고 광고주와의 관계도 좋지 않았다. 문제 원인을 대부분 광고주의 잘못된 지시와 무리한 요구사항 때문이라고 주장하는 등 방어적인 태도만 보여서 걱정스러웠다. 게다가 자신의 팀이 해체되면서 익숙하지 않은 팀으로 재배치받은 터라 그녀는 더 힘들어 보였고 내 걱정도 더 커졌다. 그런 상황에서 그녀는 어느 날 어두운 표정으로 휴직을 신청하였다. 어머니의 병환이 깊어져 당분간 병간호를 해야 한다는 이유였다. 몇 개월 후 복직한 그녀는 완연히 다른 사람 같았다. 휴직 기간에 대부분의 문제는 자신 때문이었다는 점을 깨달았다던 그녀의 말처럼 업무 태도가 완전히 바뀌었다. 전보다 훨씬 밝고 차분하게 일을 처리해 실수가 줄었고, 문제가 생기면 본인의 탓이라 인정하면서 침착하게 해결에 나섰다. 자연스럽게 광고주와의 관계도 좋아졌고 서서히 팀의 주전급 인력으로 성장했다. 휴직 기간에 무슨 일이 있었는지는 정확히 모르지만, 그녀는 자신을 둘러싼 문제를 남탓으로 여기며 세상을 원망하거나 상황을 불평하지 않았고 자신의 변화로 문제를 해결하려 노력하는 사람이 되었다. 그동안 그녀가 가진 원망과 분노의 상처는 순식간에 치유된 듯 보였다. 어쩌면 이전 그녀의 상처는 그릇된 인식이 만든 가짜 상처였을 것이다.

닥 리버스 감독은 2000년 올해의 감독상을 받은 NBA의 명장이다. LA 클리퍼스 감독이던 2014년, 구단주의 흑인 혐오적인 통화 내용이 언론에 알려졌다. 흑인이 대부분인 구단 선수들은 분노했고 경기 출전 거부 움직임이 일었다. 이때 닥 리버스 감독은 고민 끝에 선수들을 조용히 설득한다. "피해자가 되지 말아라Don't be a victim. 만약 출전 거부를 한다면 구단주가 승리자가 되는 것이다." (넷플릭스 〈플레이북: 게임의 법칙〉에서 이 내용을 볼 수 있다.)

우리는 주변 사람들에게 상처받는 경우가 많다. 내 의도나 행동을 오해하여 부당한 비난을 받으면 분노가 치솟고 마음의 상처를 입는다. 하지만 이런 잘못된 비난으로 내가 피해자로 전락해서는 안 된다. 적극 해명하고 필요하다면 사과를 요구할 수도 있지만, 더 중요한 것은 나 자신이 그 가짜 상처를 지워버려야 한다. 내 문제가 아니고 내 잘못이 아닌 것에 스스로 상처를 받지 말자. 분노의 감정이 휘몰아칠 때 잔잔히 되뇌어 보자. 스스로 피해자가 되지 말자고.

다시 일어서기

여자농구 국가대표로도 선발된 박하나 선수는 미모와 실력을 겸비해 인기 높은 삼성 여자농구팀의 주전 가드였다. 한창 기량을 꽃피우던 전성기 시절 무릎 연골 손상으로 재활을 해야 했다. 무릎 연골은 몸에서 스스로 재생되지 않아 치료가 어려운 부상이다. 그녀는 재활 의지가 컸고 팀 전력에도 중요한 선수이며 구단에 크게 기여했기에 재활을 적극 지원했다. 그러나 몇 년간의 재활 노력에도 그녀의 무릎은 회복되지 못했고 결국 은퇴하게 되었다.

낙심이 컸을 것이 분명하지만 차분한 표정으로 작별 인사를 하는 그녀에게 이제 1쿼터가 끝났을 뿐이니 실망하거나 포기할 필요가 없다며 위로와 격려를 전했다. 그녀는 현재 유소년 농구 코치로 아이들에게 농구를 가르치며 2쿼터를 열심히 뛰고 있다. 1쿼터 목표의 재활은 실패했지만 2쿼터의 재활은 너끈히 마치고 다시 일어선 것이다. 포기하지 않으면 재활은 실패로 끝나지 않는다. 지금의 재활 목표가 실패했어도 다른 목표를 세우고 다시 일어설 수 있다.

대부분의 농구선수들은 경기전 진통제를 복용하는 터라 선수단에는 진통제를 상비약으로 준비해놓는다. 통증 없는 프로 스포츠 선수들은 없다고 해도 과언이 아니다. 스포츠뿐만 아니라 세상의 모든 프로는 육체적이든 정신적이든 이런저런 부상과 통증을 안고 살아간다. 같이 일하는 동료들과 마음 깊은 대화를 하다 보면 다들 자신만의 크고 작은 상처와 아픈 가족사를 가지고 있다. 마치 세상을 다 가진 것 같고 걱정은 하나도 없어 보이는 재계의 재력가도 예외는 아닐 것이다. 처지가 어떻든 개인이 느끼는 주관적인 통증의 무게는 별 차이가 없다. 아니, 더 높은 곳에 오를수록 더 많은 것을 가질수록 마음의 통증은 더 클 수 있다. 높은 곳에 다다르면 세상은 넓어지지만 바람은 더욱 거세고 추락의 두려움은 더욱 커질 테니까.

나도 40대 초반에 욕심부려 큰 투자를 했다가 모아둔 전 재산을 잃고 엄청난 상실감에 빠진 적이 있다. 뉴욕의 상처도 오랫동안 트라우마로 남았다. 하지만 여러 고마운 지인들의 위로와 조언, 더 큰 상처를 꿋꿋이 헤쳐나가는 사람들을 보며 다시 털고 일어설 수 있었다. 나무뿌리에 걸려 넘어지는 일은 누구에게나 일어난다. 어린아이를 키우는 부모는 아이가 넘어지면 도와주지 않고 스스로 일어서도록 독려하며 자립심을 키워준다. 프로는 스스로 일어설 수 있어야 한다. 넘어지면 툭툭 털고 다시 일어서야 한다.

농구 콘텐츠를 많이 보다 보니 소셜미디어의 족쌀영감 같은 알고리즘이 여러 농구 콘텐츠를 추천한다. 가끔 휠체어 농구 경기도 본다. 휠체어 농구대회는 꽤 활성화된 장애인 스포츠이다. 농구뿐 아니라 장애인 스포츠는 육상, 배구, 탁구, 수영, 양궁, 펜싱, 역도, 테니스 등 다양하다. 올림픽 직후에 개최되는 패럴림픽은 27개의 종목에서 치열한 경쟁을 벌이며 메달에 도전한다. 장애인 스포츠는 재활 개념에서 시작되었다지만 장애라는 큰 벽을 허물고 스포츠 열정을 불태우는 그들을 보면 내가 가진 부상은 그저 사소하게만 보인다.

마음에도 근육이 있다. 몸의 근육이 상처를 통해 더 단단해지듯 마음의 근육도 상처를 통해 더욱 강인해진다. 어떤 마음의 상처도 시간이 지나면 치유되고 낫는다. 통증은 옅어져서 기억이 되고 추억이 된다. 상처는 치유될 수 있다는 확신을 가지고 넘어지면 다시 일어서라. 포기하지 않으면 경기는 끝난 것이 아니다.

인생 설계 프로젝트

길을 찾는 여정

제일기획에서 나는 후배 운이 좋았다. 내 생각을 믿어주고 현명하고 능숙하게 일 처리를 잘하는 후배들 덕분에 좋은 직장 생활을 할 수 있었다. 그중 내가 개떡같이 얘기해도 찰떡같이 알아들어서 늘 만족하게 일을 처리하던 후배가 있었다. 건축사 자격증까지 있어서 기획력과 디자인, 프로젝트 실행까지 척척 해내는 다방면으로 유능한 주전 선수급이었다. 그렇게 한창 실력을 발휘하던 그녀가 돌연 사표를 제출했다. 아깝고 안타까웠지만 오랜 고민 끝에 인생의 여정을 새롭게 결심한 사람의 길을 막을 수는 없었다. 그녀는 그렇게 회사를 떠났다. 그녀는 퇴직 후 뚜렷한 직업 없이 전문 프리랜서도 하고 게스트하우스도

하면서 충전과 휴식의 시간을 갖는 듯했다. 새로운 계획과 결심을 마치고 회사를 떠난 것이 아니라 새로운 계획과 결심을 위해 회사를 떠난 것이었다.

그러던 그녀가 새로이 시작한 일은 '인생 도서관'이라는 일이었다. 역설적이게도 자신의 길을 찾던 그녀는 자기 길을 찾고 싶은 사람들에게 길잡이 역할을 하기로 한 것이다. 생소하기도 하고 가능할까 싶었지만 그녀의 선배와 함께 오랜 기간 조용하고 꾸준하게 진행하고 있다. 조금씩 알려지면서 기업이나 지자체의 위탁 프로그램도 운영하고, 개인별 신청을 받아 일하기도 한다. 자립 청년들을 대상으로 하는 일도 있다고 하는데, 사회에 준비 없이 내던져지는 젊은이들의 얘기를 들으면 저절로 한숨이 새어 나온다.

인생 도서관의 프로그램은 자신을 돌아보고 자신의 모습을 찾는 자아 성찰, 자기 '욕망의 연대기'를 확인해서 앞날을 계획하는 미래 설계, 그런 삶을 살기 위한 워크라이프 모델링으로 이루어져 있다. 대부분 자신이 직접 스스로 질문하고 답하는 과정들로 이루어진다고 한다. "너무 쉽게 일하는 거 아냐?"라고 짓궂은 농담을 건넸지만 사실 그 과정을 설계하고 질문으로 안내하는 것이 그들이 갖춘 특별함이다.

질문이 프로그램의 핵심인 이유는 답을 자신이 찾아야 하기 때문이다. 프로 스포츠에서 자율 훈련이 내적 동기를 촉발하여 스스로 답을 찾도록 하듯이, 결국 자신의 답은 자신이 찾는 수

밖에 없다. 좋은 코치가 있으면 큰 도움을 얻겠지만 없다면 스스로 코치가 되어야 한다. 내가 나 자신의 코치가 되면 멀리 돌아갈 수는 있어도 생각은 더 깊고 결심은 더 단호해질 수 있다. 어느 날 문득 하늘에서 빛이 떨어져 나타날지, 안개 속에서 서서히 모습을 드러낼지 모르지만 일단 채비를 차리고 자기 길을 찾는 여정을 시작해야 한다.

나만의 북극성을 찾아서

자신이 어떤 일을 하면서 어떻게 살아야겠다고 결심하기는 쉽지 않다. 설령 결심해도 그것을 실천하는 계획은 가파른 절벽을 마주한 것처럼 힘들게 느껴진다. 주위에 도움을 줄 사람들이 많으면 다행이지만 최종 발사 버튼은 스스로 눌러야 하니 결코 쉬운 일이 아니다. 나도 혼란스러웠고 내 아이들도 어려워한다.

젊은 시절 생활의 여유가 많지 않았던 나는 하루하루 무사히 넘기는 것 외에는 다른 관심이 별로 없었다. 내가 어떻게 살아야겠다고는 결심한 시기는 사회에 나와서 10년도 훌쩍 넘었을 때였으니 많이 늦었다. 그나마 내가 택했던 길은 여정이 길어서 그때 결정해도 가야 할 길이 많이 남아 있었다. 반면 나와 같이했던 프로 스포츠 선수들의 여정은 매우 짧다. 우물쭈물했다가는 목표를 이루기는커녕 목표를 세울 기회마저 놓친다.

대학 시절 친하게 지내던 한 동기는 학창시절부터 하고자 하는 목표가 뚜렷했고 의지가 단단했다. 땡땡이 전문이었던 내가 아무리 유혹해도 끄떡 않고 발길을 도서관으로 향했다. 졸업 이후 몇 번 만나다가 이후 소식이 끊겼다. 학창시절 좋아하던 여학생과 결혼했고 박사학위를 따서 대기업 연구직으로 근무한다는 정도까지가 내가 아는 전부이다. 그가 대학 시절의 목표를 차근차근 이루어냈는지는 확인할 수 없고, 다시 만난다 해도 알기는 어려울 것이다.

삼성에서 고위직을 지냈던 선배는 오랜 사회생활을 뒤돌아보니 결국은 운칠기삼運七技三이었다며 해탈한 모습을 보인다. '지장智將, 용장勇將, 덕장德將보다 대단한 사람이 운장運將'이라는 말도 곧잘 듣는다. 아무리 목표를 잘 세우고 열심히 노력해봐야 운 좋은 사람을 당할 수 없다는 푸념이다. 과장하면 목표 무용론無用論처럼 들린다.

오래전에는 연말이 되면 향후 5년여에 걸친 중장기 목표를 세우는 것이 모든 조직의 빠지지 않는 숙제였다. 그러나 다음해가 되면 어김없이 거친 환경의 변화가 나타나 현실의 난관들을 돌파하느라 중장기 목표는 뒷전이 되어버리기 일쑤였다. 회사를 방문했던 해외 광고업계의 한 CEO는 이제 중장기 목표는 사라졌다고 했는데 공감하지 않을 수 없었다. '뭐가 어찌 되었든 자기 인생의 뚜렷한 목표를 세워야 한다'는 원칙적인 주장과 '현실성 없는 목표보다는 매일에 충실하면서 변화를 빠르게 감지하고 대처하는 것이 현명하다'는 실용적인 주장은 서로 다른 방향을 향하는 것처럼 보인다. 말 그대로 '어쩌라고' 싶다.

농구 단장으로 발을 들였을 때 남자농구단의 성적은 저조했다. 이전 시즌에서 플레이오프에 오르지 못했고 그렇다고 특별한 전력 강화도 보이지 않았다. 내부적으로 다음 시즌의 목표를 플레이오프 진출로 정했지만 그 결과는 참담했다. 플레이오프는 고사하고 최하위로 마감한 것이다. 객관적 전력도 약했고 여러 불운이 겹치기는 했지만 개인적으로 느낀 바가 컸다. 그 다음 시즌을 앞두고 선수들과 타운홀 미팅을 하면서 목표를 챔피언으로 정했다. 꼴찌팀이 다음 시즌에 챔피언을 목표로 한다니 선수들뿐 아니라 구단 직원들도 어안이 벙벙했을 거다.

"결과는 알 수 없다. 꼴찌할 수도 있다. 하지만 프로구단의 목표는 단 하나뿐이다. 챔피언! 금메달을 목표로 하는 선수가 은메달, 동메달을 목에 건다. 동메달을 목표로 하는 선수는 아무것도 가지지 못한다." 대략 이런 메시지였다.

인생 설계는 모든 사람에게 가장 중요하고 가장 난도 높은 프로젝트이다. 목표 없는 프로젝트는 없다. 인생의 목표는 꼭 도달해야 하는 최종 목적지가 아니라 가야 하는 항로를 제시하고 포기하지 않는 의욕과 용기를 북돋는 북극성이다. 그래서 인생 설계에서 목표는 꼭 필요하며 크고 높아야 한다. 또한 목표는 목적지이지만 다짐이기도 하다. 어디로 가야 할지도 목표이지만 어떻게 가겠다는 것도 목표이다. 그런 목표를 향해 가슴을 펴고 뚜벅뚜벅 프로의 자세로 걷다 보면 설령 거기 도착하지 못해도 어느새 거인으로 성장해 있을 것이다.

PROISM